TOEIC 실전 연습

Part 5 & 6

문도식 지음

Part 5&6

TOEIC Practical Training Part 5&6

TOEIC 실전 연습

from SCRATCH to MASTERY

한양대학교 출판부

이 교재는 기본적인 영문법과 어휘 실력을 갖춘 학습자들이 TOEIC Part 5와 6의 문제를 해결하는 과정을 통해 영어 실력을 자연스럽게 향상시키고, 실제 시험에서 좋은 성과를 거둘 수 있도록 돕기 위해 집필되었습니다.

교재는 총 13개의 Chapter로 구성되어 있으며, 각 Chapter는 다시 3개의 Lesson으로 나뉩니다.

- Lesson 1, 2에서는 Part 5의 문법 및 어휘 문제를,
- Lesson 3에서는 Part 6 유형의 문제를 다룹니다.

| 교재의 특징 |

1 문법 설명 최소화, 학습자 중심의 접근

필수적인 문법 개념과 원리에 대해서만 간결하게 설명하고, 다양한 문제를 접하면서 학습자가 능동적으로 문법과 어휘 실력을 향상시킬 수 있도록 구성했습니다.

2 실용적이고 자연스러운 예문

문제 속 문장들은 시험을 위해 인위적으로 제작된 것이 아니라, 기업 업무, 광고, 고객 서비스, IT, 관광 등 국제 비즈니스 및 실무 상황에서 실제로 활용되는 실용적이고 자연스러운 영어 표현을 기반으로 작성되었습니다.

3 단계적 문제 구성

각 Chapter는 '기초 실력 점검 → 실전 연습 Step 1 → Step 2' 순으로 점진적으로 난이도를 높였습니다. 이를 통해 학습자는 보다 체계적으로 문제 풀이 전략을 익히고, 실전 대응력을 기를 수 있습니다.

4 학습자 친화적인 해설 제공

모든 문제에 대해 한글 번역과 해설을 제공하여, 학습자들이 스스로 이해하고 학습을 주도적으로 이어갈 수 있도록 지원합니다.

최근 토익 시험은 여러 차례 개정을 거치며 문제의 형식, 주제, 수 등에 변화가 있었지만, 영어 의사소통 능력을 측정한다는 기본 취지는 변함이 없습니다. 높은 점수를 얻기 위한 각종 전략이 넘쳐나는 가운데, 토익 점수보다 더 중요한 것은 실제 영어 실력입니다. 영어 실력이 충분하다면 자연스럽게 토익 고득점도 따라오지만, 반대로 점수가 높다고 해서 실력이 보장되는 것은 아닙니다. 본 교재가 학습자 여러분의 영어 실력 향상은 물론, 원하는 토익 성과를 달성하기 위한 든든한 디딤돌이 되기를 바랍니다.

저자 소개

저자는 서울대학교 영어영문학과에서 학사 및 석사 학위를 취득한 후, 미국 일리노이대학교 어바나-샴페인(University of Illinois at Urbana-Champaign)에서 영어교육학 석사 및 박사 학위를 받았습니다. 일리노이대 동아시아학과에서 한국어 강의를 하며 언어 교육의 실질적인 현장을 폭넓게 경험하였고, 귀국 후에는 서울대학교 언어교육원, 영어영문학과, 기초교육원 등에서 다양한 수준의 영어 강의를 맡으며 영어 교육 전반에 걸친 교수 경험을 쌓아왔습니다. 현재는 한양사이버대학교 영어학과의 교수로 재직 중이며, 온라인 교육 환경에서도 효과적인 영어 교수법을 꾸준히 연구하고 실천하고 있습니다. 또한 중·고등학교 영어 교과서를 비롯해 교양 영어 및 TOEIC 관련 교재를 다수 집필하였고, 다양한 교육 현장에서의 경험과 이론적 전문성을 기반으로, 학습자의 눈높이에 맞춘 실용적이고 체계적인 교재 개발에 힘써오고 있습니다.

차례

Chapter 1

토익 준비의 첫걸음

토익의 구성과 문제 유형

Lesson 1

토익이란?

TOEIC은 **T**est **o**f **E**nglish for **I**nternational **C**ommunication(국제적 의사소통을 위한 영어시험)의 약자로 영어가 모국어가 아닌 사람들이 일상생활이나 비즈니스 현장에서 국제적인 의사소통을 위해 반드시 필요한 실용 영어 능력을 평가하는 시험입니다.

토익 시험 구성

TOEIC 시험은 크게 Listening Comprehension과 Reading Comprehension 두 영역으로 구성되어 있습니다. Listening Comprehension은 Part 1부터 Part 4까지, Reading Comprehension은 Part 5부터 Part 7까지로 구성됩니다. 본 교재에서는 이 중 Part 5와 Part 6을 중점적으로 다루며, 각 파트의 세부 내용은 다음과 같습니다.

파트	파트별 문제 수				시간	배점
5	단문 빈칸 채우기 (문법 / 어휘)		30	100	75분	495점
6	장문 빈칸 채우기		16			
7	독해	단일 지문	29			
		복수 지문	25			

| 문제 유형 |

A Part 5 문제 유형: 단문 빈칸 채우기

예시 Q1과 같이 문장의 빈칸에 가장 적절한 단어를 골라 문장을 완성하는 문제가 출제됩니다.

예시

Q [1] The CEO gave a brief opening speech before _______ the keynote speaker.

(A) introduce (B) introduced (C) introduction (D) introducing

해설 CEO는 기조 연설자를 소개하기 전에 간단한 개회사를 했다. 전치사 before 뒤에는 동명사 introducing이 적합함.

어휘 **CEO=Chief Executive Officer**(최고 경영자)의 약자 **brief** 간단한 **opening speech** 개회사 **keynote speaker** 기조 연설자

Part 5에서는 총 30문제가 출제되며, 이 중 문법 문제는 약 15~18개, 어휘 문제는 12~15개로 구성됩니다. 이 문제들을 능숙하게 풀기 위해서는 다음과 같은 문법 항목과 어휘 영역에 대한 **정확한 이해**와 **체계적인 학습**이 필요합니다.

문법 항목	어휘 영역
• 동사의 시제, 동명사와 부정사, 수동태 • 명사, 대명사, 형용사, 부사, • 현재분사 / 과거분사, 비교급 / 최상급 • 전치사, 접속사, 관계대명사 / 관계부사	• 기본 단어들의 뜻과 용법 • 여덟 품사의 구분 및 문장 내 사용법 • 연관 단어 및 혼동하기 쉬운 단어들의 용법 • 문맥을 통한 어휘의 의미 파악

문법 문제 예시 **Choose the best answer to complete the sentence.**

Q [2] If the required sales target is _______ this quarter, the entire department will be rewarded.

(A) achieve (B) achieved (C) achieving (D) achievement

해설 이번 분기에 요구된 판매 목표가 달성된다면, 부서 전체가 보상을 받을 것입니다. 수동태 구조이므로 is + 과거분사(achieved)가 적합함.

어휘 **sales target** 판매 목표 **be rewarded** 보상을 받다 **this quarter** 이번 분기 **entire** 전체의

Q [3] Tesla didn't invent the electric car, _______ it introduced the first successful business model for bringing electric vehicles to market.

(A) because (B) so (C) but (D) nor

해설 테슬라는 전기차를 발명하지는 않았지만, 이를 시장에 성공적으로 도입한 첫 비즈니스 모델을 만들었다. 앞 문장과 대조되는 내용을 이어주므로 접속사 but이 적절함.

어휘 **bring ~ to market** 시장에 출시하다 **introduce** 도입하다 **vehicle** 차량, 운송수단

Q [4] Successful interviews often depend on the quality of your _______ in advance.

(A) prepare (B) prepared (C) preparation (D) preparing

해설 성공적인 면접은 종종 사전 준비의 질에 달려 있다. of your + '명사' 구문으로 준비의 행위와 결과를 모두 포함한 의미인 preparation이 적합함.

어휘 **depend on** ~에 달려 있다 **in advance** 사전에 **quality** 질

어휘 문제 예시 **Choose the best answer to complete the sentence.**

Q [5] The new marketing campaign was designed to _______ consumer interest in our latest product.

(A) attract (B) attach (C) assign (D) attain

해설 새로운 마케팅 캠페인은 자사 신제품에 대한 소비자의 관심을 끌기 위해 설계되었다. '관심을 끌다'는 뜻으로는 attract가 가장 자연스러움.

어휘 **attach** 부착하다 **assign** 할당하다 **attain** 획득하다 **latest** 가장 최근의, 최신의

Q [6] The company's new product launch received positive _______ from both customers and industry analysts.

(A) emotion (B) reaction (C) translation (D) direction

해설 회사의 신제품 출시는 고객과 업계 분석가들 모두로부터 긍정적인 반응을 받았다. '반응'을 의미하는 명사 reaction이 가장 적합함.

어휘 **analyst** 분석가 **launch** 출시(하다) **positive** 긍정적인

Q [7] The CEO gave an _______ speech that inspired confidence in the company's future.

(A) enthusiastic (B) economic (C) exact (D) excessive

해설 CEO는 회사의 미래에 대한 자신감를 불러일으키는 열정적인 연설을 했다. 문맥상 "열정적"이라는 뜻의 enthusiastic이 알맞음.

어휘 **Inspire** 고취시키다 **confidence** 자신감 **exact** 정확한 **excessive** 과도한

Q [8] The technician followed the instructions _______ , ensuring that no steps were missed.

(A) eventually (B) deliberately (C) precisely (D) generously

해설 기술자는 어떤 단계도 빠뜨리지 않도록 지침을 정확히 따랐다. '정확하게'라는 뜻의 precisely가 적절함.

어휘 **follow instructions carefully / correctly / exactly** 지침을 신중하게/올바로/정확히 따르다 **ensure** 보장하다

Point to remember

최근의 출제 경향은 두 개 이상의 문법 요소가 혼합되거나 문법과 어휘가 혼합된 형태의 문항 비중이 증가하고 있다. 따라서 고득점을 얻기 위해서는 연관된 문법들 종합적으로 정리하고 어휘의 뜻과 문법적 쓰임 통합적으로 학습하는 전략이 필요합니다.

Q [9] PureAir Inc. _______ cleaning the air vents at least once a week.

(A) recommends (B) provides (C) conducts (D) advertises

해설 PureAir사는 환기구를 주 1회 이상 청소할 것을 권장합니다. 동명사를 목적어로 취하며 '권장하다'는 의미인 recommends가 적합함.

어휘 **air vent** 환기구 **at least** 적어도 **once a week** 일주일에 한 번

Q [10] The museum will be closed _______ its new exhibition spaces are being constructed.

(A) until (B) during (C) while (D) for

해설 박물관은 새로운 전시 공간이 건설되는 동안 폐쇄될 예정이다. 뒤에 절이 오므로 접속사 while이 적합함.

어휘 **be closed** 폐쇄되다 **be constructed** 건설되다 **exhibition** 전시

B Part 6 문제 유형: 장문 빈칸 채우기

Part 6에서는 이메일, 공지, 광고, 신문 기사 등 실제 업무 및 일상생활과 관련된 독해 지문을 바탕으로 문제를 풉니다. 한 지문당 4개의 빈칸이 주어지며, 각 빈칸에는 보기 중 가장 적절한 단어 또는 문장을 선택하여 문장을 완성해야 합니다. 이러한 지문과 문제가 하나의 세트를 이루며, 총 4세트가 제시됩니다. Part 6의 문제들은 단순한 문법이나 어휘 지식만으로는 풀기 어려우며, 다음과 같은 종합적인 능력이 요구됩니다.

- 문장 수준에서의 문법적 정확성과 어휘 판단 능력
- 문단 수준에서의 문맥 이해력과 논리적 연결성 판단 능력
- 지문의 목적과 상황을 파악하여 적절한 표현을 선택하는 능력

Part 6 문제 예시

Directions: Read the texts that follow. A word, phrase, or sentence is missing in parts of each text. Four answer choices for each question are given below the text. Select the best answer to complete the text. Then mark the letter (A), (B), (C), or (D) on your answer sheet.

Q[11-14] **Refer to the following announcement.**

From: NewLeaf Electronics
Date: April 10
Subject: Order Pickup Notice
Dear Ms. Kim,

This message is to inform you that your custom wireless speakers have [11] _______ arrived and are ready for pickup. If you would prefer home delivery, please let us know. To schedule a delivery time, call 405-555-3342 and ask [12] _______ with Tony Rios, our delivery specialist. He will assist you with [13] _______ a convenient delivery date. [14] ______________________ .

Sincerely,
Customer Service Team
NewLeaf Electronics

Q[11] (A) finally (B) final (C) finalize (D) finalizing

Q[12] (A) speak (B) speaking (C) to speak (D) spoke

Q[13] (A) choose (B) chose (C) chosen (D) choosing

Q[14] (A) He is also available to answer any delivery-related questions.
(B) He is on vacation until next month.
(C) He placed the original order for your speakers.
(D) He is responsible for our social media marketing.

김 선생님께, 맞춤형 무선 스피커가 마침내 도착하여 수령 준비가 완료되었음을 알려드립니다. 만약 자택 배송을 원하신다면 저희에게 알려주시기 바랍니다. 배송 일정을 예약하시려면 405-555-3342번으로 전화하셔서 배송 담당자 토니 리오스와 통화를 요청해 주세요. 그는 편리한 배송 날짜를 선택하는 데 도움을 드릴 것입니다. 또한 배송과 관련된 어떤 문의에도 친절히 답변해 드릴 수 있습니다.

해설 [11] 문맥상 "스피커가 마침내 도착했다"라는 의미이므로, 시점을 강조하는 부사 finally가 적절함. [12] "ask + to speak with + 사람"은 '누구와 통화 요청하다'라는 고정 표현이므로 to speak가 정답임. [13] assist with + 명사/동명사 구조이므로 choosing이 자연스러움. [14] (A) He is also available to answer any delivery-related questions. 그는 배송 관련 문의에 응답할 수 있도록 대기 중입니다. 앞 문장에서 "도와줄 것입니다"라는 서비스 맥락이 이어지므로, 실질적인 지원 기능을 나타내는 (A)가 가장 자연스러움.

어휘 **pickup** 수령 **convenient** 편리한 **be available to + 동사** ~할 수 있도록 대기 중이다 **delivery-related** 배송 관련된 **inform** 알리다 **custom** 고객 맞춤형의 **prefer** 선호하다

| 토익 출제 방식과 대응 전략 |

TOEIC 시험은 문제은행(Item Bank) 방식으로 출제됩니다. 이는 사전에 개발된 다양한 문항이 데이터베이스에 저장되어 있으며, 매 시험마다 이들 중 일부가 무작위로 조합되어 출제되는 방식을 의미합니다. 이러한 특성 때문에 특정 유형의 문제가 약간의 변형을 거쳐 반복적으로 등장하는 경향이 있습니다. 또한, 제한된 시간 안에 많은 문제를 신속하고 정확하게 풀어야 하는 시험의 성격상, 출제 유형에 대한 정확한 이해와 대비가 매우 중요합니다. 문제은행 기반의 출제 방식에 효과적으로 대응하기 위해서는 다음과 같은 전략을 고려해 볼 수 있습니다.

- 출제 유형별 반복 학습을 통해 문제의 형식을 익히기
- 자주 출제되는 표현과 문장 구조를 암기하여 실전 적용력 강화
- 다양한 실전 문제 풀이를 통해 시간 관리 능력 향상
- 틀린 문제를 중심으로 오답 노트를 작성하고 반복 학습하기

이러한 학습 전략을 기반으로 체계적으로 학습한다면, 실제 시험에서 유사한 유형의 문제에 빠르게 대응할 수 있는 실전 감각과 문제 해결 능력을 효과적으로 기를 수 있을 것입니다.

효과적인 토익 학습 전략

Lesson 2

토익 고득점을 위한 4가지 핵심 학습 전략

토익을 효과적으로 준비하려면 다음의 4가지 핵심 학습 전략 영역을 중심으로 학습

- 문법 학습 전략
- 어휘 학습 전략
- Part 6 학습 전략
- 실전 대비 전략(Test-taking strategy)

문법 학습전략

A 문법 규칙을 기계적으로 암기하기보다는, 문장의 의미를 먼저 고려하기

Q [1] Since our manager _______ working here for a long time, she has built strong relationships with clients.

(A) has been (B) is (C) has not been (D) is not

해설 우리 매니저는 오랫동안 이곳에서 근무해 왔기 때문에 고객들과 강한 유대 관계를 쌓아 왔다. "for a long time"은 현재완료 시제와 자주 쓰이므로 수일치 및 시제 일치상 현재완료 진행형을 만드는 has been이 가장 적절함.

어휘 build relationships 관계를 형성하다

Q [2] Although our manager _______ working here for a long time, she has already built strong relationships with clients.

(A) has been (B) is (C) has not been (D) is not

해설 우리 매니저는 오랫동안 여기서 일하지 않았지만 이미 고객들과 강한 관계를 맺었다. working이라는 현재 분사와 시간의 지속을 뜻하는 전치사 for가 함께 쓰였고, although가 이끄는 절의 내용이 주절과 대조되므로 현재완료진행 시제의 부정형인 "has not been"이 적절함.

B 언어의 의미와 형태는 독립적이지 않으며, 서로를 보완적이라는 점을 기억하기

Q [3] The software update includes several new _______ for better performance.

(A) feature (B) featured (C) featuring (D) features

해설 그 소프트웨어 업데이트에는 더 나은 성능을 위한 여러 새로운 기능들이 포함되어 있다. "several"이 가산 복수 명사를 수식하므로 복수형 명사인 features가 필요함.

어휘 **feature** 기능/양상 **include** 포함하다

Q [4] Airline companies _______ passengers to keep their seat belts fastened during the entire flight.

(A) required (B) requiring (C) requires (D) require

해설 항공사들은 승객들에게 비행 내내 안전벨트를 착용하도록 요구한다. 주어가 복수이므로 복수 동사 "require"를 씀.

어휘 **require A to B** A에게 B하도록 요구하다 **fasten** 고정시키다/착용하다

Q [5] Neither the manager nor the employees _______ aware of the schedule change.

(A) was (B) is (C) are (D) has been

해설 매니저도 직원들도 일정 변경을 인지하지 못했다. neither A nor B에서 동사는 B에 일치하므로 복수 주어 employees에 맞는 "are"가 정답임.

어휘 **be aware o** ~을 알고 있다

Q [6] The company is committed to _______ a diverse and inclusive workplace.

(A) create (B) creating (C) to create (D) having created

해설 그 회사는 다양하고 포용적인 직장을 만드는 데 전념하고 있습니다. be committed to (~전념하다)에서 to는 전치사이므로 동명사 creating이 적합함.

어휘 **inclusive** 포용적인 **diverse** 다양한

C 유사한 문법 항목들을 함께 묶어 집중 학습하기

예를 들어 To 부정사와 함께 쓰는 수동태 표현은 [be + 과거분사 + to + 동사] 구조로 자주 나타나므로, 아래와 같이 이 구문에 사용되는 동사들을 함께 묶어 학습해 두면 Q7과 같은 문제를 쉽게 풀 수 있습니다.

Ex Passengers are **advised / asked / encouraged** to remain seated.
expected / obliged / supposed

Q [7] Passengers are _______ to remain seated until the seat belt sign is turned off.

(A) instructed (B) instructing (C) instructs (D) instruct

해설 승객들은 안전벨트 표시등이 꺼질 때까지 자리에 앉아 있도록 교육받는다. 수동태 형태가 필요하므로 "are instructed"가 적절함. remain은 보어로 과거분사 seated를 취했음.

어휘 **turn off** 끄다

A 자주 나오는 비즈니스 어휘, 전치사 어구, 구동사의 뜻과 용법을 정확히 기억하기

비즈니스 어휘

비즈니스 관련 생소한 어휘가 자주 출제되므로 각 단어의 정확한 의미를 익혀두어야 합니다.

Q [8] Once your order has been received, we will email you the _______ along with your order details.

(A) invoice (B) royalty (C) incentive (D) refund

해설 주문이 접수되면 주문 내역과 함께 청구서를 이메일로 보내드릴 것입니다. 주문 후 이메일로 보내는 문서는 '청구서(invoice)'임.

어휘 **order details** 주문 내역 **incentive** 유인책/장려금 **royalty** 저작권 사용료

Q [9] The product you selected is currently out of _______ and is expected to be available again soon.

(A) supply (B) stock (C) demand (D) business

해설 선택하신 제품은 현재 품절 상태이며 곧 다시 구매하실 수 있을 예정입니다. 'out of stock'은 '품절' 상태를 나타내는 표현.

어휘 **out of business** 폐업한 **available** 이용 가능한

전치사 어구

특정 단어와 자주 결합되는 전치사를 정확히 익혀두는 것이 중요하다.

Q [10] My boss is currently on vacation in Hawaii and will be back _______ a few days.

(A) in (B) at (C) since (D) until

해설 제 상사는 현재 하와이에서 휴가 중이며 며칠 후에 돌아올 예정입니다. 'in a few days'는 며칠 후라는 뜻의 표현임.

어휘 **on vacation** 휴가 중

Q [11] Muji is popular _______ young shoppers due to its simple yet affordable product design.

(A) to (B) among (C) for (D) of

해설 무지는 단순하지만 저렴한 제품 디자인으로 젊은 소비자들 사이에서 인기가 많다. 'popular among ~'은 '~사이에서 인기 있는'이라는 표현임.

어휘 **due to** ~로 인해 **affordable** 지불 가능한

Q [12] Mr. Lee plans to apply _______ the open position in the customer service department.

(A) to (B) with (C) for (D) of

해설 Mr. Lee는 고객 서비스 부서의 공석에 지원할 계획이다. 'apply for a position'은 직책에 지원하다는 뜻임.

어휘 **open position** 공석

Q [13] Discounted prices do not apply _______ purchases made before the sale began.

(A) to (B) with (C) for (D) of

해설 세일 시작 전에 이루어진 구매에는 할인 가격이 적용되지 않습니다. 'apply to ~'는 '~에 적용되다'라는 뜻.

어휘 **discounted prices** 할인 가격

구동사

동사가 전치사나 부사와 결합하여 원래의 뜻과는 다른 새로운 의미를 가지므로, 각각의 구동사 의미를 정확히 익혀 두어야 합니다.

Q [14] To remain competitive, companies must _______ the latest trends in the industry.

(A) run out of (B) look forward to (C) make up for (D) keep up with

해설 경쟁력을 유지하려면, 기업들은 업계의 최신 트렌드를 따라잡아야 한다. "keep up with"는 '~뒤처지지 않다'는 뜻으로 문맥에 적합함.

어휘 **remain competitive** 경쟁력을 유지하다 **run out of** 다 써버리다 **look forward to** 학수고대하다 **make up for** ~을 보상하다

Q [15] During the meeting, Ms. Lee _______ a creative idea to reduce production costs.

(A) put off (B) came up with (C) ran out of (D) called off

해설 회의 중에 Ms. Lee는 생산 비용을 줄이기 위한 창의적인 아이디어를 제안했다. "come up with" '(생각 등을) 떠올리다, 제안하다'는 뜻으로 적절함.

어휘 **put off** 연기하다 **called off** 취소하다 **reduce production costs** 생산 비용을 줄이다

B 파생어, 반의어, 동의어 등 연관된 단어들을 함께 익히기

파생어

하나의 단어에서 파생된 형태들을 함께 익히면 단기간에 어휘력을 효과적으로 향상시킬 수 있습니다.

Ex apply(적용/지원하다) – application(적용/지원) – applicable(적용 가능한) – applicant(지원자)

Q [16] Only qualified _______ will be invited for a second interview.

(A) apply (B) applicable (C) applicants (D) applications

해설 자격을 갖춘 지원자들만 두 번째 면접에 초대될 것이다. 문맥상 사람을 뜻하는 명사 "applicants"가 적절함.

어휘 **qualified** 자격 있는

Q [17] To be considered for the position, please complete the online _______ form.

(A) applicable (B) applicant(s) (C) apply (D) application

해설 해당 직무에 고려되기 위해서는 온라인 지원서를 작성해 주세요. 지원서는 복합 명사인 "application form"임.

어휘 **to be considered** 고려되기 위해

반의어

Q [18] If you can't afford to hire a permanent employee, _______ workers can be a practical alternative when you desperately need help.

(A) productive (B) temporary (C) full-time (D) skilled

해설 정규직 직원을 고용할 여력이 없다면, 임시직 근로자는 급히 도움이 필요할 때 현실적인 대안이 될 수 있다. "permanent"의 반의어인 "temporary"가 적합함.

어휘 **afford to** ~할 여유가 있다 **permanent** 영구적인 **a practical alternative** 현실적인 대안 **desperately** 절실히

Q[19] The instructions were clear and easy to follow, so the task was not _______ at all.

(A) complicated (B) efficient (C) successful (D) impressive

해설 지시사항이 명확하고 따라 하기 쉬웠기 때문에 작업은 전혀 복잡하지 않았다. 부정문이므로 '복잡하지 않았다'는 의미가 되기 위해서는 "complicated"가 적합함.

어휘 **clear and easy to follow** 명확하고 따르기 쉬운 **efficient** 능률적인

Q[20] Our boss is very helpful and _______ , but unfortunately he isn't very dependable.

(A) confusing (B) negative (C) irresponsible (D) supportive

해설 상사는 매우 협조적이고 도움이 되지만, 아쉽게도 그렇게 신뢰할 수 있지는 않다. "helpful"과 의미가 유사한 "supportive(협조적인)"가 정답.

어휘 **dependable** 신뢰할 수 있는 **irresponsible** 무책임한

동의어

Q[21] The new manager is not only polite but also extremely _______ to both customers and staff.

(A) aggressive (B) respectful (C) offensive (D) careless

해설 새 매니저는 정중할 뿐만 아니라 고객과 직원 모두에게 매우 공손하다. "polite"와 어울리는 동의어인 "respectful(공손한)"이 적절.

어휘 **not only A but also B** A뿐 아니라 B도 **aggressive** 공격적인 **offensive** 불쾌한/공격적인 **careless** 부주의한

C Collocation 중심으로 학습하기

Collocation은 두 개 이상의 단어가 자주 함께 쓰이며, 자연스럽고 의미 있게 결합되는 표현입니다. Collocation을 잘 익히면 문법과 어휘를 동시에 학습할 수 있고, 원어민이 실제로 사용하는 자연스러운 표현도 효과적으로 습득할 수 있습니다.

Q[22] The company plans to _______ a new marketing campaign next month.

(A) launch (B) open (C) hold (D) create

해설 회사는 다음 달에 새로운 마케팅 캠페인을 시작할 계획이다. 'launch a campaign'은 '홍보활동을 시작하다'는 뜻으로 관용적으로 쓰이는 표현.

Q[23] Due to the _______ demand for electric vehicles, Chinese car companies have invested heavily in battery technology and autonomous driving.

(A) large (B) high (C) heavy (D) full

해설 전기차에 대한 높은 수요 때문에, 중국 자동차 회사들은 배터리 기술과 자율주행 분야에 막대한 투자를 해 왔습니다. 수요가 높다는 의미를 가장 자연스럽게 전달하는 형용사는 high가 적합.

어휘 **demand for** ~에 대한 수요 **electric vehicle** 전기차 **autonomous** 자율적인

Q[24] The manager expressed concern _______ the recent drop in sales.

(A) on (B) to (C) for (D) about

해설 매니저는 최근 매출 하락에 대해 우려를 표했다. "concern"은 우려"라는 뜻일 때 전치사 about와 함께 씀.

Q[25] Lack of investment in research and development can result _______ reduced competitiveness.

(A) on (B) in (C) of (D) from

해설 연구 개발에 대한 투자 부족은 경쟁력 저하로 이어질 수 있다. '~라는 결과를 낳다' 뜻은 result in이 적합함.

어휘 **lack** 부족 **competitiveness** 경쟁력 **result from** ~로 인해 생기다

D 유의어 간의 미묘한 의미 차이와 적절한 용법에 주의하여 학습하기

Q [26] The fire caused severe _______ to the goods and almost destroyed the warehouse.

(A) harm (B) wound (C) injury (D) damage

해설 화재는 물품에 심각한 손상을 입혔고 창고를 거의 파괴했다. "goods(물품)"에 쓰이는 말로는 "damage(손상)"이 적절함.

어휘 **warehouse** 창고 **harm** (사람의 신체, 감정, 환경, 평판에 미치는 추상적 해로움) **wound** 사람이 칼이나 총에 의해 입게 되는 외상성 상처 **injury** 사람이 교통사고나 스포츠 등에서 입게 되는 신체적 부상 **damage** 건물, 장비, 제품 등 사물에 가해진 물리적 손상

Q [27] SkyFly Airlines _______ its passengers with complimentary in-flight meals and beverages.

(A) gives (B) presents (C) offers (D) provides

해설 SkyFly 항공사는 승객에게 기내 식사와 음료를 무료로 제공합니다. 보기에 제시된 동사들 중 직접 목적어 앞에 전치사를 취하는 동사는 provide임.

어휘 **complimentary** 무료의 **beverage** 음료

Q [28] Employees are encouraged to _______ the weekly team meetings to stay informed.

(A) attend (B) participate (C) join in (D) enter

해설 직원들은 정보를 얻기 위해 주간 팀 회의에 참석하도록 권장된다. "attend"는 타동사로서 목적어를 직접 취하고 participate in과 join이 올바른 표현임.

어휘 **stay informed** 정보를 알고 있도록 하다

Q [29] The flight to Seoul has been _______ . It won't depart for another two hours.

(A) canceled (B) delayed (C) crashed (D) bumped

해설 서울행 비행편이 지연되었으며, 2시간 뒤에나 출발할 예정이다. 문맥상 아직 출발하지 않았음을 뜻하므로 'delayed(지연된)'가 적절함.

어휘 **crashed** 추락한 **bumped** 부딪친 **for another two hours** 앞으로 2시간 동안 더

Point to remember

영어 단어 중 상당수는 다양한 품사로 활용될 수 있고, 문맥에 따라 여러 의미를 지닐 수 있다는 점에 주의해야 합니다.

Ex James forgot to **book** a table for tonight's dinner at the Italian restaurant. (동사)

James는 오늘 밤 이탈리안 레스토랑에서의 저녁 식사를 위해 테이블을 예약하는 것을 잊었다.

Here are 10 must-read digital marketing **books** that every beginner should read. (명사)

모든 초보자가 꼭 읽어야 할 디지털 마케팅 책 10권이 여기 있습니다.

Ex **After** you submit the consent form, you will receive a confirmation email. (접속사)

After submitting the consent form, you will receive a confirmation email. (전치사)

동의서를 제출하신 후, 확인 이메일을 받게 됩니다.

Ex The new electric scooter can **run** up to 100 kilometers on a single charge. (달리다/작동하다)
새 전기 스쿠터는 한 번 충전으로 최대 100킬로미터까지 달릴 수 있습니다.

It takes a lot of planning and teamwork to **run** a successful online store. (운영하다)
성공적인 온라인 매장을 운영하려면 많은 계획과 팀워크가 필요합니다.

| Part 6 학습 전략 |

Part 6는 이메일, 공지, 기사 등 실제 비즈니스 상황과 유사한 짧은 지문 속에서 문맥에 맞는 어휘나 문장을 선택해야 하는 유형입니다. 단순한 문법 지식만으로는 풀기 어려우며, 문장의 흐름과 논리 구조를 함께 고려해야 합니다. 다음과 같은 전략을 활용해 학습하십시오.

A 지문 전체를 먼저 훑어 전체 흐름 파악
지문을 처음부터 끝까지 빠르게 읽으며 전체적인 주제와 문맥을 이해한 후, 각 빈칸에 접근하는 것이 중요합니다. 문맥을 파악한 상태에서 답을 고르면 정확도와 속도 모두 향상됩니다.

B 문장 삽입 문제는 앞뒤 문장 간 연결을 단서로 활용
문장을 삽입해야 하는 문제는 접속사, 대명사, 시제, 지시어, 논리 흐름 등을 중심으로 앞뒤 문장과의 자연스러운 연결을 판단하는 연습이 필요합니다.

C 어휘 문제는 문맥상 자연스럽고 정확한 표현 선택
단어의 의미뿐만 아니라 collocation(자연스러운 단어 결합), 어법, 문체 등을 고려해 문맥에 가장 잘 어울리는 표현을 선택하는 것이 핵심입니다.

이러한 전략을 바탕으로 다양한 실전 문제를 반복 학습하면, Part 6에서 고득점을 노릴 수 있습니다.

| Test-taking 전략 |

실제 시험에서는 단순한 영어 실력 외에도 시간 관리 능력과 전략적인 문제 접근 방식이 점수에 큰 영향을 미칩니다. 다음과 같은 실전 전략을 통해 제한된 시간 안에 더 많은 문제를 정확하게 해결할 수 있도록 준비하십시오.

A 파트별 시간 분배 연습
각 파트에 적절한 시간을 배분하여 문제를 푸는 연습이 중요합니다. 예를 들어,

- Part 5에서는 문항당 최대 15초 이상 소요하지 않도록 하십시오.
- Part 6의 경우 지문당 2분 이내에 모든 문항을 해결할 수 있도록 연습하십시오.

이러한 기준에 따라 연습할 때 타이머를 활용하여 시간 감각을 기르면, 실전에서 효과적으로 시간 관리하는 데 큰 도움이 됩니다.

B 쉬운 문제부터 빠르게 풀기
처음부터 어려운 문제에 머무르기보다, 풀 수 있는 문제부터 빠르게 해결한 후 남는 시간에 어려운 문제로 돌아가는 전략이 효과적입니다. 시간 부족으로 인해 손도 못 댄 문제를 최소화할 수 있습니다.

C 문제 유형별 풀이 루틴 습관화

시험장에서 당황하지 않도록, 문제 유형에 따라 일정한 풀이 순서를 습관화하는 것이 중요합니다. 예를 들어, Part 6(문장 삽입/빈칸 완성)에서는 '문제 → 보기 → 지문'의 순서로 접근하면 보다 효율적입니다.

반복적인 연습을 통해 자신만의 문제 풀이 루틴을 만들어두면 실전에서도 안정적으로 적용할 수 있을 것입니다.

실전 확인 문제

Choose the best answer to complete the sentences. 제한시간: 10분

1 If you ______ a little further, you will see several restaurants near the intersection.
(A) will drive (B) drive (C) drove (D) have driven

2 Few sales representatives can write letters accurately, concisely, and ______ .
(A) efficiency (B) efficient (C) efficiently (D) in efficiency

3 It has been over three years since our company decided to stop ______ printed catalogs.
(A) selling (B) sell (C) sold (D) to sell

4 If you leave your position ______ personal reasons, it may be difficult to explain the decision during your next interview.
(A) of (B) for (C) to (D) on

5 In the last few decades, the construction sector has not been ______ in addressing environmental issues.
(A) successfully (B) succeed (C) success (D) successful

6 Maple Leaf Wellness Center was ______ on the belief that everyone deserves access to holistic healthcare.
(A) find (B) finding (C) found (D) founded

7 Earlier this month, Sakura Logistics, one of Japan's largest couriers, raised ______ delivery charges for the first time in 30 years.
(A) his (B) its (C) their (D) her

8 Two weeks ago, Olivia bought home appliances online and saved a ______ amount of money.
(A) considerable (B) permanent (C) frequent (D) relative

9 Lisa ______ as a business analyst since she graduated from the University of Illinois in 2020.
(A) had worked (B) is working (C) had been working (D) has been working

10 This program ______ employers and employees with resources to build sustainable professional relationships.
(A) gives (B) sends (C) offers (D) provides

11 It can be argued that open source tools are ______ to use than commercial ones.
(A) more easier (B) far easier (C) the easier (D) more easy

12 It is not appropriate for guardians ______ their children to restricted films.
(A) bringing (B) bring (C) to bring (D) brought

13 The hotel restaurant is not open 24 hours, ______ room service is available at any time.
(A) nor (B) for (C) so (D) but

14 Please be reminded that the monthly team meeting ______ next Friday at 2 p.m. in Conference Room B.
(A) had been held (B) has been held (C) will be held (D) was held

15 This orientation session ______ new staff members to understand their roles and expectations.
(A) has (B) makes (C) provides (D) allows

16 If you are not satisfied with your purchase, you may return the item for a full refund ______ 30 days.
(A) on (B) within (C) until (D) for

17 Starbucks announced that it would ______ a new syrup flavor to the Pumpkin Spice Latte this season.
(A) add (B) adding (C) added (D) addition

18 Antivirus programs must be consistently ______ to guard against new malware threats.
(A) implemented (B) updated (C) installed (D) purchased

19 Nearly 70% of executives say their companies have seen profits ______ due to recent inflation.
(A) fall (B) fell (C) to fall (D) felled

20 The updated policy will ______ to remote and on-site employees.
(A) be applying (B) be apply (C) be applied (D) be application

21 An international driving permit is not ______ but highly recommended when driving abroad.
(A) sufficient (B) permanent (C) mandatory (D) efficient

22 Brazil is one of the few countries ______ coffee is harvested on a large scale.
(A) when (B) where (C) which (D) why

23 We are not responsible for items ______ during the return shipment. Only unopened products will be accepted.
(A) damaged (B) damage (C) damaging (D) to damage

24 Planning a business trip ______ much simpler now thanks to online booking services.
(A) has (B) makes (C) does (D) is

25 Despite rising prices, most shoppers still plan to spend an average of $1,000 ______ gifts and travel.
(A) in (B) on (C) at (D) for

26 These shoes are now on clearance, ______ helps customers save up to 40%.
(A) when (B) which (C) what (D) that

27 Apple technicians make regular visits to China, where Apple produces most of ______ devices.
(A) their (B) it's (C) its (D) theirs

28 Many workers now say that job satisfaction is ______ than a higher salary.
(A) best important (B) most important (C) much important (D) more important

29 All first-time visitors are requested to arrive 15 minutes before their ______ appointment.
(A) schedule (B) scheduled (C) scheduling (D) to schedule

30 Those ______ lost employment due to the pandemic are typically younger and in part-time roles.
(A) what (B) which (C) who (D) when

Questions 31–35 refer to the following notice.

Notice of Temporary Internet Service Interruption

Dear Patrons,

Please note that Urbana Library's Wi-Fi and internet services will be [31] ______ on Wednesday, May 15 from 9 a.m. to 2 p.m. due to [32] ______ network maintenance and system upgrades. If you require internet access during this time, we recommend [33] ______ a nearby library branch or public facility with Wi-Fi services. We apologize in advance [34] ______ any inconvenience this may cause and [35] ______________________________ .

Urbana Public Library Management

31 (A) uncertain (B) unemployed (C) unacceptable (D) unavailable

32 (A) schedule (B) scheduling (C) scheduled (D) scheduler

33 (A) visiting (B) visit (C) to visit (D) visited

34 (A) at (B) in (C) for (D) with

35 (A) Please contact our security office for further assistance.
(B) We hope to offer extended hours the following day.
(C) We thank you for your understanding.
(D) Library staff will be unavailable during this time.

Chapter 2

영어 문장 구조

영어 기본 문장 유형

Lesson 1

| 영어 문장의 기본 요소 |

문장을 구성하는 핵심 품사는 명사, 대명사, 동사, 형용사입니다.

- 명사와 대명사: 문장에서 주어, 목적어, 보어로 사용됨.
- 동사: 문장의 중심 요소로서 주어의 동작이나 상태를 나타내고 시제와 문장의 구조(형식)를 결정함.
- 형용사: 명사를 수식하거나 주어나 목적어의 상태나 성질을 설명하는 보어로 사용됨.

| 영어의 5가지 기본 문장 유형 |

V 기본 문장 유형은 동사의 종류(자동사 / 타동사 / 연결동사)에 따라 결정됨

V 부사나 전치사구와 같은 수식어는 문장의 내용을 보완할 수 있지만 문장의 필수 성분이 아니므로, 기본 문장 유형에 영향을 미치지 않음

A 주어 + 자동사 (S + V)

- 대표 동사: arrive, exist, happen, rise, work, disappear

Ex **Jason arrived**.

Jason arrived at the office at 9:00 a.m., 15 minutes before his scheduled appointment.

제이슨은 예정된 약속 시간 15분 전에, 오전 9시에 사무실에 도착했다.

B 주어 + 동사 + 보어 (S + V + C)

주어의 신분, 성질, 상태 등을 설명하는 보어(명사 또는 형용사)를 필요로 하는 be동사나 연결동사로 이루어진 구조입니다.

- 대표 동사: be, become, seem, look, appear, remain, stay

Ex **Zara is a retailer. It is popular.**

Zara is a Spanish fast fashion clothing and accessories **retailer.**

자라는 스페인의 패스트패션 의류 및 액세서리 소매업체이다.

It is very **popular** among young customers for its favorable prices and excellent designs.

합리적인 가격과 뛰어난 디자인으로 젊은 고객들 사이에서 매우 인기가 많다.

Ex **The version looks stylish.**

The black and grey **version looks** more **stylish** than its previous ones.

검은색과 회색 버전이 이전 제품들보다 더 세련되어 보인다.

C 주어 + 타동사 + 목적어 (S + V + O)

- 대표 동사: consider, discuss, mention, attend, reach, lack

Ex **Bean & Brew raised its coffee prices.**

About two months ago, **Bean & Brew**, a downtown café, **raised its coffee prices.**

약 두 달 전, 시내 중심가에 있는 카페 빈 앤 브루가 커피 가격을 인상했다.

D 주어 + 타동사 + 간접 목적어 + 직접 목적어 (S + V + IO + DO)

- 대표 동사: give, send, offer, show, teach, tell

Ex **The company offered me a job** after the final interview.

회사는 최종 면접 후 나에게 일자리를 제안했다.

E 주어 + 타동사 + 목적어 + 목적 보어 (S + V + O + C)

- 대표 동사: make, keep, find, ask, advise, elect, appoint, call

Ex Working with David, **I found him reliable** when it came to completing projects.

데이비드와 함께 일하면서, 나는 그가 프로젝트를 완수하는 데 있어 믿을 만하다는 것을 알게 되었다.

Authorities advised residents to stay indoors during severe weather conditions.

당국은 심각한 기상 조건 동안 주민들에게 실내에 머무를 것을 권고했다.

Point to remember

많은 동사들은 두 가지 이상의 문장 형식으로 사용될 수 있고, 문맥에 따라 의미도 달라질 수 있습니다.

Ex look (보다 / ~처럼 보이다)

The supervisor **looked** through the revised report before the meeting. (S + V)

그 감독관은 회의 전에 수정된 보고서를 검토했다.

You **look** exhausted after the trade show. (S + V + C)

무역 박람회 이후에 너는 지쳐 보인다.

Ex appear (나타나다 / ~인 것 같다)

Several issues **appeared** after the software update. (S + V)
소프트웨어 업데이트 후 몇 가지 문제가 나타났다.

The manager **appears** confident about the new proposal. (S + V + C)
그 관리자는 새로운 제안에 대해 자신 있어 보인다.

Ex leave (떠나다 / 남기다 / ~한 상태로 두다)

The bus to the training center **leaves** every 30 minutes. (S + V)
연수 센터로 가는 버스는 30분마다 출발한다.

She accidentally **left** her ID badge at home. (S + V + O)
그녀는 실수로 신분증 배지를 집에 두고 나왔다.

Please **leave** the equipment powered on overnight. S + V + O + C)
장비의 전원을 밤새 켜 둔 상태로 두세요.

Ex make (만들다 / ~위해 만들어 주다 / ~하게 하다)

The design team **made** a promotional video for the product launch. (S + V + O)
디자인 팀은 제품 출시를 위한 홍보 영상을 제작했다.

The chef **made** us a special lunch for the client meeting. (S + V + IO + DO)
그 요리사는 고객 미팅을 위해 우리에게 특별한 점심을 만들어 주었다.

The positive review **made** the team very proud. (S + V + O + C)
긍정적인 리뷰는 팀을 매우 자랑스럽게 만들었다.

Ex consider (고려하다 / ~라고 여기다)

The board **considered** several options before selecting a vendor. (S + V + O)
이사회는 공급업체를 선정하기 전에 여러 가지 옵션을 고려했다.

The manager **considered** the candidate highly qualified for the role. (S + V + O + C)
그 관리자는 그 지원자가 그 역할에 매우 적합하다고 판단했다.

예시 문제 **다음 문장의 유형을 고르시오.**

보기 ① S + V ② S + V + O ③ S + V + C ④ S + V + IO + DO ⑤ S + V + O + C

Q [1] The results appear promising based on the initial data.

Q [2] The committee considered the plan too risky for investment.

Q [3] The director looked around nervously before responding to the reporter's question.

Q [4] The assistant made the client a cup of tea during the break.

Q [5] The applicant left her résumé at the reception desk.

정답과 해설

Q [1] 그 결과는 초기 데이터에 따르면 유망해 보인다. appear는 연결 동사(linking verb)로 사용되어 보어인 형용사 promising과 함께 주어 the results의 상태를 설명하는 S + V + C형.

Q [2] 위원회는 그 계획이 투자하기에는 너무 위험하다고 여겼다. consider는 목적어 the plan과 목적격 보어 too risky를 함께 취하는 S + V + O + C 구조를 이룸.

Q [3] 그 감독은 기자의 질문에 답하기 전에 신경질적으로 주위를 둘러보았다. looked around는 자동사+부사구로 사용되어 주어 the director의 동작을 묘사하며, 뒤의 before responding to~는 시간 부사절로 부가적인 상황 설명. 문장 구조는 S + V.

Q [4] 그 조수는 휴식 시간에 고객에게 차 한 잔을 타 주었다. made는 S + V + IO + DO 구조로, the client(간접목적어)와 a cup of tea(직접목적어)를 함께 취함.

Q [5] 그 지원자는 자신의 이력서를 접수처에 두고 갔다. left는 타동사로 사용되어 목적어 her résumé를 직접 취하며, at the reception desk는 전치사구로 장소를 덧붙여 설명. 문장 구조는 S + V + O.

주어와 동사

Lesson **2**

| 주어 |

영어에서는 명사, 대명사 외에도 동명사와 to 부정사, 명사절도 주어 역할을 할 수 있습니다.

A 명사가 주어인 경우 사람/사물 여부와 수(단수/복수)를 고려하여 알맞은 단어를 선택해야 함

Q [1] _______ at the AI coding bootcamp is not required, but highly recommended for beginners.
_______ at the coffee tasting event shared their opinions on the new seasonal blends.
The flight _______ offered complimentary snacks to passengers on the delayed evening flight.

(A) attendant (B) Attendance (C) attend (D) Attendees

해설 1. AI 코딩 부트캠프에의 참석은 필수는 아니지만, 초보자에게는 매우 권장된다. 문맥상 행위표현 추상 명사가 필요하므로 Attendance가 적합함. 2. 커피 시음 행사에 참석한 사람들은 새로운 계절 한정 블렌드에 대한 의견을 공유했다. 참석한 사람을 지칭하는 복수형 명사가 필요하므로 Attendees가 적합함. 3. 그 항공편의 승무원이 지연된 저녁 항공편의 승객들에게 무료 간식을 제공했다. 승무원이 문맥상 자연스러우므로 attendant가 적합함.

어휘 **recommend** 권장하다 **share** 공유하다 **complimentary** 무료의 **delayed** 지연된

Q [2] The _______ are encouraged to join the virtual orientation, which includes a live Q&A with senior engineers.

(A) applicants (B) application (C) apply (D) applicable

해설 지원자들은 수석 엔지니어들과의 실시간 질의응답이 포함된 가상 오리엔테이션에 참여할 것을 권장받는다. 문맥상 주어 자리에 올 수 있는 것은 사람이고 복수이므로 applicants가 적합함.

어휘 **virtual** 가상의 **include** 포함하다 **live Q&A** 실시간 질의응답 **senior engineer** 수석 엔지니어

B 대명사가 주어인 경우 앞에 있는 명사와 성, 수를 일치시켜야 함

Q [3] Remote teams can collaborate more effectively when _______ use shared digital tools like calendars and task boards.

(A) it (B) they (C) them (D) its

해설 원격 팀은 캘린더나 작업 보드 같은 공유 디지털 도구를 사용할 때 더 효과적으로 협업할 수 있다. 종속절에서 "remote teams"를 다시 가리키는 대명사로, 복수형인 they가 적합함.

어휘 **remote team** 원격 팀 **collaborate** 협업하다 **shared digital tools** 공유 디지털 도구

Q [4] Every customer is entitled to a refund if _______ request is submitted within 14 days.

(A) their (B) its (C) his or her (D) theirs

해설 모든 고객은 요청이 14일 이내에 제출되면 환불을 받을 자격이 있다. 단수형인 "every customer"를 가리키는 대명사로 성 중립적인 his or her가 적합함.

어휘 **entitled to** ~할 자격이 있는 **refund** 환불 **submit** 제출하다 **within 14 days** 14일 이내에

C to 부정사나 동명사가 주어인 경우 항상 단수 취급해야 함

Q [5] _______ a quiet workspace at home significantly boosts your concentration and productivity.

(A) Find (B) Finding (C) Found (D) Founding

해설 집에서 조용한 작업 공간을 찾는 것은 집중력과 생산성을 크게 높인다. 동명사 finding이 문장의 주어 역할을 하므로 적합함. found는 설립하다는 뜻.

어휘 **significantly** 현저히 **boost** 향상시키다 **concentration** 집중력 **productivity** 생산성

Point to remember

to 부정사나 that 절이 문장의 주어로 올 때는 보통 'It'을 문장 앞에 가주어로 쓰고, 진짜 주어는 문장 끝에 둡니다. 이 표현은 다음과 같은 형용사나 명사와 자주 함께 사용됩니다.

It is + necessary / essential / important / possible / clear + to 부정사 또는 that 절
one's responsibility, one's belief, one's expectation

Q [6] It is the intern's responsibility _______ the project manager in advance if they cannot attend the weekly team meeting.

(A) to notify (B) notifying (C) notify (D) notification

해설 인턴이 주간 회의에 참석할 수 없는 경우, 사전에 프로젝트 매니저에게 알리는 것은 인턴의 책임이다. It(가주어)… to 부정사(진주어) 구문이므로 to notify가 적합함.

어휘 **notify** 통지하다 **responsibility** 책임 **in advance** 미리

Q [7] It is essential _______ all new hires understand the company's data privacy guidelines.

(A) to (B) of (C) that (D) for

해설 모든 신입 직원들이 회사의 데이터 개인정보 보호 지침을 이해하는 것이 필수적이다. It is essential that ~ 구문에서 that 절이 진주어 역할을 하므로 that이 적합함.

어휘 **new hire** 신입 직원 **data privacy guidelines** 데이터 개인정보 보호 지침

Q [8] With this mobile banking app, it is possible _______ your account balance from any location.

(A) to access (B) access (C) accessed (D) accessible

해설 이 모바일 뱅킹 앱을 사용하면 어디에서든 계좌 잔액을 확인할 수 있다. it is possible to + 동사원형 구조에서 to access가 적합함.

어휘 **access** 접근하다 **account balance** 계좌 잔액

| 동사 |

동사는 문장에서 핵심 역할을 하며, 문장의 형식을 결정하고 시제를 나타내기 위해 형태가 바뀝니다.

A 주어가 3인칭 단수이고 현재 시제일 때 동사 원형에 (e)s를 붙여야 함

Q [9] The company cafeteria _______ employees with free coffee and a light breakfast every morning.

(A) providing (B) provides (C) provide (D) provision

해설 회사의 구내식당은 매일 아침 직원들에게 무료 커피와 간단한 아침 식사를 제공한다. 주어가 3인칭 단수이고 현재 시제이므로 provides가 적합함.

어휘 **company cafeteria** 회사 구내식당 **light breakfast** 간단한 아침 식사

Q [10] Financial experts _______ that inflation will continue to decline over the coming quarters.

(A) predict (B) predictor (C) predicting (D) prediction

해설 재정 전문가들은 인플레이션이 앞으로 몇 분기 동안 계속 하락할 것으로 예측하고 있다. 주어가 복수이고 현재 시제이므로 predict가 적합함.

어휘 **financial expert** 재정 전문가 **predict** 예측하다 **decline** 하락하다 **coming quarter** 다음 분기

Point to remember

복수형처럼 보이지만 단수 취급되는 명사가 주어일 경우, 동사도 단수형을 사용해야 합니다.

news 뉴스 economics 경제학 mathematics 수학 statistics 통계학 politics 정치

Q [11] The latest news _______ that the startup secured $10 million in funding.

(A) is (B) are

해설 최근 뉴스는 그 스타트업이 천만 달러의 자금을 확보했다는 것이다. "news"는 형태는 복수지만 의미상 단수이므로 is가 적합함.

어휘 **latest** 가장 최근 **startup** 신생 벤처기업 **secure** 확보하다 **funding** 자금

Point to remember

전치사구나 관계절로 수식된 명사가 주어일 경우, 문장의 동사는 해당 명사의 수(단수 또는 복수)에 맞추어야 합니다.

Ex The books on the shelf near the window belong to Sarah.

창가 근처 선반에 있는 책들은 사라의 것이다.

Q[12] The director along with several senior engineers _______ visiting the production site this afternoon.

(A) are (B) is (C) were (D) be

해설 여러 수석 엔지니어들과 함께 이사님이 오늘 오후 생산 현장을 방문할 예정이다. along with는 수식어구로 주어는 단수 "the director"이므로 is가 적합함.

어휘 **along with** ~와 함께 **senior engineer** 수석 엔지니어 **production site** 생산 현장

Q[13] The technician who installs the network systems _______ currently working on a major office relocation project.

(A) are (B) were (C) is (D) be

해설 네트워크 시스템을 설치하는 기술자가 현재 주요 사무실 이전 프로젝트를 진행 중이다. 주어는 관계대명사절의 수식을 받는 단수형 the technician이므로 동사 is가 적합함.

어휘 **install** 설치하다 **currently** 현재 **relocation** 이전

B 명령문이나 조동사 다음에는 동사 원형을 사용함

Q[14] Before using the new software, please _______ the installation instructions carefully.

(A) read (B) reading (C) to read (D) readable

해설 새 소프트웨어를 사용하기 전에 설치 지침을 주의 깊게 읽어 주시기 바랍니다. 명령문에서 동사 원형 read가 적합함.

어휘 **installation** 설치 **instruction** 지침

Q[15] By attending international trade shows, you can _______ valuable insights into emerging market trends.

(A) instruct (B) acquire (C) negotiate (D) transform

해설 국제 무역 박람회에 참석함으로써, 떠오르는 시장 트렌드에 대한 귀중한 통찰을 얻을 수 있다. 의미상 "얻다"에 해당하는 acquire가 적합함.

어휘 **acquire** 얻다 **insight** 통찰 **emerging market** 신흥 시장 **negotiate** 협상하다 **transform** 변모시키다

C 문장에 제시된 시간 표현에 따라 동사의 시제를 일치시켜 사용해야 합

Ex last week (과거 시제), tomorrow (미래 시제), since 2024 (현재 완료시제)

Q[16] At last year's career fair, most participants _______ interest in remote work opportunities.

(A) have expressed (B) expressed (C) express (D) will express

해설 작년 취업 박람회에서 대부분의 참가자들이 원격 근무 기회에 관심을 보였다. 과거 시점 표현 "last year"에 맞추어 expressed가 적합함.

어휘 **career fair** 취업 박람회 **participant** 참가자 **remote work** 원격 근무

Q[17] Next Friday, the marketing director _______ the new global advertising campaign.

(A) will announce (B) announced (C) has announced (D) announce

해설 다음 주 금요일에 마케팅 이사가 새로운 글로벌 광고 캠페인을 발표할 예정이다. Next Friday 는 미래 시점을 나타내므로 will announce가 적합함.

어휘 **global advertising campaign** 글로벌 광고 캠페인

Q[18] Monica _______ at a global fintech startup since 2023, specializing in user-friendly mobile interfaces and digital payment systems.

(A) has worked (B) is working (C) works (D) worked

해설 모니카는 2016년부터 글로벌 핀테크 스타트업에서 근무해 왔으며, 사용자 친화적인 모바일 인터페이스와 디지털 결제 시스템을 전문으로 한다. since 2023이라는 시점 표현이 있으므로 현재완료 시제인 has worked가 적합함.

어휘 **fintech** 핀테크(금융기술) **specialize in** ~을 전문으로 하다 **user-friendly** 사용자 친화적인 **digital payment system** 디지털 결제 시스템

목적어와 보어

Lesson 3

| 목적어 |

명사, 대명사, to 부정사, 동명사, 명사절 등이 목적어로 사용될 수 있습니다. 대명사가 목적어로 사용되면 반드시 목적격(me, him, her, us, them 등)을 취해야 합니다.

A 명사/대명사

Q [1] Urban Canvas does not accept _______ for any artwork damaged during third-party delivery.

(A) respond (B) responsible (C) response (D) responsibility

해설 어반 캔버스는 제3자 배송 중 손상된 예술 작품에 대해 책임을 지지 않는다. 전치사 for 뒤에는 명사가 와야 하며, 문맥상 "책임"이라는 뜻을 가진 명사 responsibility가 적합함.

어휘 **accept** 받아들이다 **third-party delivery** 제3자 배송 **artwork** 예술 작품

Q [2] Some applicants submitted incomplete forms, but the HR assistant didn't reply to _______ .

(A) them (B) they (C) theirs (D) their

해설 일부 지원자들이 불완전한 양식을 제출했지만, 인사 담당자는 그들에게 응답하지 않았다. 전치사 to 뒤에는 목적격이 와야 하므로 them이 적합함.

어휘 **incomplete form** 불완전한 양식 **reply to** ~에게 응답하다 **HR assistant** 인사 담당자 **Human Resources** 인사 관리

B to 부정사/동명사

Q [3] The research team hopes _______ how customers respond to eco-friendly packaging.

(A) know (B) knowing (C) to know (D) knew

해설 연구팀은 고객들이 친환경 포장에 어떻게 반응하는지 알기를 원한다. hope는 to 부정사를 목적어로 취하므로 to know가 적합함.

어휘 **respond to** ~에 반응하다 **eco-friendly** 친환경의 **packaging** 포장

Q [4] Using cloud-based storage makes it easier _______ files across multiple devices.

(A) share (B) to share (C) sharing (D) shared

해설 클라우드 기반 저장소를 사용하면 여러 장치에서 파일을 공유하는 것이 더 쉬워진다. make it easier + to 부정사 구조는 목적어인 to 부정사를 후치 시킨 것이므로 to share가 적합함.

어휘 **storage** 저장소 **across** ~에 걸쳐 **multiple** 다수의 **device** 장치

Point to remember

다음과 같은 동사는 동명사를 목적어로 취합니다.

admit 인정하다 avoid 회피하다 consider 고려하다 finish 마치다 deny 부인하다 mind 꺼리다 risk ~할 위험이 있다 suggest 제안하다

Q [5] Several team members considered _______ after management rejected their proposal for hybrid work.

(A) leave (B) leaving (C) left (D) to leave

해설 경영진이 하이브리드 근무 제안을 거절한 후 몇몇 팀원들은 퇴사를 고려했다. consider는 동명사를 목적어로 취하므로 leaving이 적합함.

어휘 **management** 경영진 **reject** 거절하다 **proposal** 제안 **hybrid work** 재택과 사무실 출근을 병행하는 근무

Q [6] Last month, Tesla announced that it had chosen to stop _______ certain low-demand vehicle models.

(A) manufacture (B) manufacturer (C) to manufacture (D) manufacturing

해설 지난달, 테슬라는 수요가 낮은 일부 차량 모델의 생산을 중단하기로 했다고 발표했다. Stop은 멈추다는 뜻일 때 동명사 목적어로 취하므로 manufacturing이 적합함.

어휘 **choose to** ~하기로 선택하다 **low-demand** 수요가 낮은 **vehicle model** 차량 모델

C 명사절

명사절을 이끄는 접속사로는 that, whether, if 및 의문사(what, who, how 등)가 있는데 이 중 that이 이끄는 명사절이 가장 많이 사용됩니다. 다음과 같은 동사들은 that 절을 목적어로 취할 수 있는 대표적인 예입니다.

- 주어 + announce / believe / suggest / insist / show / predict / indicate / know / agree + that 절

Q [7] A recent report indicates _______ many office workers prefer flexible hours over salary increases.

(A) which (B) that (C) what (D) about

해설 최근 보고서는 많은 사무직 근로자들이 임금 인상보다 유연한 근무 시간을 선호한다는 것을 지적한다. 동사 indicate 는 that 절을 목적어로 취하므로 that이 적합함.

어휘 **indicate** 지적하다 **office worker** 사무직 근로자 **prefer** ~을 선호하다 **flexible** 유연한

| 주격 보어 |

주격 보어는 be 동사와 연결 동사(linking verb) 뒤에 와 주어의 신분, 상태, 성질 등을 설명하는 역할을 합니다.

A Be 동사의 보어

형용사 또는 분사, 그리고 문장 내에서 명사 역할을 하는 어구들(예: 명사, 동명사, to 부정사, 명사절 등)이 올 수 있습니다.

명사/형용사

Q [8] Emma is the _______ of client relations at the company's Tokyo branch.

(A) manage (B) manager (C) managing (D) management

해설 엠마는 도쿄 지사의 고객 응대 부서 매니저다. Be 동사의 보어가 되는 사람을 뜻하는 명사가 필요하므로 manager가 적합함.

어휘 **client relations** 고객 응대 **branch** 지사

Q [9] Digital forms are _______ because they can be submitted online.

(A) convene (B) convenience (C) conveniently (D) convenient

해설 디지털 양식은 온라인으로 제출할 수 있기 때문에 편리하다. Be 동사의 보어인 형용사 convenient가 적합함.

어휘 **digital form** 디지털 양식 **convenient** 편리한

현재/과거분사

분사가 주격 보어일 때, 주어와의 의미 관계가 능동이면 현재분사, 수동이면 과거분사를 씁니다.

Q [10] The recent customer feedback was _______ since it revealed major flaws in the service.

(A) disappointment (B) disappoint (C) disappointing (D) disappointed

해설 최근의 고객 피드백은 서비스의 큰 결함을 드러냈기 때문에 실망스러웠다. 주어인 피드백(사물)이 실망스러운 감정을 불러 일으켰으므로 현재 분사 disappointing이 적합함.

어휘 **feedback** 피드백, 반응 **reveal** 드러내다 **flaw** 결함

Q [11] The product development team was _______ by the negative results of the consumer test.

(A) disappointment (B) disappoint (C) disappointing (D) disappointed

해설 제품 개발팀은 소비자 테스트의 부정적인 결과에 실망했다. 주어가 실망스런 감정을 느낀 대상이므로 과거분사 disappointed가 적합함.

어휘 **negative** 부정적인 **consumer** 소비자

Q [12] The headquarters is _______ in a newly renovated building near the central station.

(A) locate (B) location (C) located (D) locating

해설 본사는 중앙역 근처에 새롭게 개조되니 건물에 위치해 있다. 의미상 주어가 스스로 위치해 있는 것이 아니라, 외부 요인에 의해 수동적으로 위치되어진 상태이므로 과거분사 located가 적합함.

어휘 **headquarters** 본사 **renovated** 개조된

To 부정사/동명사

Q [13] One of the key responsibilities of the role is _______ weekly performance reports to management.

(A) to provide (B) provide (C) provider (D) provided

해설 이 직무의 주요 책임 중 하나는 경영진에게 주간 성과 보고서를 제공하는 것이다. To 부정사는 be동사의 보어가 될 수 있으므로 to provide가 적합함.

어휘 **key** 열쇠 핵심적인 **performance report** 성과 보고서

Q [14] My long-term objective as a team leader is _______ a culture of innovation and collaboration.

(A) develop (B) developed (C) developing (D) development

해설 팀 리더로서 나의 장기적인 목표는 혁신과 협력의 문화를 조성하는 것이다. 동명사도 be 동사의 보어 역할을 하므로 developing이 적합함.

어휘 **long-term** 장기적인 **objective** 목표 **innovation** 혁신

명사절

Q [15] Her opinion is _______ clear guidelines should be established for remote work.

(A) about (B) that

해설 그녀의 의견은 재택근무에 대한 명확한 지침이 마련되어야 한다는 것이다. Be 동사 뒤에 온 that이 이끄는 명사절은 주어인 Her opinion의 내용을 설명하는 보어 역할이므로 that이 적합함.

어휘 **establish** 설립하다/마련하다 **remote work** 재택근무

B 연결 동사의 보어

연결 동사는 형용사 또는 분사를 보어로 취하여 주어의 상태, 변화, 성질 등을 설명합니다.

- 상태 지속 나타내는 연결 동사: appear, remain, stay, seem, look, sound, feel
- 상태 변화 나타내는 연결 동사: become, turn, get, grow

Q [16] Remote work has become _______ in many industries because of its flexibility and cost-effectiveness.

(A) popular (B) popularly (C) popularity (D) popularizing

해설 재택근무는 유연성과 비용 효율성 덕분에 많은 산업에서 인기를 끌고 있다. Become은 형용사를 보어로 취하므로 popular가 적합함.

어휘 **remote work** 재택근무 **flexibility** 유연성 **cost-effectiveness** 비용 효율성

Q [17] Our team grew increasingly _______ as the final project deadline rapidly approached

(A) anxious (B) anxiety (C) anxiously (D) anger

해설 최종 프로젝트 마감일이 빠르게 다가오자 우리 팀은 점점 더 불안한 상태가 되었다. 동사 grew는 상태의 변화를 나타내는 연결 동사(linking verb)로, 뒤에는 형용사가 보어로 와야 하므로 anxious가 정답임.

어휘 **anxious** 불안한 **rapidly** 빠르게 **deadline** 마감일

Q[18] During the brainstorming session, the new marketing assistant looked _______ while taking notes.

(A) concentrate (B) concentrating (C) concentrated (D) concentration

해설 브레인스토밍 세션 동안, 새로 온 마케팅 보조 직원은 메모를 하면서 집중하고 있는 것처럼 보였다. 연결 동사 뒤에서 보어로 집중한 상태라는 뜻을 표현하는 것은 과거분사 concentrated가 가장 적합함. focused도 비슷한 뜻으로 자주 사용됨.

어휘 **concentrate** 집중하다 **while taking notes** 메모하는 동안

Q[19] For safety reasons, all laboratory entrances must remain _______ during working hours.

(A) unlocked (B) unlock (C) unlocking (D) to unlock

해설 안전상의 이유로 모든 실험실 입구는 근무 시간 동안 잠기지 않은 상태로 있어야 한다. 주어와 보어가 수동 관계를 나타내는 과거분사 unlocked가 적합함.

어휘 **for safety reasons** 안전상의 이유로 **laboratory** 실험실

Q[20] The audience seemed _______ by the technical jargon used during the presentation.

(A) confuse (B) confusing (C) confused (D) to confuse

해설 발표 중 사용된 전문 용어 때문에 청중은 혼란을 느낀 것처럼 보였다. 주어 the audience는 혼란을 느낀 수동의 의미이므로 과거분사 confused가 적합함.

어휘 **audience** 청중 **jargon** 전문 용어 **presentation** 발표

Q[21] If recent graduates stay _______ for an extended period, they may lose touch with industry trends.

(A) unemploy (B) unemployed (C) unemploying (D) to unemploy

해설 최근 졸업생이 오랜 기간 동안 실직 상태로 있으면 업계 흐름과 멀어질 수 있다. 상태를 나타내는 형용사 unemployed가 적합함.

어휘 **graduate** 졸업생 **extended period** 장기간 **lose touch with** ~와 멀어지다 **unemployed** 실직한

Point to remember

연결 동사 중 become, remain, stay는 명사를 보어로 취할 수 있고 seem과 appear는 to 부정사를 보어로 취할 수 있습니다.

Ex He remained **a loyal customer** for years.
그는 수년 동안 충성스러운 고객으로 남았다.

She seems **to know** the answer.
그녀는 그 답을 아는 것처럼 보인다.

목적격 보어

목적격 보어는 목적어의 상태나 신분 등을 보충 설명합니다. 형용사, 명사, 현재분사, 과거분사, to 부정사, 원형부정사 등이 목적격 보어가 될 수 있습니다. keep, find, consider, leave와 같은 동사들은 목적격 보어로 현재분사를 쓸지 과거분사를 쓸지 혼동하기 쉬우므로, 목적어와 보어 사이의 의미 관계에 특히 주의해야 합니다.

Q[22] During the recruitment process, the hiring committee found the final candidate extremely _______ .

(A) compete (B) competently (C) competent (D) competence

해설 채용 과정에서 면접 위원회는 최종 후보자가 매우 유능하다고 판단했다. find의 목적어 뒤에 오는 목적 보어로는 형용사 competent가 적합함.

어휘 **recruitment** 채용 **hiring committee** 채용 위원회 **candidate** 후보자 **competent** 유능한

Point to remember

목적어와 목적 보어 사이의 의미 관계가 능동이면 현재분사를, 수동이면 과거분사를 사용합니다.

Q[23] We consider the application _______ only after reviewing the applicant's official transcript and resume.

(A) confirm (B) confirming (C) confirmed (D) to confirm

해설 우리는 지원자의 성적 증명서와 이력서를 검토한 후에야 지원서를 확정된 것으로 간주한다. consider의 목적어와 목적보어가 수동 관계이므로 과거분사 confirmed가 적합함.

어휘 **official transcript** 공식 성적 증명서 **resume** 이력서 **confirm** 확정하다

Q[24] The security officer kept the visitors _______ in the lobby until their host arrived.

(A) wait (B) waiting (C) waited (D) to wait

해설 보안 요원은 방문자들을 담당자가 도착할 때까지 로비에 기다리게 했다. keep의 목적어인 the visitor와 목적보어가 능동 관계이므로 현재분사 waiting이 적합함.

어휘 **security officer** 보안 요원 **keep** 유지하다/계속 ~한 상태로 두다

Q[25] We always keep suppliers _______ of any updates regarding shipping schedules or policy changes.

(A) informing (B) informed (C) inform (D) information

해설 우리는 배송 일정이나 정책 변경에 대한 모든 업데이트를 공급업체에게 알려져 있는 상태로 유지한다. keep의 목적어인 suppliers와 목적보어가 수동 관계이므로 과거분사 informed가 적합함.

어휘 **supplier** 공급업체 **update** 최신 정보 **shipping schedule** 배송 일정 **informed** 정보를 받은, 알고 있는

Point to remember

to 부정사나 that 절이 목적어 자리에 바로 오면 문장이 어색해질 수 있습니다. 이럴 경우, to 부정사나 that 절을 문장 끝으로 옮기고, 그 자리에 가주어 it을 사용합니다.

Ex I found **to work with him** rewarding.

→ I found **it** rewarding **to work with him**.

나는 그와 함께 일하는 것이 보람 있다고 느꼈다.

Ex They found **that the support team responded within 24 hours** useful.

→ They found **it** useful **that the support team responded within 24 hours**.

그들은 고객지원팀이 24시간 이내에 응답했다는 것이 유용하다고 느꼈다.

Q[26] The safety inspector considered it _______ to install additional fire extinguishers in every hallway.

(A) necessity (B) necessarily (C) need (D) necessary

해설 안전 검사관은 각 복도마다 소화기를 추가 설치하는 것이 필요하다고 간주했다. 목적어인 to 부정사가 후치되고 형식 목적어 it이 남은 구조이고 consider의 목적 보어로 형용사를 취하므로 necessary가 적합함.

어휘 **safety inspector** 안전 검사관 **fire extinguisher** 소화기 **hallway** 복도

Q[27] Several university administrators found _______ necessary that students must complete the online ethics course before registering for classes.

(A) it (B) this (c) that (D) one

해설 여러 대학 행정관들은 학생들이 수강 신청 전에 온라인 윤리 과정을 이수해야 한다는 것이 필요하다는 것을 발견했다. find + it + 형용사 + that 절 구조로 형식 목적어 it이 필요함.

어휘 **administrator** 행정관 **ethics** 윤리(학) **register for classes** 수강 신청하다

실전 확인 문제

Step 1 | **Choose the best answer to complete the sentence.** 제한시간: 7분

1 The new mentoring program ______ interns with guidance throughout their first year.
(A) provide (B) provides (C) providing (D) to provide

2 One of the interns' main duties is ______ client emails every morning.
(A) to answer (B) answer (C) answerer (D) answered

3 Cloud storage has become ______ among businesses of all sizes recently.
(A) common (B) commonly (C) commonness (D) commoning

4 Ms. Kim was assigned to oversee the construction project as a ______ .
(A) employee (B) supervisor (C) investor (D) retailer

5 The goal of our program is to provide ______ to students who want to study overseas.
(A) to assist (B) assisting (C) assistance (D) assist

6 Olivia ______ late to the client meeting yesterday because of a traffic jam.
(A) is (B) was (C) will be (D) has been

7 They invested a lot of money in advertising, but the result was ______ .
(A) disappointing (B) disappointed (C) disappoint (D) disappointment

8 For more details about the annual fundraiser, please ______ our official homepage.
(A) visited (B) visitor (C) visiting (D) visit

9 David seems highly ______ in mentoring new software developers.
(A) experience (B) experienced (C) experiencing (D) experiential

10 Customer service agents must ______ to user complaints in a timely manner.
(A) responding (B) respond (C) response (D) responded

11 The ______ seemed extremely concerned about the company's lack of growth.
(A) investment (B) invest (C) investor (D) investing

12 If you see any lost items, please bring ______ to the front desk.
(A) they (B) their (C) them (D) theirs

13 ______ new software to your computer can help improve work speed.
(A) Add (B) Adding (C) Added (D) Addition

14 ______ in the international trade event is completely open to the public.
(A) Participant (B) Participate (C) Participation (D) Participated

15 Please keep your phone ______ during the entire performance.
(A) silence (B) silent (C) silently (D) silenced

Step 2 | Choose the best answer to complete the sentence. 제한시간: 10분

1 The report along with several data charts ______ ready for presentation.
(A) are (B) were (C) is (D) have been

2 Since Kevin booked his tickets early, ______ received a substantial discount on airfare.
(A) he (B) she (C) you (D) it

3 It is necessary ______ any mobile application be responsive and easy to use.
(A) to (B) that (C) because (D) for

4 The new workplace safety guideline ______ to all full-time employees in the company.
(A) apply (B) applies (C) applying (D) have applied

5 To schedule a product demonstration, simply fill out the form and return ______ to our sales team.
(A) them (B) it (C) you (D) him

6 Demand for electric bicycles is expected to remain ______ during the summer.
(A) steady (B) steadiness (C) steadily (D) steadiest

7 Spaces for the leadership workshop ______ limited, so it is best to reserve your seat as soon as possible.
(A) is (B) was (C) has (D) are

8 Retail chains are working hard to keep their loyal shoppers ______ despite rising prices.
(A) satisfying (B) satisfy (C) satisfied (D) satisfaction

9 The supervisor advised the staff to keep the machines ______ during regular maintenance checks.
(A) run (B) running (C) ran (D) runs

10 The recent policy changes will significantly ______ the school's monthly operating costs.
(A) reducing (B) reduced (C) reduce (D) reduction

11 Mark was ______ when he found out that his proposal had been rejected.
(A) disappointing (B) disappointed (C) disappoint (D) disappointment

12 It ______ encouraging news that employee satisfaction ratings have reached an all-time high.
(A) to be (B) being (C) are (D) is

13 Our mission ______ provide the highest-quality eco-friendly products at affordable prices.
(A) is to be (B) being (C) is (D) is to

14 Green Spoon Café is considering ______ a second vegan restaurant near the university campus.
(A) open (B) opening (C) to open (D) opened

15 The sudden change in schedule made it difficult ______ the project on time.
(A) finish (B) to finish (C) finishing (D) finished

Questions 16–20 refer to the following email.

Dear Residents,

We are pleased to announce the [16] ______ of a new shared laundry facility in your building. FreshWash Services has been providing convenient and energy-efficient laundry solutions for over 15 years. Our goal is [17] ______ you have access to clean, modern machines without needing to travel off-site. Beginning next Monday, residents will be able to do laundry in the new facility located on the basement level.
The laundry room will be open daily from 7 a.m. to 10 p.m., and machines [18] ______ both coins and mobile payments. In addition, detergent dispensers and folding tables have been installed for your convenience. For detailed instructions on how to use the equipment, please [19] ______ our website at www.freshwash.com or [20] ______________________________ .
We are excited to offer this new amenity and hope it makes your routine a little easier.

Sincerely,
FreshWash Services

16 (A) installment (B) installation (C) install (D) installing

17 (A) ensurement (B) ensured (C) ensure (D) to ensure

18 (A) accept (B) accepted (C) is accepting (D) accepts

19 (A) visited (B) visit (C) visiting (D) to visit

20 (A) ask your neighbors for their laundry schedule
(B) submit a complaint form to the building manager
(C) check the posted guidelines in the laundry room
(D) leave the machines running after use

Chapter 3

동사의 종류와 시제

Lesson 1 동사의 종류

Lesson 2 동사의 시제

Lesson 3 Part 6 연습

실전 확인 문제

동사의 종류

Lesson 1

자동사와 타동사

동사는 문장에서 목적어의 유무에 따라 자동사와 타동사로 나눌 수 있습니다.

- 자동사는 목적어 없이도 문장의 의미가 완전하지만
- 타동사는 목적어가 반드시 필요하며, 목적어 없이는 문장의 의미가 불완전함.

자동사로만 사용되는 동사

자동사로만 사용되는 동사의 수는 그리 많지 않습니다. 그러나 다음 동사들은 자동사로만 쓰이므로 특별히 주의를 기울여 기억할 필요가 있습니다.

arrive 도착하다 **emerge** 등장하다 **fall** 떨어지다 **happen / occur** 발생하다 **depart** 출발하다
rise 오르다 **exist** 존재하다 **stay** 머무르다 **take place** 발생하다 / 열리다 **expire** 만료되다

Ex The staff meeting **holds** every Monday. (X)
The staff meeting **takes place** every Monday. (O)
직원 회의는 매주 월요일에 열린다.

The delivery fee will **raise** next week. (X)
The delivery fee will **rise** next week. (O)
배송비는 다음 주에 오를 것이다.

Q [1] The board of directors _______ the investment plan for the next year without any changes.

(A) emerged (B) occurred (C) approved (D) rose

해설 이사회는 내년도 투자 계획을 아무런 변경 없이 승인했다. 목적어 the investment plan이 있으므로 타동사 approve가 적절함.
어휘 **board of directors** 이사회 **approve** 승인하다 **approval** 승인 **investment** 투자

Q [2] Flight departure times often _______ due to changes in weather or air traffic control.

(A) occur (B) vary (C) attend (D) announce

해설 비행기 출발 시간은 날씨나 항공 관제의 변화로 인해 종종 달라진다. 목적어가 없으므로 의미상 '변화하다'는 뜻을 가진 자동사 vary가 적절함.

어휘 **vary** 변화하다/다양하다 **due to** ~때문에 **air traffic control** 항공 관제

Q [3] Oil price abruptly _______ last week due to political instability in the Middle East.

(A) rose (B) lifted (C) heightened (D) elevated

해설 오일 가격은 중동의 정치적 불안정으로 인해 지난주에 갑자기 상승했다. 목적어가 없으므로 자동사 rise의 과거형 rose가 자연스럽고 정확함.

어휘 **oil price** 유가 **abruptly** 갑자기 **political instability** 정치적 불안정 **the Middle East** 중동

| 자동사와 타동사로 모두 쓰이는 동사 |

많은 동사들이 문맥에 따라 자동사로도, 타동사로도 사용될 수 있습니다.

grow 자라다 / ~을 재배하다 **return** 돌아오다 / ~을 반환하다 **lead** 이어지다 / ~을 이끌다
increase 증가하다 / ~을 증가시키다 **gather** 모이다 / ~을 모으다 **benefit** 이롭다 / ~을 이롭게 하다

Ex The marketing team **gathered** to discuss the new advertising campaign. (자동사)
마케팅 팀은 새로운 광고 캠페인에 대해 논의하기 위해 모였다

The marketing team **gathered** data for the upcoming campaign. (자동사)
마케팅 팀은 다가오는 캠페인을 위한 데이터를 수집했다.

Q [4] Our global shipping policy _______ customers in different countries and regions.

(A) exceeds (B) benefits (C) leads (D) returns

해설 우리의 전 세계 배송 정책은 다양한 국가와 지역의 고객에게 혜택을 준다 빈칸 앞이 주어, 뒤에는 목적어가 있는 구조. 의미상 타동사로 쓰인 benefit이 적합함.

어휘 **shipping policy** 배송 정책 **region** 지역 **exceed** 초과하다

Q [5] Small businesses can _______ using mobile apps for processing payments on the go.

(A) benefit from (B) apologize for (C) reach to (D) join to

해설 소규모 기업들은 이동 중 결제를 처리하는 모바일 앱을 사용하여 이익을 얻을 수 있다. 동명사 구 using mobile apps가 목적어 역할을 하므로 자동사+전치사 구조인 benefit from이 적합함.

어휘 **on the go** 이동 중에 **small business** 소규모 기업 **reach**와 **join**은 타동사이므로 전치사 없이 사용

| 자동사가 목적어를 취할 수 있는 경우 |

자동사는 원칙적으로 직접 목적어를 가질 수 없지만, 전치사와 결합하면 전치사의 목적어를 취할 수 있습니다.

consent to 동의하다 **contribute to** 공헌하다 **refer to** 언급하다 **belong to** 속하다
register for 등록하다 **apologize for** 사과하다 **qualify for** 자격이 있다 **apply for** 지원하다
participate in 참가하다 **succeeds in** 성공하다 **specializes in** 전문으로 하다
comply with 준수하다 **deal with** 다루다 **collaborate on / with** ~에 대해 / ~와 협력하다

Q [6] Great Impasto _______ Italian seafood cuisine, serving a variety of sandwiches, salads, and soups.

(A) succeeds in (B) specializes in (C) qualifies for (D) complies with

해설 Great Impasto는 이탈리아 해산물 요리를 전문으로 하며, 다양한 샌드위치, 샐러드, 수프를 제공한다. ~을 전문으로 하다라는 뜻에는 specialize in이 적합함.

어휘 **seafood cuisine** 해산물 요리 **serve** 제공하다 **a variety of** 다양한 **comply** 따르다, 준수하다

Q [7] Working closely with children has _______ the success of our product design and developments.

(A) contributed to (B) depended on (C) referred to (D) apologized for

해설 아이들과 밀접하게 일하는 것이 우리 제품 디자인과 개발의 성공에 기여했다. 문맥상 성공에 기여했다는 뜻에는 contribute to가 적합함.

어휘 **product design and developments** 제품 디자인과 개발 **depend on** ~에 의존하다 **refer to** 언급하다, 참조하다

타동사와 뜻이 비슷한 자동사 + 전치사

reach = arrive in 도착하다 **seek = look for** 찾다 **answer = respond to** 답하다
oppose = object to 반대하다 **handle = deal with** 다루다 **discuss = talk about** 토론하다
attend = participate in 참여하다 **cause = result in** 초래하다

Q [8] If you plan to _______ the Annual ITF Expo, you should first participate in the preparatory meeting.

(A) respond (B) approve (C) reply (D) attend

해설 연례 ITF 박람회에 참석할 계획이라면, 먼저 준비 회의에 참여해야 한다. 박람회는 참석하는 대상이므로 전치사 없이 목적어를 바로 취할 수 있는 타동사 attend가 적절함.

어휘 **expo** 박람회 **preparatory meeting** 준비 회의 **Annual** 연간의

Q [9] Staff members must _______ with client complaints in a polite and professional manner.

(A) handle (B) deal (C) discuss (D) collaborate

해설 직원들은 고객의 불만 사항을 정중하고 전문적인 방식으로 처리해야 한다. 전치사 with가 함께 쓰이고 처리하다라는 의미에 맞는 표현인 deal with가 적합함.

어휘 **complaints** 불만 **in a polite and professional manner** 정중하고 전문적인 방식으로

Q [10] Packing and moving companies hire special packers who know how to _______ the fragile items carefully.

(A) handle (B) deal (C) reach (D) attend

해설 포장 및 이삿짐 회사는 깨지기 쉬운 물품을 조심스럽게 다루는 방법을 아는 전문 포장 직원을 고용한다. 목적어가 있으므로 다룬다는 뜻의 타동사 handle이 자연스럽고 정확함.

어휘 **fragile items** 깨지기 쉬운 물건 **carefully=with care** 조심스럽게 **packer** 포장하는 사람

Point to remember

다음 동사들은 타동사이므로, 전치사 없이 바로 목적어를 취해야 합니다.

attend ~~at~~ 참석하다 discuss ~~about~~ 논의하다 mention ~~about~~ 언급하다 explain ~~about~~ 설명하다
accompany ~~with~~ 동반하다 reach ~~to~~ 도달하다 answer ~~to~~ 대답하다 check ~~of~~ 확인하다

Q[11] The project team will _______ the preparations for the upcoming anniversary ceremony.

(A) discuss (B) talk (C) participate (D) comply

해설 그 프로젝트 팀은 다가오는 기념식 준비를 논의할 예정이다 논의하다라는 뜻의 discuss는 타동사이므로 전치사 없이 바로 목적어가 와야 함.

어휘 **preparation** 준비 **upcoming** 다가오는 **anniversary** 기념일 **ceremony** 예식

Q[12] The regional director will _______ the tourism expo in Singapore to meet global partners.

(A) attend (B) participate (C) join in (D) take part

해설 지역 이사는 글로벌 파트너들을 만나기 위해 싱가포르 관광 박람회에 참석할 예정이다. attend는 타동사로서 전치사 없이 목적어를 직접 취함.

어휘 **regional** 지역의 **expo** 전람회

Q[13] During the meeting, the director briefly _______ several upcoming changes to the employee policy.

(A) mentioned about (B) discussed about

(C) explain about (D) talked about

해설 회의 중에, 이사는 직원 정책에 대한 몇 가지 예정된 변경 사항들을 간단히 언급했다. talked about 외의 나머지 동사들은 타동사로서 전치사 about과 함께 쓸 수 없음.

어휘 **briefly** 간략하게 **policy** 정책

| 주의해야 할 전달 동사의 문장 구조 |

정보를 전달하는 동사들 중에는 반드시 '사람'을 목적어로 취해야 하는 동사와 그렇지 않은 동사가 있으며, 이들은 서로 다른 문장 구조를 따릅니다.

A 사람을 반드시 목적어로 취하지 않고 'to + 사람' 형태로 표현하는 동사

- 주어 + say / mention / explain / announce / report + (to 사람) + that 절

Q[14] The CEO _______ to the reporters that sales had increased by 15% in the last quarter.

(A) informed (B) told (C) notifies (D) announced

해설 CEO는 지난 분기에 매출이 15% 증가했다고 기자들에게 발표했다. announce는 to + 사람 + that 절 구조를 취할 수 있어 적절함.

어휘 **by 15%** 15% 차이 **quarter** 분기

Q[15] The tour guide _______ to the visitors that the museum would close early for a private event.

(A) mentioned (B) told (C) reminded (D) informed

해설 여행 가이드는 박물관이 개인 행사를 위해 조기 폐쇄될 것이라고 방문객들에게 언급했다. mention은 to + 사람 + that 절 구조를 취할 수 있어 적절함.

어휘 **remind** 상기시키다

Q[16] The pilot calmly _______ to the passengers that the flight would be delayed due to technical issues.

(A) informed (B) told (C) explained (D) notified

해설 조종사는 기술적인 문제로 인해 비행이 지연될 것이라고 승객들에게 침착하게 설명했다. explained가 to + 사람 + that절 구조를 취할 수 있어 적절함.

어휘 **calmly** 차분하게/침착하게

B 사람을 목적어로 취하는 동사

- 주어 + tell + 사람 + about 명사 / that절
- 주어 + inform / notify / remind + 사람 + of 명사 / that절

Q[17] The CEO _______ the newcomers that the company values innovation and teamwork.

(A) explained (B) told (C) mentioned (D) announced

해설 CEO는 신입 직원들에게 회사가 혁신과 팀워크를 중시한다고 말했다. tell은 사람 + that절 구조를 취할 수 있으므로 가장 자연스럽고 적합함.

어휘 **newcomers** 신입사원 **value** 중시하다/가치

Q[18] Please notify us _______ your arrival time so that we can pick you up promptly.

(A) for (B) to (C) on (D) of

해설 저희가 제때 모시러 갈 수 있도록 도착 시간을 알려 주십시오. notify는 전치사 of와 함께 써서 '정보를 알리다'는 의미를 형성하므로 적합함.

어휘 **pick up** 마중 나가다/수거하다 **promptly** 신속히 **so that we can** 우리가 ~하기 위해서

Q[19] The travel agency _______ us that the hotel reservation was successfully confirmed.

(A) explained (B) informed (C) mentioned (D) announced

해설 여행사는 호텔 예약이 성공적으로 확인되었다고 우리에게 알려주었다. inform은 사람 + that절 구조를 자연스럽게 형성하므로 가장 적합함.

어휘 **travel agency** 여행사 **reservation** 예약 **confirm** 확인하다

동사의 시제

Lesson **2**

| 단순 시제 |

단순 시제는 현재·과거·미래 시제로 나뉘며, 일반적이거나 반복적인 행위나 상태, 또는 특정 시점에 발생한 일을 표현할 때 사용됩니다.

A 현재 시제

- 현재의 상태, 규칙적 습관적 행위, 특정한 시간과 상관없이 항구적인 진리, 일반적인 사실 등 표현
- 함께 쓰는 시간 표현: 빈도 부사 (always, usually, often) 또는 every day / week

Q [1] The new software automatically _______ user data every 30 minutes.

(A) back up (B) backs up (C) backing up (D) backed up

해설 그 새로운 소프트웨어는 30분마다 자동으로 사용자 데이터를 백업한다. 주어는 단수이고, 현재 시제이므로 동사 원형 뒤에 (e)s를 붙인 backs up이 적절함.

어휘 **automatically** 자동으로 **every 30 minutes** 30분마다

Q [2] Online shopping malls _______ shipping fees depending on the total amount of the purchase.

(A) usually will charge (B) usually charges
(C) charge usually (D) will charge usually

해설 온라인 쇼핑몰은 총 구매 금액에 따라 보통 배송비를 부과한다. 일반적인 사실이므로 현재 시제가 적절하고, 빈도 부사는 일반 동사 앞 조동사 뒤에 위치해야 하므로 usually charges가 적절함.

어휘 **charge** 부과하다 **shipping fee** 배송비 **depending on** ~에 따라 **amount** 금액

B 과거 시제

- 과거에 일어난 일, 지속적인 상태, 습관 등을 표현
- 함께 쓰는 시간 표현: ago, once, recently, yesterday, last week, last year

Q [3] The hospital administration yesterday _______ the new head surgeon at the annual medical conference.

(A) has introduced (B) will introduce (C) introduced (D) introduces

해설 병원 행정 부서는 어제 연례 의학 회의에서 신임 외과 과장을 소개했다. 시간 표현 yesterday가 있으므로 과거 시제 introduced가 적절함.

어휘 **introduce** 소개하다 **head surgeon** 수석 외과 의사 **annual medical conference** 연례 의학 회의

Q [4] A few days ago, the travel writers _______ the historical village to find out how the guided tours were organized.

(A) has visited (B) will visit (C) had visited (D) visited

해설 며칠 전, 여행 작가들이 안내 투어가 어떻게 운영되는지 알아보기 위해 그 역사 마을을 방문했다. 시간 표현 a few days ago에 맞는 과거 시제 visited가 적절함.

어휘 **historical** 역사적인 **find out** 알아보다 **guided tour** 안내 투어 **organize** 조직하다, 운영하다

C 미래 시제

- 동사 원형 앞에 will이나 be going to 사용하여 미래에 일어날 일 표현
- 함께 쓰는 시간 표현: tomorrow, soon, next, later, in two hours

Q [5] It is expected that the smart home automation market _______ by over 10% next year.

(A) grew (B) will grow (C) has grown (D) grows

해설 스마트 홈 자동화 시장이 내년에 10% 이상 성장할 것으로 예상된다. 'next year'라는 미래 시간 표현이 있으므로 will grow가 적절함.

어휘 **automation** 자동화 **be expected** 예상되다 **grow** 성장하다 **by over** ~ 이상

Q [6] Later this afternoon, the research group _______ their findings on climate change and its global impact.

(A) unveiled (B) had unveiled (C) has unveiled (D) will unveil

해설 오늘 오후 늦게 연구진이 기후 변화와 그 세계적 영향에 대한 연구 결과를 발표할 예정이다. 미래 시점을 나타내는 later this afternoon에 맞추어 will unveil이 적절함.

어휘 **later this afternoon** 오늘 오후 늦게 **unveil** 공개하다 **finding** 연구 결과 **global impact** 세계적인 영향

Point to remember

현재 시제와 현재 진행 시제로도 미래를 표현할 수 있습니다.

- 현재 시제: 기차, 버스, 비행기 출발과 도착 또는 정해진 회의 시간 등을 표현

Ex The flight for Chicago **leaves** in three hours from Orlando International Airport.
시카고행 비행기는 세 시간 후 올란도 국제 공항을 출발한다.

- 현재 진행 시제: 가까운 미래를 나타내는 시간표현들과 함께 사용

Ex **Today**, Mr. Thompson **is giving** a speech in London before hundreds of industry analysts.
오늘 Mr. Thompson은 런던에서 수 백명의 산업 분석가을 대상으로 연설할 것이다.

| 진행 시제 |

진행 시제는 어떤 동작이 특정 시점에 진행 중임을 나타낼 때 사용됩니다. 진행 시제는 현재 진행, 과거 진행, 미래 진행 시제의 세 가지 형태가 있습니다. (미래 진행 시제는 토익에서 자주 다루지 않습니다.)

A 현재 진행 시제: am/is/are + 현재분사(V-ing)

- 지금 현재 일어나고 있는 동작, 또는 가까운 미래에 예정된 행동 표현
- 함께 쓰는 시간 표현: currently, (right) now, presently, at the moment

Q [7] At the moment, our technical team _______ why the server unexpectedly shut down this morning.
(A) investigates (B) investigated (C) is investigating (D) has investigated

해설 현재 기술팀이 서버가 오늘 아침 예기치 않게 꺼진 이유를 조사하고 있는 중이다. 'At the moment'는 현재 진행 상황을 나타내므로 현재진행형 is investigating이 적절함.

어휘 **at the moment** 지금 **investigate** 조사하다 **unexpectedly** 예기치 않게 **shut down** 꺼지다

Q [8] We are currently _______ new business opportunities in the Asian market.
(A) seek (B) seeking (C) sought (D) seeks

해설 현재 우리는 아시아 시장에서 새로운 비즈니스 기회를 모색하고 있는 중이다. 'currently'는 현재진행형과 함께 사용되므로 seeking이 적절함.

어휘 **currently** 현재 **seek** 찾다, 모색하다 **business opportunity** 사업 기회 **Asian market** 아시아 시장

B 과거 진행 시제: was/were + 현재분사 (V-ing)

- 과거의 특정 시점에 진행 중이던 행위나 상황 변화 표현
- 함께 쓰는 시간 표현: at that time, at 7 p.m. yesterday, when + 주어 + 과거 동사

Q [9] Mr. Lee _______ the IT conference in Hong Kong when his promotion was announced.
(A) attends (B) has attended (C) is attending (D) was attending

해설 미스터 리는 승진이 발표되었을 때 홍콩에서 열리는 IT 회의에 참석 중이었다. 과거의 특정 시점에서 진행 중인 동작을 나타내므로 과거 진행형 was attending이 적절함.

어휘 **IT**는 Information Technology의 약어임 **promotion** 승진

C 진행형을 사용하지 않는 동사

감정·소유·지각·인지를 나타내는 상태 동사들(state verbs)은 일시적인 행동이 아니라 지속적인 상태를 나타내므로 진행형으로 잘 사용되지 않습니다.

- 감정/심리 동사: like, love hate, prefer want need hope
- 인지 동사: know, believe, remember, understand, mean
- 소유/존재 동사: have, belong, own, possess, include 포함하다, consist 구성하다
- 감각 동사: see, hear, smell, feel

Q [10] The sales department _______ of the most experienced and qualified staff in the company.

(A) consists (B) is consisting

해설 영업 부서는 회사에서 가장 경험 많고 자격을 갖춘 직원들로 구성되어 있다. consist는 상태 동사로 현재진행형으로 쓰지 않으므로 현재 시제 consists가 적절함.

어휘 **consist of** ~로 구성되다 **experienced** 경험이 많은 **qualified** 자격을 갖춘

Point to remember

상태 동사는 일반적으로 진행형으로 사용되지 않지만, 일시적인 행동이나 특별한 상황을 나타낼 때는 진행형으로 쓸 수 있습니다.

Ex The company **is having** difficulties in recruiting qualified staff for the marketing team.

회사는 마케팅 팀을 위한 자격을 갖춘 직원을 채용하는 데 어려움을 겪고 있다.

Ms. Kim **is seeing** the regional director to discuss the new strategy.

김 씨는 새로운 전략을 논의하기 위해 지역 담당 이사를 만나고 있는 중이다.

| 완료 시제 |

완료 시제는 어떤 사건이 다른 시점에 미친 영향이나 결과에 초점을 맞추는 시제입니다. 현재완료, 과거완료, 미래완료의 세 가지 시제가 있습니다.

A 현재 완료: have/has + 과거 분사(p.p)

현재완료는 과거와 현재를 연결하는 시제입니다. 완료, 경험, 계속, 결과의 네 가지 용법으로 사용됩니다.

완료 용법: 과거에 시작되어 막 종료된 사건을 표현함

- just already yet 등과 같은 부사와 함께 사용

Q [11] NexaHealth ____________________ an AI-powered tool for early disease detection.

(A) will already develop (B) has already developed

(C) is already developing (D) already develops

해설 NexaHealth는 이미 질병을 조기에 발견할 수 있는 AI 기반 도구를 개발했다. 'already'는 현재완료의 완료 용법과 같이 쓰고 어순은 has already developed가 적절함.

어휘 **AI-powered** AI 기반의 **early disease detection** 질병 조기 발견

경험 용법: 과거에서부터 현재까지 **해본 적이 있는 일을 표현함**

- once, before, ever, never, three times 등과 같은 부사와 함께 사용

Q [12] Linda, an experienced customer service representative, _______ such an unreasonable request from a customer before.

(A) never has received (B) never receives

(C) has received never (D) has never received

해설 경험 많은 고객 서비스 담당자인 린다는 이전에 고객으로부터 그렇게 터무니없는 요청을 받아본 적이 없다. before라는 시간 표현이 경험을 나타내는 현재완료의 단서가 됨. 부정형 경험을 나타내므로 has never received가 적절함.

어휘 **customer service representative** 고객 서비스 담당자 **unreasonable** 터무니없는 **request** 요청

Q [13] Olivia _______ overseas for business more than ten times since she joined the company.

(A) has traveled (B) traveled (C) travels (D) is traveling

해설 Olivia는 회사에 입사한 이후로 10회 이상 해외 출장을 다녀온 경험이 있다. 'since she joined the company'와 'more than ten times'는 현재완료의 경험 용법과 함께 쓰므로 has traveled가 적절함.

어휘 **travel overseas** 해외여행(출장)하다 **more than ten times** 10회 이상 **join the company** 회사에 입사하다

계속 용법: 과거부터 현재까지 지속된 상태를 표현함

- 함께 쓰는 시간 표현
- 지속 기간: for, over, how long,
- 지속 상황의 시작 시점: since + 시작 시점, since 주어 + 과거 동사
- 기준 시점: so far, up to now, until now

Q [14] Since the updated version was introduced in 2021, subscription numbers _______ steadily in both North America and Southeast Asia.

(A) have improved (B) is improving (C) improves (D) will improve

해설 2021년에 업데이트된 버전이 도입된 이후로, 북미와 동남아시아 모두에서 구독자 수가 꾸준히 증가해 왔다. Since 주어+ 과거 시제 동사 구조의 절이 있으므로 계속적 용법의 현재완료 have improved가 적합함.

어휘 **updated version** 개정판 **subscription** 구독 **steadily** 꾸준히

Q [15] Delivery costs _______ significantly over the last three years due to rising fuel prices.

(A) have risen (B) rises (C) have raised (D) raises

해설 지난 3년 동안 연료비 상승으로 인해 배송비가 크게 올랐다. over the last three years는 현재완료 시제를 유도하는 시간 표현이며, rise는 자동사이므로 have risen이 적합함.

어휘 **significantly** 상당히 **delivery costs** 배송비 **fuel prices** 연료비

결과 용법: 과거의 행위가 현재 **결과를 남긴 상태를 표현함**

Q [16] Management _______ new security software, so your login screen looks different.

(A) installs (B) was installed (C) has installed (D) had installed

해설 경영진이 새로운 보안 소프트웨어를 설치했으므로 로그인 화면이 다르게 보입니다. 스크린이 다르게 보이는 현재 상황에 영향을 주는 과거의 행동을 표현하므로 결과 용법의 현재완료 has installed가 적절함.

어휘 **security software** 보안 소프트웨어 **login screen** 로그인 화면 **look different** 다르게 보이다 **so** 그러므로

Q[17] The intern _______ the wrong report, which will affect the project's evaluation.

(A) submitted (B) has submitted (C) will submit (D) submits

해설 인턴이 잘못된 보고서를 제출했으며, 이는 프로젝트 평가에 영향을 줄 것입니다. 현재까지 영향을 주는 과거의 행동을 표현하므로 결과 용법의 현재완료 has submitted가 적절함.

어휘 **wrong report** 잘못된 보고서 **affect** 영향을 미치다 **evaluation** 평가

B 현재 완료 진행: have/has + been + 과거 분사(p.p)

과거에 시작된 행위가 지금까지 계속되어 여전히 진행 중임을 나타냅니다.

Q[18] Since the pandemic severely affected tourism, hotel bookings in the area _______ slowly but steadily.

(A) are recovering (B) have been recovering

(C) will recover (D) recover

해설 팬데믹이 관광업에 심각한 타격을 준 이후, 그 지역의 호텔 예약은 느리지만 꾸준히 회복되고 있다. Since가 과거 시점을 기준으로 현재까지의 진행을 나타내므로 have been recovering이 적절함.

어휘 **pandemic** 세계적 유행병 **severely** 심각하게 **hotel booking** 호텔 예약 **slowly but steadily** 느리지만 꾸준히

Q[19] Since our bakery launched its new gluten-free line, sales _______ steadily across all locations for three months.

(A) have improving (B) are improving

(C) improve (D) have been improving

해설 저희 제과점이 새로운 글루텐 프리 라인을 출시한 이후로, 3개월 동안 모든 지점에서 매출이 꾸준히 증가하고 있다. 과거의 한 시점(since + 과거시점)부터 지금까지 계속되는 변화의 진행 상태를 나타내므로 현재완료진행형 have been improving이 적절함.

어휘 **gluten-free** 글루텐이 없는 **across all locations** 전 지점에 걸쳐 **improve** 개선되다, 증가하다

C 과거 완료: had + 과거 분사(p.p)

과거의 특정 시점을 기준으로 그 이전에 이미 완료된 일, 계속되어 온 상태, 경험, 결과 등을 표현합니다. 시간적 전후 관계가 명확하여 단순 과거 시제로도 정확한 의미 전달이 가능할 때에는 과거완료 대신 과거를 써도 됩니다.

Q[20] Samsung announced that the Galaxy Fold _______ all previous smartphone sales records by the end of 2023.

(A) has surpassed (B) had surpassed (C) surpassed (D) was surpassing

해설 삼성은 갤럭시 폴드가 2023년 말까지 이전의 모든 스마트폰 판매 기록을 넘어섰다고 발표했다. 주절이 과거 시제이므로, 종속절에서는 그보다 이전 시점을 나타내기 위해 과거완료 시제 had surpassed가 적절함.

어휘 **surpass** 능가하다 **sales record** 판매 기록 **by the end of ~** ~말까지 **previous** 이전의

Q[21] By the time the museum curator arrived, the artist _______ hanging the final pieces of her exhibition.

(A) was finished (B) was finishing (C) has finished (D) had finished

해설 박물관 큐레이터가 도착했을 때, 그 예술가는 전시회의 마지막 작품들을 걸어 놓는 일을 이미 끝냈다. 두 과거 사건 중 먼저 일어난 일을 표현하므로 과거완료 시제 had finished가 적절함. by the time은 과거완료와 자주 쓰이는 표현.

어휘 **by the time** ~할 무렵에 **hang** 걸다 **final piece** 마지막 작품 **exhibition** 전시

Q[22] Emily _______ as a textile designer at a luxury fashion house for over a decade before she launched her eco-friendly brand.

(A) works (B) worked (C) was working (D) has worked

해설 Emily는 친환경 브랜드를 론칭하기 전, 10년 넘게 고급 패션 하우스에서 섬유 디자이너로 일해 왔다. before절의 과거 시제보다 전에 일한 경험을 나타내어 과거완료를 써야하지만 시간 전후 관계과 명확히 표현되므로 과거 시제 worked를 써도 됨.

어휘 **textile** 섬유 **luxury** 최고급 **over a decade** 10년 넘게 **eco-friendly** 친환경

| 시제의 일치 |

시제의 일치란 하나의 문장 안에서 시간 표현이나 동사의 시제를 서로 어울리도록 일관성 있게 사용하는 것을 의미합니다.

Ex The manager **announced** that the meeting **would** begin at 3 p.m.
과거 시제 announced에 맞추어 종속절에서도 과거 시제(would begin)를 사용함

The manager **says** that the meeting **will** begin at 3 p.m.
현재 시제 says에 맞추어 종속절에서도 미래 시제(will begin)를 사용함

Q[23] The supermarket had very limited choices of goods, but the prices _______ reasonable.

(A) seem (B) has seemed (C) are seeming (D) seemed

해설 슈퍼마켓의 상품 선택은 매우 제한적이었지만, 가격은 적당했다. 시제의 일치를 고려할 때 접속사 but 앞의 절이 과거 시제(had)이므로 과거형인 seemed가 적절함.

어휘 **limited** 제한된 **goods** 물품 **reasonable** 합리적인, 적당한

Q[24] Most investors expect that the market value of the company stock _______ sufficiently in the next quarter.

(A) rebound (B) has rebounded (C) will rebound (D) rebounded

해설 대부분의 투자자들은 다음 분기에 회사 주식의 시장 가치가 충분히 반등할 것으로 예상한다. 주절 expect가 현재 시제이지만 미래 지향적인 의미가 있으므로 that 절에는 미래 시제 will rebound가 적절함.

어휘 **investor** 투자자 **market value** 시장 가치 **rebound** 반등하다

V 예외 1 | when, after, once, as soon as 등으로 시작하는 시간 부사절이나 if, unless 등으로 시작하는 조건 부사절에서는 **주절이 미래 시제**일 때, **부사절에는 현재 시제** 또는 **현재 완료 시제**를 사용함.

Q[25] If you _______ more than $100, you will get an additional five percent discount.

(A) purchased (B) purchase (C) are purchasing (D) will purchase

해설 $100 이상 구매하시면 추가로 5% 할인을 받게 됩니다. 조건절(if절)에서는 주절이 미래 시제일 경우 현재 시제를 사용해야 하므로, purchase가 적절함.

어휘 **purchase** 구매하다 **get** 얻다/받다 **additional** 추가적인 **discount** 할인

Q[26] We will start the renovation of the office building when we _______ permission from the city council.

(A) have received (B) are receiving (C) received (D) will receive

해설 시의회로부터 허가를 받으면 사무실 건물의 보수 공사를 시작할 것입니다. 시간절(when절)에서는 주절이 미래 시제일 경우 현재 시제 또는 현재 완료 시제를 사용하므로 have received가 적절함.

어휘 **permission** 허가 **city council** 시의회

예외 2 | 주절에 suggest, recommend, require, request, insist, order 등 제안·요구·주장·명령의 의미를 가진 동사가 오면, that절에는 (should) + 동사 원형을 사용함.

Q[27] The supervisor suggested that all team leaders _______ the updated safety protocol without exception.

(A) follow (B) follows (C) followed (D) have followed

해설 감독자는 모든 팀장이 예외 없이 최신 안전 지침을 따를 것을 제안했습니다. Suggested는 that절에서는 (should) + 동사원형 형태가 와야 함. 따라서 follow가 적절함.

어휘 **team leader** 팀장 **updated safety protocol** 갱신된 안전 지침 **without exception** 예외 없이

Q[28] Our manager recommended that all the reports _______ checked thoroughly before being submitted.

(A) will be (B) are (C) be (D) were

해설 우리 관리자님은 모든 보고서가 제출되기 전에 철저히 검토되어야 한다고 권장했습니다. recommend는 that절에서 (should) + 동사원형 사용. 수동태 형태인 be checked가 되어야 하므로 be가 적절함.

어휘 **thoroughly** 철저히 **before being submitted=before they are submitted** 제출되기 전에

Q[29] The chief pilot insists that crew members _______ overlook safety checks before each flight.

(A) do not (B) not (C) did not (D) will not

해설 수석 기장은 승무원들이 매 비행 전에 안전 점검을 간과하지 말 것을 주장합니다. insist는 주장 동사이므로 that절에서 (should) not + 동사 구조를 따름. 따라서 not이 적절함.

어휘 **crew member** 승무원 **overlook** 간과하다 **safety check** 안전 점검

예외 3 | It is로 시작하는 주절에 vital, essential, imperative, important, necessary 등 판단의 의미를 가진 형용사가 오면, that절에는 (should) + 동사 원형을 사용함.

Q[30] It is essential that all applicants _______ a valid government-issued ID on the day of the interview.

(A) presents (B) presenting (C) present (D) presented

해설 면접 당일에 모든 지원자가 정부에서 발급한 유효한 신분증을 제시하는 것이 필수적이다. It is essential that 구문에서는 (should) + 동사원형을 써야 하므로 present가 적절함.

어휘 **valid** 유효한 **government-issued ID** 정부 발급 신분증 **on the day of the interview** 면접 당일

Q[31] It was imperative that the deadline _______ extended from May 1st to the end of June.

(A) will be (B) is (C) be (D) was

해설 마감일을 5월 1일에서 6월 말로 연기하는 것이 반드시 필요했다. It was imperative that 구문에서는 (should) + 동사원형 구조 사용. 수동형이므로 be extended가 적절함.

어휘 **imperative** 긴급한, 필수적인 **deadline** 마감일 **extend** 연장하다

Part 6 연습

Lesson 3

Q[1-3] **Refer to the following email.**

Dear Mr. Cho,

We are sorry that the air conditioner you [1] _______ from our store is malfunctioning. One of our repair staff members [2] _______ your home to handle the issue at a time convenient to you. Please contact us again to make an appointment. We [3] _______ for the inconvenience.

Sincerely,
Rachel Park
CoolTech Electronics

Q[1] (A) have been buying (B) bought (C) had bought (D) buy

Q[2] (A) will visit (B) visited (C) has visited (D) had visited

Q[3] (A) wait (B) ask (C) apologize (D) apply

친애하는 조 선생님께. 저희 매장에서 구매하신 에어컨이 제대로 작동하지 않는다는 점에 대해 유감스럽게 생각합니다. 저희 수리 직원 중 한 명이 고객님께서 편하신 시간에 문제를 처리하기 위해 자택을 방문할 예정입니다. 예약을 위해 다시 연락 주시기 바랍니다. 불편을 끼쳐드려 죄송합니다. 감사합니다.

해설 [1] 에어컨을 '구매한' 것은 과거의 행위이므로 bought가 적절함. [2] 문맥상 향후 방문 예정이므로 미래 시제 will visit가 적절함. [3] 불편에 대해 사과한다는 표현이므로 apologize가 적절함.

어휘 **malfunction** 고장 나다 **repair staff** 수리 직원 **convenient** 편리한 **inconvenience** 불편 **appointment** 예약

Q [4-7] **Refer to the following email.**

Dear Mr. Rivera,

We [4] _______ the marketing strategy outline you submitted. Our team was impressed with the plan and [5] _______ it to our headquarters in Toronto. At the moment, we [6] _______ for the executive team to review and approve the budget. If everything goes as expected, [7] ____s.

Best regards,
Julia Han

Q [4] (A) will appreciate (B) appreciate (C) is appreciating (D) appreciated

Q [5] (A) sent (B) had sent (C) will send (D) send

Q [6] (A) will wait (B) have waited (C) are waiting (D) waited

Q [7] (A) I'll call you to finalize next steps.
(B) Please find attached the proposal you sent earlier.
(C) We apologize for the delay in shipment of your order.
(D) The Toronto office has already completed the renovations.

친애하는 리베라씨께, 귀하께서 제출하신 마케팅 전략 개요서를 잘 받았습니다. 저희 팀은 그 계획에 깊은 인상을 받았으며, 그것을 토론토 본사로 전달했습니다. 현재 우리는 임원진이 예산을 검토하고 승인하기를 기다리고 있습니다. 모든 일이 예상대로 진행된다면, 이후 절차를 마무리하기 위해 전화드리겠습니다. 감사합니다.

해설 [4] 감사를 표명하는 것은 현재 시제 appreciate가 적절함. [5] 등위 접속사 and 앞이 과거시제이므로 과거 시제 sent가 적절함. [6] at the moment라는 표현이 있으므로 현재 진행형 are waiting이 적절함. [7] 앞 문장에서 예산 검토 후의 단계가 이어지는 문맥이므로, 이후 절차를 마무리하기 위해 전화하겠다는 (A)가 가장 자연스러움.

어휘 **appreciate** 감사히 여기다, 높이 평가하다 **outline** 개요 **be impressed** 감명을 받다 **headquarters** 본사 **at the moment** 지금 **executive team** 경영진 **go as expected** 예상대로 진행되다 **finalize** 마무리하다

실전 확인 문제

Step 1 | **Choose the best answer to complete the sentence.**

1 You will receive a free gift with your purchase if you ______ at least $100.00.
(A) spending (B) spend (C) spent (D) will spend

2 Since she ______ our legal team, Ms. Gomez has led several high-profile international cases.
(A) had joined (B) has joined (C) joins (D) joined

3 Currently, BlueStar ______ a mobile app designer for its new creative tech team.
(A) will seek (B) is seeking (C) was seeking (D) seeks

4 Over 500 guests are expected to ______ the opening ceremony next Friday.
(A) attend (B) participate (C) join in (D) take part

5 The bakery's popularity ______ dramatically after it won a national baking competition.
(A) rises (B) rose (C) raised (D) has risen

6 Last Monday, the manager ______ all staff members of the new lunch break schedule.
(A) announced (B) told (C) informed (D) explained

7 It is essential that all doors ______ locked at the end of the day.
(A) being (B) was (C) will be (D) be

8 When she opened her first store in 2015, Ms. Choi didn't expect that it ______ so successful.
(A) will be (B) would be (C) was (D) had been

9 During our video conference, my supervisor ______ me that my proposal was approved.
(A) explained (B) told (C) mentioned (D) announced

10 The manager asked everyone to ______ about possible solutions to the delivery delay.
(A) discuss (B) explain (C) mention (D) talk

11 The committee suggested that all participants ______ their registration fees by noon.
(A) paid (B) pay (C) will pay (D) have paid

12 Daniel ______ additional data about the market before writing the final report.
(A) dealt (B) consisted (C) emerged (D) gathered

13 The planning committee officially ______ the meeting schedule last Tuesday morning.
(A) confirmed (B) has confirmed (C) confirms (D) will confirm

14 The nonprofit group has been providing food and aid to families ______ 2008.
(A) since (B) for (C) in (D) during

15 Several new participants ______ the written instructions without asking for help.
(A) understands (B) understand (C) is understanding (D) are understanding

Step 2 | Choose the best answer to complete the sentence.

1 If our technician ______ late more than 10 minutes, you will receive a $10 discount on your next visit.
(A) will be (B) is (C) be (D) being

2 The sales director ______ every question about the firm's revised pricing policy during the press conference.
(A) responded (B) answered (C) announced (D) explained

3 Experts predicted that carbon emissions from heavy industries ______ steadily over the next decade.
(A) is decreasing (B) decreased (C) had decreased (D) would decrease

4 Room rates at the resort ______ depending on the season and the room type selected.
(A) variety (B) vary (C) various (D) varying

5 The laboratory team ______ multiple experiments before they released the safety report to the public.
(A) has been carrying out (B) had carried out
(C) was carrying out (D) has carried out

6 Since launching its online platform, the clothing brand ______ significant growth in both sales and customer engagement.
(A) experienced (B) had been experienced
(C) has experienced (D) was experienced

7 The intern initially ______ the assignment due to its difficulty but later agreed to complete it with guidance.
(A) has rejected (B) rejects (C) had rejected (D) was rejecting

8 Before signing the rental agreement, it is crucial that you ______ with the terms stated in the document.
(A) agreed (B) agree (C) will agree (D) had agreed

9 ______ nearly seven years, Ms. Nakamura has led the financial planning division at Orion Group.
(A) Since (B) For (C) In (D) On

10 Many customers ______ EcoGoods as a reliable source for secondhand electronics and appliances.
(A) know (B) knows (C) is knowing (D) are knowing

11 Customers must notify the support team ______ any changes to their account information.
(A) in (B) on (C) of (D) for

12 The long-term success of CleanFuel Corp. ______ strong collaboration among engineers, suppliers, and investors.
(A) contributes to (B) refers to (C) subscribes to (D) depends upon

13 Experts predict that the job market ______ rapidly once inflation is under control.
(A) recovered (B) has recovered (C) will recover (D) recovers

14 All employees are encouraged to ______ the annual training sessions on workplace safety.
(A) consent to (B) specializes in (C) participate in (D) qualify for

15 My nutritionist recently recommended that I ______ anything after 7 p.m. to improve my sleep quality.
(A) did not eat (B) not eat (C) do not eat (D) will not eat

Questions 16–20 refer to the following notice.

Notice to All Residents

We are pleased to announce [16] ______ a shared storage room will be available for residents of Riverway Heights starting August 1. The facility is [17] ______ on the ground floor near the mailroom and is intended for storing items like luggage, sports gear, and small furniture.
Because space is limited, reservations will be accepted on a first-come, first-served basis. Each household may reserve one unit for up to six months, with the option to renew if space is [18] ______ . Perishable, flammable, or valuable items are not allowed, and management is not liable for any damage or loss.
To apply, please [19] ______ our website or contact the management office during regular business hours. Once your request is approved, [20] ______________________________ .
We hope this new service will be helpful to our residents.

16 (A) whether (B) that (C) what (D) which

17 (A) located (B) locate (C) locating (D) to locate

18 (A) incredible (B) acceptable (C) considerable (D) available

19 (A) visited (B) visit (C) visiting (D) to visit

20 (A) you may cancel your apartment lease immediately
(B) you will receive access instructions and usage guidelines
(C) the storage room will be locked indefinitely for maintenance
(D) you should remove all personal belongings within 24 hours

Chapter 4

To 부정사와 동명사

To 부정사

Lesson **1**

| To 부정사의 이해 |

To 부정사는 'to + 동사원형'의 형태로, 동사의 성질을 지니면서도 명사, 형용사, 부사와 같은 다양한 품사로 사용되는 준동사입니다. 문장에서는 주어, 보어, 목적어, 부사어 등의 역할을 합니다.

| To 부정사의 명사적 용법 |

'~하는 것'이라는 의미로 문장에서 주어, 보어, 목적어 역할을 할 때 사용합니다.

A 주어

to 부정사가 문장의 앞에 직접 오는 경우 문장이 어색해질 수 있기 때문에, 일반적으로 가주어 it을 사용하고 to 부정사를 문장 뒤에 두는 It ~ to 구문을 사용합니다.

Ex **To** learn a new language is rewarding.
→ **It** is rewarding **to** learn a new language.
새로운 언어를 배우는 것은 보람 있는 일이다.

To solve this problem requires creativity.
→ **It** requires creativity **to** solve this problem.
이 문제를 해결하려면 창의력이 필요하다.

Q [1] _______ a mistake during a presentation is not uncommon, especially for new employees.

(A) Make (B) Maker (C) To make (D) Made

해설 발표 중에 실수를 하는 것은 특히 신입사원에게는 흔히 일어납니다. To 부정사가 문장의 주어가 될 수 있으므로 To make가 적합함.
어휘 **make a mistake** 실수하다 **uncommon** 흔하지 않은 **especially** 특히

Q [2] It is essential _______ accurate and up-to-date data when preparing a quarterly report.
(A) collect (B) to collect (C) collecting (D) collected

해설 분기 보고서를 준비할 때 정확하고 최신의 데이터를 수집하는 것은 필수적이다. It is essential 뒤에는 진주어로 to 부정사가 와야 하므로 to collect가 적절함.

어휘 **collect** 수집하다 **accurate** 정확한 **up-to-date** 최신의 **quarterly report** 분기 보고서

B 주격 보어

주로 be 동사 뒤에서 주어의 성격이나 목적, 기능 등을 설명함.

Ex Our main objective is **to achieve** customer satisfaction.
우리의 주요 목표는 고객 만족을 이루는 것입니다.

Q [3] Her lifelong dream is _______ a medical volunteer in underdeveloped countries.
(A) become (B) to become (C) for becoming (D) became

해설 그녀의 평생 꿈은 개발도상국에서 의료 봉사자가 되는 것이다. be동사 뒤에 보어로 to 부정사(to become)이 적절함.

어휘 **lifelong** 평생의 **medical volunteer** 의료 자원봉사자 **underdeveloped country** 개발도상국

Q [4] The purpose of the meeting is _______ the updated company policies regarding remote work and data security.
(A) introduce (B) introduction (C) to introduce (D) for introducing

해설 회의의 목적은 재택근무 및 데이터 보안에 관한 업데이트된 회사 정책을 소개하는 것이다. be동사 뒤 보어로 to 부정사 to introduce 가 적절함.

어휘 **purpose** 목적 **regarding** ~에 대한 **about**와 동의어 **security** 보안

C 목적어

특정한 동사 뒤에서 목적어 역할을 함.

To 부정사만을 목적어로 취하는 동사

afford to ~ 여유가 있다 **choose to** ~ 선택하다 **decide to** ~ 결정하다 **deserve to** ~할 만하다
fail to ~ 실패하다 **hesitate to** ~ 주저하다 **hope to** ~ 희망하다 **manage to** 그럭저럭 ~ 해내다
plan to ~ 계획이다 **refuse to** ~를 거부하다 **seem to** ~처럼 보인다 **tend to** ~하는 경향이 있다

Ex Consumers **expect to receive** quality service from your business.
소비자는 귀하의 사업체로부터 양질의 서비스를 받기를 기대합니다.

Q [5] The team managed _______ the project ahead of schedule despite several setbacks.
(A) to complete (B) complete (C) completed (D) completing

해설 그 팀은 여러 차례의 차질에도 불구하고 일정보다 앞서 프로젝트를 완료했다. manage는 to 부정사를 목적어로 취하므로 to complete가 적절함.

어휘 **complete** 완료하다 **ahead of schedule** 예정보다 일찍 **despite** ~에도 불구하고 **setback** 차질, 지연

Q [6] The airline promised _______ the ticket within five business days.
(A) refunding (B) refunded (C) refund (D) to refund

해설 항공사는 영업일 기준 5일 이내에 티켓을 환불해 주겠다고 약속했다. promise는 to 부정사를 목적어로 취하므로 to refund가 적절함.
어휘 **to refund** 환불하다 **within** ~ 이내에 **business day** 영업일

Point to remember
목적어 자리에 to 부정사가 오면 문장이 어색해질 수 있으므로 일반적으로 가목적어 it을 쓰고, to 부정사는 문장 뒤로 옮긴 **it + 목적 보어 + to 부정사** 구문을 사용합니다.

Ex The CEO thought **it** appropriate **to announce** the policy change in person.
CEO는 정책 변경 사항을 직접 발표하는 것이 적절하다고 생각했습니다.

Q [7] The city council thought it necessary _______ new health measures in response to COVID-19.
(A) implement (B) to implement (C) implementing (D) implemented

해설 시의회는 코로나19에 대응하기 위해 새로운 보건 조치를 시행하는 것이 필요하다고 판단했다. 'think it necessary + to 부정사' 구조에서 to implement이 적절함.
어휘 **The city council** 시의회 **implement** 실행하다 **health measures** 보건 조치 **in response to** ~에 대응하여

Q [8] Our team made it a priority _______ to all customer inquiries within 24 hours.
(A) to respond (B) responding (C) respond (D) responded

해설 우리 팀은 모든 고객 문의에 24시간 이내에 응답하는 것을 우선순위로 삼았다. 'make it a priority + to 부정사' 구조이므로 to respond가 적절함.
어휘 **priority** 우선순위 **customer inquiry** 고객 문의

To 부정사의 부사적 용법

To 부정사는 의미가 완결된 절 앞이나 뒤에 위치하여, 목적이나 이유 등을 나타내는 부사 역할을 하는 경우가 많습니다.

A 목적 표현
"~하기 위해서"라는 뜻으로 to 부정사 앞에 *in order*를 붙이면 의미가 더 분명하게 전달됩니다.

Ex Last week, Mr. Martin visited Korea (in order) **to renew** his work visa before it expired.
지난주, 마틴 씨는 취업 비자가 만료되기 전에 갱신하기 위해 한국을 방문했다.

Q [9] Retail businesses must work hard _______ new customers and increase profits.
(A) attract (B) attracted (C) to attract (D) attracting

해설 소매업체는 신규 고객을 유치하고 수익을 늘리기 위해 열심히 일해야 한다. 열심히 일할 목적을 표현하는 to attract가 적절함.
어휘 **retail business** 소매업체 **attract** 끌어들이다 **increase profits** 수익을 늘리다

Q [10] Investing in innovation is necessary _______ competitive in the market.
(A) stayed (B) staying (C) to stay (D) stay

해설 혁신에 투자하는 것은 시장에서 경쟁력을 유지하기 위해 필요하다. 필요한 이유를 제시하는 to stay가 적절함.
어휘 **invest in** ~에 투자하다 **stay** 유지하다 **competitive** 경쟁력 있는

Point to remember

To 부정사가 문장 앞에서 쓰일 때 '목적'을 나타내는 경우가 많습니다.

Ex **To reduce costs**, the company switched to a digital billing system.
비용을 줄이기 위해, 회사는 디지털 청구 시스템으로 전환했다.

B 이유 표현

감정을 나타내는 형용사나 과거분사 (happy, pleased, surprised, shocked, disappointed 등) 뒤에서 그 감정을 느끼게 된 이유를 설명합니다.

Q [11] We are _______ announce the opening of a new store in the heart of Seoul next month.

(A) please to (B) pleasure to (C) pleasing to (D) pleased to

해설 우리는 다음 달 서울 중심에 새 매장을 개점하게 되어 기쁘다. 감정 표현 뒤에는 to 부정사가 자주 따라오며, 주어(we)가 감정을 느낄 경우 pleased가 적절함.

어휘 **be pleased to** ~하게 되어 기쁘다 **opening** 개점 **in the heart of** ~의 중심에

Q [12] The investors were relieved _______ the stock price recover after weeks of decline.

(A) to see (B) see (C) saw (D) seen

해설 투자자들은 몇 주간의 하락 이후 주가가 회복되는 것을 보고 안도했다. 감정 표현 과거 분사 relieved 다음에는 to see가 적절함.

어휘 **be relieved** 안도하다 **stock price** 주가 **decline** 하락

Point to remember

특정 형용사와 함께 사용되어 의미를 완성합니다.

be able to ~할 수 있다 be due to ~할 예정이다 be likely to ~할 것 같다

be ready to ~할 준비가 되다 be eager to ~하길 갈망하다 be hesitant to ~하기 주저하다

be anxious to ~을 열망하다 be eligible to ~할 자격이 있다 be willing to 기꺼이 ~하다

Ex Some shareholders **were reluctant to accept** the offer from Lone Star.
일부 주주들은 론스타의 제안을 받아들이기를 꺼렸습니다.

Q [13] Globalization is _______ increase the demand for foreign language skills in European labor markets.

(A) willing to (B) likely to (C) eager to (D) hesitant to

해설 세계화는 유럽 노동 시장에서 외국어 능력에 대한 수요를 증가시킬 가능성이 있다. 주어가 사물(Globalization)이므로 '~할 가능성이 있다'는 의미의 likely to가 적절함.

어휘 **globalization** 세계화 **be likely to** ~할 가능성이 있다 **demand** 수요 **labor market** 노동 시장

Q [14] All staff members are eligible _______ paid leave if they submit a formal request in advance.

(A) taking (B) took (C) take (D) to take

해설 모든 직원은 사전에 공식 요청서를 제출하면 유급 휴가를 받을 자격이 있다. be eligible 뒤에는 to 부정사가 와야 하므로 to take이 적절함.

어휘 **be eligible to** ~할 자격이 있다 **paid leave** 유급 휴가 **formal request** 공식 요청 **in advance** 미리

Point to remember

too + 형용사/부사 + to 부정사 구문은 '너무 ~해서 ~할 수 없다'는 부정적인 의미를 표현합니다.

Ex Today's fashion trends are moving **too** fast **to keep** up with.
오늘날의 패션 트렌드는 따라잡기 어려울 정도로 빨리 변하고 있습니다.

Q[15] I was _______ busy to book your plane ticket this morning, but I'll do it this afternoon.

(A) so (B) very (C) too (D) far

해설 나는 오늘 아침 너무 바빠서 비행기 티켓을 예약할 수 없었지만 오늘 오후에 할 것이다. too + 형용사 + to 동사 구문이므로 too가 적절함.

어휘 **too busy** 너무 바빠서 **book a ticket** 티켓을 예약하다

Q[16] If it is _______ late to cancel your order, you can still return any unwanted items according to our return policy.

(A) so (B) very (C) too (D) far

해설 주문을 취소하기엔 너무 늦었더라도, 원하지 않는 물건은 반품할 수 있다. too + 형용사 + to 동사 구문이므로 too가 적절함.

어휘 **too late** 너무 늦은 **cancel** 취소하다 **unwanted** 원하지 않는 **according to** ~에 따라 **return policy** 반품 정책

To 부정사의 형용사적 용법

To 부정사의 수식을 자주 받는 명사

authority to ~할 권한 **ability to** ~할 능력 **effort to** ~하려는 노력 **decision to** ~하려 결정
plan to ~할 계획 **attempt to** ~하려는 시도 **permission to** ~하기 위한 허가 **right to** ~할 권리
opportunity to ~할 기회 **way to** ~할 방법 **time to** ~할 시간 **chance to** ~할 기회

Q[17] The global fast-food chain announced its plans _______ more than 100 new restaurants in the United States.

(A) to visit (B) to open (C) to employ (D) to refund

해설 그 글로벌 패스트푸드 체인은 미국에 100개 이상의 새로운 매장을 열 계획을 발표했다. 문맥상 plans를 수식하는 형용사용법의 to 부정사 to open이 적절함.

어휘 **open** 열다

Q[18] Several employees did not get permission _______ the training session due to scheduling conflicts.

(A) to attend (B) to invest (C) to sell (D) to attract

해설 일정 충돌로 인해 몇몇 직원들은 교육 세션에 참석할 허가를 받지 못했다. 문맥상 '교육에 참석하다'는 의미가 필요하므로 to attend가 적절함.

어휘 **get permission to** ~할 허가를 받다 **scheduling conflict** 일정 충돌

A **to 부정사를 목적보어로 취하는 동사는 주어 + 동사 + 목적어 + to 부정사 형태의 문장 구조를 취함**

Ex He always **reminded** the employees **to share** their experiences.
그는 항상 직원들에게 자신의 경험을 공유하라고 상기시켰습니다.

ask 요청하다 **require** 요구하다 **cause** 야기시키다 **allow** 허락하다 **encourage** 독려하다
expect 예상하다 **enable** 할 수 있게 하다 **force** 강요하다 **persuade** 설득하다
advise 충고하다 **urge** 촉구하다

Q [19] The travel agent advised the customer _______ travel insurance before booking the flight.
(A) purchasing (B) to purchase (C) purchase (D) purchased

해설 여행사 직원은 고객에게 항공편을 예약하기 전에 여행자 보험을 들 것을 조언했다. advise는 목적어 + to 부정사 구조를 취하므로 to purchase가 적절함.

어휘 **travel agent** 여행사 직원 **purchase** 구매하다 **travel insurance** 여행자 보험 **book a flight** 항공편을 예약하다

Q [20] Management allowed staff members _______ flexible working hours during the summer months.
(A) to use (B) using (C) use (D) used

해설 경영진은 여름철 동안 직원들이 탄력 근무제를 사용할 수 있도록 허용했다. allow도 목적어 + to 부정사 구조를 취하므로 to use가 적절함.

어휘 **management** 경영진 **flexible working hours** 탄력 근무제

Q [21] The manager _______ all team members to participate in the training session next week.
(A) hoped (B) encouraged (C) deserved (D) responded

해설 그 관리자는 다음 주 교육 세션에 모든 팀원이 참여하도록 독려했다. 목적어 + to 부정사 구조는 encouraged만 취할 수 있음.

어휘 **participate in** ~에 참여하다 **deserve** ~받을만하다 누릴 자격이 있다

B **사역동사와 지각동사는 원형 부정사를 목적 보어로 취함**

사역동사

have ~하게 시키다, let ~하게 허용하다, make ~하게 만들다

Ex The director had the intern **organize** the delivery forms for tomorrow's shipment.
책임자가인턴에게 내일 배송에 필요한 서류를 정리하도록 시켰다.

If you are interested in the position, let me **know** as soon as possible.
혹시 관심 있으시면 가능한 한 빨리 알려주세요

His story made me **check** the current value of my Bitcoin.
그분의 이야기를 듣고 제 비트코인 현재 가치를 확인해 보게 되었다.

지각 동사: 진행 중인 **동작을 보고/듣고/느낄** 경우 현재 분사도 사용 가능함

see, watch, hear, feel, notice, observe, listen to

Ex I saw the technician **check/checking** the machine.
기술자가 기계를 점검하는/하고 있는 것을 보았다

We heard the manager **give/giving** instructions.
우리는 매니저가 지시를 내리는/리고 있는 것을 들었다.

Q[22] The supervisor let them _______ early after they completed all their assigned tasks.

(A) leaving (B) leave (C) to leave (D) left

해설 감독자는 그들이 모든 할당된 업무를 마친 후 일찍 퇴근하도록 허락했다. let은 목적보어로 동사원형을 취하므로 leave가 적절함.

어휘 **leave early** 일찍 퇴근하다 **assigned** 할당된 부가된

Q[23] My boss made the interns _______ the conference room after the board meeting ended.

(A) clean up (B) cleaning up (C) to clean up (D) cleaned up

해설 그 감독은 인턴들이 발표를 여러 번 연습하게 했다. make도 동사원형을 목적보어로 취하므로 clean up 이 적절함.

어휘 **clean up** 청소하다 **conference room** 회의실

Q[24] The supervisor had the team _______ a backup plan in case of unexpected delays.

(A) created (B) creating (C) create (D) to create

해설 감독자는 예기치 않은 지연에 대비해 팀이 예비 계획을 세우도록 했다. have도 목적보어로 동사원형을 취하므로 create가 적절함.

어휘 **supervisor** 감독자 **backup plan** 예비 계획 **in case of** ~의 경우에 **unexpected** 예상치 못한

Q[25] The training supervisor watched the newcomers _______ multiple booking requests without making any mistakes.

(A) handle (B) handled (C) handler (D) to handle

해설 교육 담당자는 신입 직원들이 실수 없이 여러 예약 요청을 처리하는 것을 지켜보았다. 지각동사 watch는 목적어 뒤에 동사원형을 목적보어로 취하므로 handle이 적절함.

어휘 **newcomer** 신입 직원 **handle** 처리하다 **booking request** 예약 요청 **without making any mistakes** 실수 없이

Point to remember

to 부정사의 의미상의 주어는 to 부정사 앞에 **for + 명사** 또는 **for + 목적격 대명사**를 붙여 표시합니다.

Ex It is necessary **for** IT companies **to** provide regular software updates.
IT 회사가 정기적인 소프트웨어 업데이트를 제공하는 것이 필요하다.

Q[26] Reservations must be canceled at least one week ahead of time for _______ to receive a full refund.

(A) yourself (B) you (C) your (D) yours

해설 예약을 전액 환불받기 위해서는 최소 일주일 전에 취소해야 한다. for + 의미상 주어 + to 부정사 구조에서 목적격 you가 적절함.

어휘 **must be canceled** 취소되어야 한다 **ahead of time** 미리 **full refund** 전액 환불

Q[27] _______ your business to stand out, it is essential to invest more in customer service.

(A) Of (B) With (C) For (D) On

해설 귀사의 비즈니스가 돋보이게 하려면 고객 서비스에 더 많이 투자하는 것이 필수적이다. to 부정사의 의미상의 주어 앞에는 for가 적절함.

어휘 **stand out** 눈에 띄다, 두드러지다 **essential** 필수적인

Point to remember

to 부정사를 부정할 때는 앞에 not을 붙여 **not to + 동사원형** 형태로 표현합니다.

Ex The airline warned customers **not** to leave their baggage unattended.
항공사측은 고객에게 수하물을 방치하지 말라고 경고했다.

Q [28] If companies choose _______ provide continuous training to their employees, they will find it difficult to stay ahead of the competition.

(A) to no (B) to not (C) not to (D) no to

해설 기업들이 직원들에게 지속적인 교육을 제공하지 않기로 선택한다면, 경쟁에서 앞서 나가기가 어려울 것이다. 부정형 to 부정사 구문은 to 앞에 not을 붙인 not to가 적절함.

어휘 **continuous** 멈추지 않고 지속적인 **continual** 이따금 멈추었다 지속하는 **stay ahead** 앞서다 **competition** 경쟁

동명사

Lesson 2

| 동명사의 이해 |

동사원형에 -ing를 붙인 동명사는 동사를 명사처럼 사용한 준동사로서 동사의 성질과 명사의 성질을 동시에 갖습니다. 문장에서는 주어, 보어, 목적어의 역할을 할 수 있습니다.

| 주어 역할 |

언제나 단수 취급합니다.

Ex **Listening** to your customers enable**s** you to discover exactly what they need.
고객의 말을 듣는 것은 그들이 정확히 무엇을 필요로 하는지 알아내게 해줍니다.

Q [1] Recruiting skilled IT experts _______ difficult, especially for small companies.
(A) are (B) is (C) being (D) be

해설 숙련된 IT 전문가를 채용하는 것은 특히 중소기업에게 어려운 일이다. 동명사 구는 단수 취급하므로 is가 적절함.

어휘 **recruiting** 채용하기 **skilled** 숙련된 **small companies** 중소기업

Q [2] _______ your employees to choose their work schedule can improve productivity and efficiency.
(A) Allow (B) Allowed (C) Allowing (D) Allowance

해설 직원들이 자신의 근무 일정을 선택하도록 허용하는 것은 생산성과 효율성을 향상시킬 수 있다. 문장의 주어는 동명사 Allowing이 적절함.

어휘 **work schedule** 근무 일정 **productivity** 생산성 **efficiency** 효율성

| 목적어 역할 |

특정 동사나 전치사 뒤에서 사용합니다.

A 동명사만 목적어로 취하는 동사

appreciate -ing 감사하다 **avoid -ing** 회피하다 **consider -ing** 고려하다 **deny -ing** 부인하다
enjoy -ing 즐기다 **finish -ing** 끝마치다 **keep -ing** 지속하다 **mind -ing** 꺼리다
recommend -ing 추천하다 **suggest -ing** 제안하다 **postpone** 미루다 **risk** ~할 위험을 무릅쓰다

Ex I don't mind **working** overtime if the deadline is near.
마감일이 가까우면 초과근무하는 것을 꺼리지 않는다.

Q [3] The company postponed _______ the product due to supply chain delays.
(A) launch (B) launching (C) launched (D) to launch

해설 회사는 공급망 지연으로 인해 제품 출시를 연기했다. postpone은 동명사를 목적어로 취하므로 launching이 적절함.
어휘 **postpone=put off** 연기하다 **supply chain delays** 공급망 지연

Q [4] Employees who consistently miss deadlines risk _______ their manager's trust.
(A) to lose (B) lost (C) lose (D) losing

해설 마감일을 지속적으로 지키지 않는 직원들은 관리자 신뢰를 잃을 위험을 감수하게 된다 risk는 동명사를 목적어로 취하므로 losing이 적절함.
어휘 **consistently** 지속적으로 **miss deadlines** 마감일을 놓치다 **trust** 신뢰

Q [5] If you have something to fix, I _______ visiting the IT help desk located next to the lounge.
(A) expect (B) request (C) suggest (D) intend

해설 고칠 것이 있다면 라운지 옆에 위치한 IT 지원 데스크를 방문하라고 제안한다. suggest는 동명사를 목적어로 취하므로 visiting과 호응.
어휘 **fix=repair** 고치다 **IT help desk** IT 지원 데스크

Q [6] Upper management _______ hiring temporary workers for those busy times of the holiday season.
(A) planed (B) promised (C) hoped (D) considered

해설 고위 경영진은 연휴 기간의 바쁜 시기를 대비해 임시 직원을 고용하는 것을 고려했다considered는 동명사를 목적어로 취할 수 있으므로 적합함.
어휘 **upper management** 고위 경영진 **temporary workers** 임시 직원 **holiday season** 연휴 기간

Point to remember
stop, remember, forget는 to 부정사와 동명사를 모두 목적어로 취할 수 있지만, 의미가 달라집니다.

Ex The employees stopped **to complain** about the working conditions. (다른 행동을 위해 멈춤)
The employees stopped **complaining** about the working conditions. (행위를 중단함)

Jason remembered / forgot **to order** wine for the dinner party. (앞으로 해야 할 일 기억)
Jason remembered / forgot **ordering** wine for the holiday party. (과거 행위에 대한 기억)

Q [7] According to a recent news report, Microsoft stopped _______ Windows 10 installation media.

(A) manufacture (B) to manufacture (C) manufacturing (D) manufactured

해설 최근 뉴스 보도에 따르면 마이크로소프트는 Windows 10 설치 미디어 생산을 중단했다 stop은 동명사를 목적어로 취하면 ~하기를 멈추다는 의미이므로 manufacturing이 적절함.

어휘 **according to** ~에 따르면 **manufacture** 제조하다

Q [8] My secretary forgot _______ the contract last week. I can have her resend it if you want.

(A) sending (B) to send (C) send (D) sent

해설 지난주 내 비서가 계약서 보내는 것을 깜빡했다. 원하면 다시 보내게 할 수 있다 forget+ to 부정사는 '~할 것을 잊다'의 의미이므로 to send가 적절함.

어휘 **secretary** 비서 **contract** 계약서 **resend=send again** 다시 보내다

B 전치사의 목적어

without -ing ~하지 않고 **by -ing** ~함으로써 **instead of -ing** ~대신에
upon[on] -ing ~하자마자 **give up -ing** 포기하다

Ex If you are interested in **applying** for the open position, please submit your résumé by Friday.
해당 채용 공고에 지원하고 싶으시다면, 금요일까지 이력서를 제출해 주시기 바랍니다.

Q [9] Food researchers have been looking for new ways to reduce salt in packaged foods without _______ additives.

(A) using (B) use (C) used (D) to use

해설 식품 연구자들은 첨가물을 사용하지 않고 포장 식품의 염분을 줄이는 새로운 방법을 찾고 있다 전치사 without 뒤에는 동명사 using이 와야 자연스러움.

어휘 **look for** 찾다 **reduce** 줄이다 **additives** 첨가물

Q [10] After _______ the blueprint, the board members expressed satisfaction with the renovation plan.

(A) to review (B) review (C) reviewed (D) reviewing

해설 청사진을 검토한 후, 이사회는 리노베이션 계획에 만족을 표했다 전치사 after 뒤에는 동명사 reviewing이 적절함.

어휘 **blueprint** 청사진 **renovation plan** 개조 계획

Q [11] For years, several energy companies have focused on _______ new markets for renewable energy.

(A) developing (B) development (C) develop (D) developed

해설 수년간 몇몇 에너지 회사들은 재생 에너지의 새로운 시장을 개발하는 데 주력해 왔다. 전치사 on 뒤에는 동명사 developing이 적절함.

어휘 **focus on** ~에 집중하다 **renewable energy** 재생 에너지

Point to remember

다음과 같은 표현에서 to는 전치사이기 때문에, 그 뒤에는 반드시 동명사가 와야 합니다.

contribute **to** 공헌하다 lead **to** ~로 이어지다 object **to** 반대하다 adjust **to** 적응하다
respond **to** 응답하다 react **to** 반응하다 be subject **to** ~에 달려 있다 be opposed **to** ~에 반대하다
look forward **to** 학수고대하다 be related **to** 관련되다 be accustomed[used] **to** ~익숙하다
be dedicated / committed / devoted **to** ~헌신하다 according **to** ~ 따르면 in addition **to** ~에 더하여

Ex We are looking forward **to seeing** you at the annual shareholders' meeting.
연례 주주총회에서 여러분을 뵙기를 기대합니다.

Q[12] Ms. Gomez is accustomed to _______ under pressure during peak seasons.

(A) work (B) working (C) worked (D) to work

해설 Gomez 씨는 성수기 동안 압박 속에서 일하는 데 익숙하다. be accustomed to의 to는 전치사이므로 동명사 working이 와야 함.

어휘 **be accustomed to** ~에 익숙하다 **under pressure** 압박 속에서 **peak season** 성수기

Q[13] We are committed to _______ high-quality customer service.

(A) provide (B) providing (C) provision (D) provided

해설 우리는 고품질의 고객 서비스를 제공하는 데 헌신하고 있다. be committed to 의 to는 전치사이므로 동명사 providing이 와야 함.

어휘 **be committed to** ~에 전념하다 **high-quality** 고품질의

Q[14] Many citizens were strongly opposed to _______ the park for commercial development.

(A) use (B) using (C) to use (D) used

해설 많은 시민들이 공원을 상업 개발에 사용하는 것에 강하게 반대했다. be opposed to 의 to는 전치사이므로 동명사 using이 와야 함.

어휘 **be opposed to** ~에 반대하다 **commercial development** 상업 개발

| 동명사를 포함한 관용적인 표현 |

be busy -ing ~하느라 바쁘다 **have difficulty / trouble (in) -ing** ~하는 데 어려움을 겪다
cannot help -ing ~하지 않을 수 없다 **keep -ing** ~하기를 계속하다
succeed in -ing ~하는 데 성공하다 **spend 시간/돈 -ing** ~에 시간/돈을 쓰다
prevent A from -ing A가 ~ 못 하게 하다 **be worth -ing** ~할 가치가 있다

Q[15] Several companies decided to prevent their staff _______ annual leave during the peak holiday shopping season.

(A) with taking (B) to take (C) from taking (D) on taking

해설 여러 회사들이 연휴 쇼핑 성수기 동안 직원들이 연차를 사용하는 것을 막기로 결정했다. from이 전치사 이므로 동명사 taking이 적절함.

어휘 **prevent A from -ing** A가 ~하지 못하게 하다 **annual leave** 연차 **peak holiday shopping season** 연휴 쇼핑 성수기

Q[16] It is worth _______ that offering a wider variety of products does not always result in higher profits.

(A) note (B) noted (C) to note (D) noting

해설 더 다양한 제품을 제공한다고 해서 항상 더 높은 수익이 발생하는 것은 아니라는 점은 주목할 만하다. It is worth 다음에는 동명사 noting이 적합함.

어휘 **It is worth -ing** ~할 가치가 있다 **note** 주목하다 **result in** ~의 결과를 낳다 **higher profits** 더 높은 수익

Point to remember

동명사의 의미상의 주어는 동명사 앞에 나타내며, 보통 소유격이나 목적격 대명사를 사용합니다. 이 중에서 소유격이 더 격식 있는 표현입니다. 문제의 보기에 소유격과 목적격이 함께 제시되어 있다면, 정답은 **소유격**을 선택하는 것이 원칙입니다.

Ex We were impressed by **his / him** explaining the local history in detail.
우리는 그가 지역 역사를 자세히 설명한 것에 감명을 받았다.

Q [17] The manager appreciated _______ taking the initiative on the client project.

(A) he (B) his (C) him (D) himself

해설 그 매니저는 고객 프로젝트에서 그가 주도권을 잡은 것을 높이 평가했다. 동명사의 의미상 주어는 소유격으로 나타내므로 his가 적절함.

어휘 **appreciate** 높이 평가하다 **take the initiative** 주도권을 잡다

Q [18] We were surprised at _______ making such a detailed presentation without any preparation at all.

(A) she (B) her (C) hers (D) herself

해설 우리는 그녀가 아무런 준비도 없이 그렇게 상세한 발표를 한 것에 놀랐다. 동명사의 의미상 주어는 소유격 her가 적절함.

어휘 **detailed presentation** 상세한 발표 **without any preparation** 아무런 준비 없이 **at all** 전혀 부정 의미를 강조

Q [19] The company benefited from _______ entering the Southeast Asian market earlier than its competitors.

(A) it (B) its (C) it's (D) itself

해설 그 회사는 경쟁사보다 먼저 동남아시아 시장에 진출한 것의 이점을 누렸다. 동명사의 의미상의 주어는 소유격으로 its가 적절함.

어휘 **benefit from** ~로부터 이득을 얻다 **competitors** 경쟁사들

Point to remember

동명사는 그 앞에 'not'을 붙여 부정합니다.

Ex Jason admitted **not reading** the client's email until the next day.
제이슨은 다음 날까지 고객의 이메일을 읽지 못했다고 인정했다.

Q [20] The airline apologized for not _______ passengers in advance about the flight cancellation.

(A) to inform (B) inform (C) informing (D) informed

해설 항공사는 비행 취소에 대해 사전에 승객들에게 알리지 않은 것에 대해 사과했다. 전치사 for 뒤에 not + 동명사가 와야 하므로 informing이 적절함.

어휘 **apologize for** ~에 대해 사과하다 **inform** 알리다

Q [21] We considered not _______ the product in international markets due to shipping costs.

(A) sell (B) selling (C) to sell (D) sold

해설 우리는 배송 비용 때문에 해당 제품을 해외 시장에 출시하지 않는 것을 고려했다. consider는 동명사를 목적어로 취하므로 selling이 적절함.

어휘 **shipping costs** 배송비

Q [22] The manager appreciated _______ not missing any deadlines during the transition period.

(A) they (B) their (C) them (D) theirs

해설 매니저는 전환 기간 동안 마감일을 놓치지 않은 그들의 노력을 높이 평가했다. 동명사의 의미상 주어는 소유격이 와야 하므로 their가 적절함.

어휘 **not missing** 놓치지 않음 **deadline** 마감일 **transition period** 전환기

Part 6 연습

Lesson 3

Q[1-5] **Refer to the following email.**

Dear Mr. Christopher,

Thank you for [1] _______ me to serve as the award presenter for this year's Lifetime Achievement Award. I am honored to be a part of such a meaningful occasion.
It's great [2] _______ that more than 1,000 employees and business partners are expected to attend.
On April 20, when the board gathers to vote on this year's recipient, I would appreciate it if you could let me [3] _______ the result as soon as it is confirmed.
During my speech, I will make sure to briefly mention my experiences and accomplishments as a former Marketing Director, as requested.
[4] ____ .
I am very much looking forward to [5] _______ you and the rest of the team at the ceremony.

Yours sincerely,
William Harper

Q[1] (A) invite (B) inviting (C) invited (D) to invite

Q[2] (A) to hear (B) hearing (C) hear (D) heard

Q[3] (A) knew (B) to know (C) know (D) knowing

Q[4] (A) I would be happy to provide a summary of my talking points in advance, if needed.
(B) I will be traveling to Europe next week and might not be able to attend.
(C) Please forward this message to the other award presenters.
(D) Kindly let me know if I need to send you an invoice for travel expenses.

Q [5] (A) see (B) seeing (C) seen (D) saw

친애하는 Mr. Christopher께, 올해의 공로상 시상자로 저를 초대해 주셔서 감사합니다. 이처럼 의미 있는 행사에 참여하게 되어 영광입니다. 1,000명이 넘는 직원과 비즈니스 파트너들이 참석할 것으로 예상된다는 소식을 들으니 기쁩니다. 4월 20일 이사들이 올해 수상자를 선정하기 위해 모일 때, 결정이 되는 즉시 결과를 알려주신다면 감사하겠습니다. 연설 중에는 요청하신 대로 전 마케팅 이사로서의 저의 경험과 성과를 간략히 언급하겠습니다. 필요하다면 미리 연설 요약본을 제공해 드릴 수 있습니다. 시상식에서 당신과 다른 팀원들을 뵙게 되길 매우 기대하고 있습니다.

해설 [1] 전치사 for 뒤에는 동명사가 필요하므로 inviting이 정답. [2] It이 가주어이므로 진주어는 to 부정사인 to hear가 적합함. [3] let 이 사역동사이므로 목적 보어는 동사원형인 know가 적합함. [4] 요약본을 미리 제공하겠다는 내용이 연설 중 ~ 언급하겠다는 이전 문장과 자연스럽게 연결되므로 (A)가 적절함. 나머지 선택지는 맥락과 맞지 않음. [5] to는 전치사이므로 동명사형 seeing이 적합함.

어휘 **thank you for** ~에 감사하다 **invite someone to V** ~하도록 초대하다 **serve as** ~의 역할을 하다 **it's great to hear** ~을 듣게 되어 기쁘다 **be expected to V** ~할 것으로 예상되다 **let someone know** ~에게 알리다 **talking points** 연설 요지 **if needed** 필요하다면

실전 확인 문제

Step 1 | Choose the best answer to complete the sentence.

1 The marketing team traveled across the country ______ support for the new campaign.
(A) earning (B) to earn (C) earn (D) earned

2 If you download the mobile app, you can avoid ______ for tickets at the front gate.
(A) waiting (B) to wait (C) wait (D) waited

3 The museum asked the visitors ______ any of the displayed artifacts without permission.
(A) not touched (B) not touching (C) not to touch (D) not touch

4 Our booking system enables customers ______ special requests during the reservation process.
(A) submit (B) submitting (C) to submit (D) submitted

5 The manager had the chef ______ additional desserts for the VIP guests.
(A) prepared (B) to prepare (C) prepare (D) preparing

6 Aaron couldn't register for the course because he was ______ to meet the age requirement.
(A) too young (B) so young (C) very young (D) much young

7 ______ effectively as a team, members must communicate openly and share responsibilities.
(A) Not to work (B) By working (C) In order to work (D) Without working

8 Our team is dedicated to ______ reliable IT support throughout the entire workweek.
(A) providing (B) provide (C) provided (D) provision

9 The hotel staff were busy ______ last-minute arrangements for the international conference.
(A) make (B) making (C) to make (D) made

10 Many airlines prevent passengers ______ their phones while taking off
(A) to use (B) use (C) from using (D) using

11 Customers were surprised at ______ resolving the complaint so quickly.
(A) our (B) us (C) we (D) ours

12 Arriving on time for meetings ______ essential for maintaining professionalism.
(A) is (B) needs (C) has (D) makes

13 The manager discussed several strategic plans ______ overall brand awareness.
(A) increase (B) to increase (C) have increased (D) increased

14 You can show clients the features, but you can't ______ them buy the service.
(A) persuade (B) allow (C) make (D) request

15 This updated website made it much easier ______ users to reset their passwords.
(A) to (B) for (C) of (D) with

Step 2 | Choose the best answer to complete the sentence.

1 The support team improves customer satisfaction by promptly ______ to complaints and inquiries.
(A) responded (B) response (C) respond (D) responding

2 Mobile platforms make it easier ______ with clients who are working remotely.
(A) to communicate (B) communicate (C) to communicating (D) communicated

3 One of the interns forgot ______ off the lights before leaving the office last night.
(A) turning (B) turn(C) to turn (D) turned

4 The startup spent a considerable amount of money ______ its outdated IT system.
(A) upgrade (B) upgrade (C) to upgrade (D) upgrading

5 Even traditional companies cannot help ______ the latest digital marketing strategies.
(A) follow (B) following (C) to follow (D) followed

6 We developed a new onboarding system to ______ new hires feel more confident.
(A) make (B) allow (C) enable (D) advise

7 Many startups are beginning to consider ______ mentoring programs to help employees grow professionally.
(A) introduce (B) introduction (C) introducing (D) to introduce

8 Our manager encourages us ______ familiar with all internal safety procedures.
(A) to become (B) become (C) became (D) becoming

9 At orientation, the HR director had each participant ______ their career goals on a worksheet.
(A) to write (B) write (C) wrote (D) writing

10 If your data is not backed up regularly, you risk ______ important data in the event of a cyberattack.
(A) lose (B) losing (C) to lose (D) lost

11 It may be challenging ______ new employees to learn the internal software system without proper guidance.
(A) to (B) of (C) for (D) with

12 You should review the details of your travel insurance policy before ______ on an overseas trip.
(A) go (B) going (C) gone (D) you will go

13 We are looking for affordable ways ______ large packages internationally.
(A) to send (B) send (C) sent (D) have sent

14 This mobile app ______ users to book train tickets and hotel rooms in one step.
(A) allows (B) lets (C) makes (D) have

15 Due to budget uncertainties, many companies are now ______ hire new staff.
(A) eligible to (B) eager to (C) reluctant to (D) be willing

Questions 16–20 refer to the following email.

Dear Mr. Whitman,

I hope this message finds you well. I wanted to thank you again for [16] ______ your insights during our recent phone conversation. Your advice about selecting reliable suppliers and managing inventory has been incredibly helpful as I prepare [17] ______ my first home décor store next week.
[18] ____, I truly value your experience and honesty. I've already made a few changes to my original plan based on what you suggested, especially regarding staff scheduling and product display layout. I can already see how it will improve the shopping experience for customers.
[19] ______ my gratitude, I would love to treat you to lunch sometime next month. If you prefer dinner or even just a casual coffee, I'm happy [20] ______ around your schedule. I'll give you a call early next week to find a time that works well for you.
Thank you again for your generous support.

Best regards,
Mary Ellen

16 (A) share (B) sharing (C) shared (D) to share

17 (A) to open (B) open (C) opening (D) opened

18 (A) Because I am highly confident in my business skills
(B) Although I have managed several large retail chains
(C) As someone new to retail
(D) Before launching my second store abroad

19 (A) Express (B) To express (C) Expressing (D) Expressed

20 (A) to work (B) work (C) working (D) worked

Chapter 5

수동태

수동태의 기초

Lesson 1

| 수동태의 이해 |

수동태는 능동태 문장에서 주어와 목적어의 자리를 바꾸어, 행위의 주체보다 행위의 대상에 초점을 맞추는 표현 방식입니다. 기본 문형은 **주어 + be 동사 + 과거분사 + (by + 행위자)**입니다.

Ex The HR Department **hired** three new accountants. (능동태)
인사부는 새로운 회계사 3명을 고용했다.

Three new accountants **were hired by** the HR Department. (수동태)
새로운 회계사 3명이 인사부에 의해 고용되었다.

Q [1] Apple was founded _______ Steve Jobs, Steve Wozniak, and Ronald Wayne in April 1976 to develop and sell personal computers.

(A) by (B) with (C) for (D) to

해설 애플은 1976년 4월 스티브 잡스, 스티브 워즈니악, 로널드 웨인에 의해 설립되었다. 수동xo에서 행위자를 나타낼 때는 전치사 by가 적절함.

어휘 **found** 설립하다 **be founded** 설립되다

Q [2] These days, people are more easily _______ by fashion, particularly in terms of clothing and hairstyles.

(A) influence (B) influenced (C) influencing (D) influential

해설 요즘 사람들은 특히 옷과 헤어스타일 면에서 패션의 영향을 더 쉽게 받는다. 수동의 의미와 부사 easily에 어울리는 과거분사 influenced가 적절함.

어휘 **be influenced by** ~의 영향을 받다 **clothing** 의류 **particularly** 특히 **in terms of** ~의 측면에서

Point to remember

능동태의 주어가 they, we, people, someone 등일 때 수동태에서 by + 행위자는 생략함 (행위자가 분명하거나 명시할 필요 있을 경우에만 by + 행위자를 씀)

Q [3] A special event _______ to celebrate the 10th anniversary of Auto Box, a leading online music provider.

(A) was organizing (B) was organized
(C) has organized (D) had organized

해설 선도적인 온라인 음악 제공업체 오토박스의 10주년을 기념하기 위한 특별 행사가 조직되었다. 문맥상 타동사 organize는 수동태로 쓰여야 하므로 was organized가 적합함.

어휘 **celebrate** 기념하다 **anniversary** 기념일 **provider** 제공자

Q [4] LearnMarketing.net _______ in 2023 to support marketing students and researchers.

(A) was established (B) were established
(C) has been established (D) is established

해설 LearnMarketing.net은 마케팅 전공 학생들과 연구자들을 지원하기 위해 2023년에 설립되었다. 주어가 단수이고 과거 시점을 나타내므로 was established가 적절함.

어휘 **be established** 설립되다 **support** 지원하다

Q [5] Since the flight was _______ , the airline requested volunteers to give up their seats.

(A) overbook (B) overbooked (C) overbooking (D) to overbook

해설 항공편이 초과 예약되었기 때문에, 항공사는 자발적인 좌석 양보를 요청했다. 수동태 구조에 어울리는 과거분사 overbooked가 적절함.

어휘 **overbook** 초과 예약하다 **volunteer** 자원자 **give up** 포기하다

| 조동사를 포함한 수동태 |

✔ 조동사 뒤에 **be 동사의 원형 + 과거완료**를 사용.

Q [6] In order to receive a full refund, the merchandise must _______ within 14 days of delivery.

(A) be return (B) be returned (C) be returning (D) is returned

해설 전액 환불을 받기 위해서는 상품이 배송일로부터 14일 이내에 반품되어야 한다. 조동사 must 뒤에 수동태 형태인 be returned가 적절함.

어휘 **merchandise** 상품 **be returned** 반품되다 **delivery** 배송

Q [7] Several flights may _______ today due to severe weather conditions at Chicago O'Hare International Airport.

(A) be delayed (B) be delaying (C) be delay (D) is delayed

해설 심한 기상 조건 때문에 시카고 오헤어 국제공항에서 여러 항공편이 지연될 수 있다. 조동사 may 뒤에 수동태 be delayed가 적절함.

어휘 **be delayed** 지연되다 **due to** ~ 때문에 **severe weather** 심한 날씨

Q [8] Please note that ETS copyrighted material cannot _______ without prior written permission.

(A) used (B) be used (C) be use (D) be using

해설 ETS 저작권 자료는 사전 서면 허가 없이는 사용될 수 없다는 것에 주목하세요. 조동사 cannot 뒤에 수동태 be used가 적절함.

어휘 **copyrighted material** 저작권이 있는 자료 **prior** 사전의 **written permission** 서면 허가 **note** 주목하다

Q[9] Ferry service to Manhattan will be _______ temporarily for annual maintenance.
(A) started (B) launched (C) continued (D) suspended

해설 연례 정비로 인해 맨해튼행 페리 운행이 일시 중단될 예정이다. 문맥상 '중단되다'는 의미의 suspended가 적절함.
어휘 **temporarily** 일시적으로 **annual** 매년의 **maintenance** 정비 **be suspended** 중단되다

| 수동태의 시제 |

수동태 시제는 be 동사의 시제 변화로 표현합니다.

- 현재: A new employee **is** hired every year.
- 과거: A new employee **was** hired last month.
- 현재완료: A new employee **has been** hired recently.
- 미래: A new employee **will be** hired next month.
- 현재진행: A new employee **is being** hired right now.
- 과거진행: A new employee **was being** hired when the system crashed.

Q[10] The Tourist Information Center _______ in the food court, next to McDonald's.
(A) has location (B) has located (C) is locating (D) is located

해설 관광 안내소는 맥도날드 옆 푸드코트 안에 위치해 있다. 장소를 설명하는 표현에서 현재 수동태 is located가 적절함.
어휘 **Tourist Information Center** 관광 안내소 **next to** ~ 옆에

Q[11] GPS technology _______ developed by the U.S. Air Force in the 1960s for safety and defense purposes.
(A) is (B) was (C) has been (D) will be

해설 GPS 기술은 1960년대 미국 공군에 의해 안전 및 방어 목적을 위해 개발되었다. in the 1960s는 과거이고 수동태이므로 was가 적절함.
어휘 **GPS** 위치정보 시스템 Global Positioning System의 약자

Q[12] Currently, a growing number of employees _______ replaced by automated technologies.
(A) is being (B) are being (C) are been (D) being been

해설 현재 자동화 기술로 인해 점점 더 많은 직원들이 대체되고 있다. 주어가 복수이므로 복수 수동 현재 진행형 are being이 적절함.
어휘 **a growing number of** ~ 점점 더 많은 **be replaced** 대체되다 **automated technologies** 자동화 기술

Q[13] This is to remind you that the monthly meeting _______ next Monday from 10:00 a.m. to 12:00 p.m. in Room 8.
(A) will be hold (B) will be held (C) will be holding (D) will hold

해설 다음 주 월요일 오전 10시부터 오후 12시까지 8번 방에서 월례회의가 개최될 예정이라는 것을 알려드립니다. 수동태 미래형인 will be held가 적절함.
어휘 **remind** ~에게 상기시키다 **monthly meeting** 월례회의 **be held** 개최되다

Q[14] Once your order has _______ , you cannot change or cancel it.
(A) been placing (B) been being placed
(C) been placed (D) been place

해설 일단 주문이 접수되면, 변경이나 취소가 불가능합니다. 현재 완료 수동태 형태인 has been placed가 적절함.
어휘 **place an order** 주문하다 **cancel** 취소하다

| 전치사 by를 사용하지 않는 수동태 |

with

be accompanied with 동반하다 be faced with 직면하다 be satisfied with 만족하다
be crowded with 붐비다 be associated with 연관되다 be concerned with ~에 대해 관심있다
be concerned about ~에 대해 염려하다

to

be married to ~와 결혼하다 be limited to ~에 한정되다 be dedicated to ~에 헌신하다
be restricted to ~에 한정되다

in

be engaged in ~에 종사하다 be interested in ~에 흥미를 갖다 be involved in ~에 개입되다

기타

be known to / as / for ~에게 알려지다 / 로 알려지다 / 로 유명하다 be based on ~에 기반하다

Q [15] Traditionally, market researchers have been interested _______ identifying the factors that influence consumers' car purchasing behavior.

(A) to (B) by (C) of (D) in

해설 전통적으로 시장 조사자들은 소비자의 자동차 구매 행동에 영향을 주는 요인을 파악하는 데 관심을 가져왔다. be interested in 구조가 적절함.

어휘 identify 확인하다 influence 영향을 주다 purchasing behavior 구매 행동

Q [16] There is no doubt that the brand Samsung is strongly associated _______ excellent quality.

(A) to (B) by (C) of (D) with

해설 삼성 브랜드는 우수한 품질과 강하게 연관되어 있다는 데 의심의 여지가 없다. be associated with가 적절함.

어휘 no doubt 의심의 여지 없음 excellent quality 우수한 품질

Q [17] As Amazon's Executive Chairman, Jeff Bezos will continue to be actively involved _______ all major strategic decisions.

(A) to (B) in (C) of (D) with

해설 아마존의 이사회 의장으로서 제프 베이조스는 모든 주요 전략 결정에 적극적으로 관여할 것이다. be involved in이 적절함.

어휘 Executive Chairman 이사회 의장 strategic decision 전략적 결정

Q [18] Space is limited _______ the first 30 registrants. Be sure to sign up early to secure your spot.

(A) to (B) in (C) of (D) with

해설 공간은 선착순 30명에게 제한됩니다. 자리 확보를 위해 반드시 미리 등록하세요. 'be limited to + 대상' 표현이 적절함.

어휘 registrant 등록자 sign up 등록하다 secure 확보하다

Q [19] If you are not completely satisfied _______ the products, you may return them within 30 days of your purchase for a full refund.

(A) with (B) by (C) of (D) in

해설 제품에 완전히 만족하지 않으실 경우, 전액 환불을 받기 위해 구매 후 30일 이내에 반품하셔도 됩니다. 'be satisfied with'가 적절함.

어휘 completely 완전히

Q [20] Delta Airlines is known _______ its excellent on-time performance and customer service.

(A) to (B) by (C) for (D) as

해설 델타 항공은 우수한 정시 운항률과 고객 서비스로 잘 알려져 있다. be known for + 특징/이유 구조가 적절함.

어휘 **on-time performance** 정시 운항률

Q [21] Delta Airlines is known _______ one of the most punctual carriers in North America, with a high on-time arrival rate.

(A) to (B) by (C) for (D) as

해설 델타 항공은 북미에서 가장 시간 엄수하는 항공사 중 하나로 알려져 있다. be known as + 신분/자격이 적절함.

어휘 **punctual** 시간을 잘 지키는 **carrier** 항공사 **on-time arrival rate** 정시 도착률

Q [22] Delta Airlines is known _______ frequent business travelers as a reliable and efficient airline.

(A) to (B) by (C) for (D) as

해설 델타 항공은 신뢰할 수 있고 효율적인 항공사로 잦은 출장객들에게 알려져 있다. 사람들에게 인식되는 대상을 나타낼 때는 be known to + 사람 구조가 적절함.

어휘 **frequent business traveler** 자주 출장하는 고객 **reliable** 신뢰할 수 있는 **efficient** 효율적인

감정동사의 능동태와 수동태

감정을 유발하는 주체가 주어일 때: 능동태

Ex The news **surprised** me.

뉴스가 나를 놀라게 했다.

감정을 느끼는 주체가 주어일 때: 수동태

Ex I **was surprised by** the news.

나는 뉴스에 놀랐다.

please 기쁘게 하다 **satisfy** 만족시키다 **disappoint** 실망시키다 **excite** 흥분시키다 **surprise** 놀라게하다 **frustrate** 좌절시키다 **worry** 걱정시키다 **annoy** 화나게 하다 **confuse** 혼동시키다

Q [23] The CEO was _______ to see a significant profit drop despite implementing several cost-cutting measures across departments.

(A) frustrated (B) frustrating (C) frustrate (D) frustration

해설 여러 부서에 걸쳐 비용 절감 조치를 실행했음에도 불구하고 수익이 크게 줄어든 것을 보고 CEO는 좌절감을 느꼈다. 감정을 느낀 주체가 주어이므로 과거분사 frustrated가 적절함.

어휘 **be frustrated** 좌절감을 느끼다 **profit drop** 수익 감소 **despite** ~에도 불구하고 **cost-cutting measures** 비용 절감 조치

Q [24] We are _______ to welcome Mr. Niemisto as one of its founding members.

(A) pleasing (B) pleased (C) please (D) pleasure

해설 니에미스토 씨를 창립 멤버 중 한 명으로 맞이하게 되어 기쁩니다. 기쁨의 감정을 느끼는 주체가 주어이므로 pleased가 적절함.

어휘 **be pleased** 기쁘다 **founding member** 창립 멤버

Q [25] While Black Friday sales were _______ , Cyber Monday results appear to have exceeded expectations.

(A) disappointed (B) disappointing (C) disappoint (D) disappointment

해설 블랙프라이데이 매출은 실망스러웠지만, 사이버 먼데이 실적은 기대를 초과한 것으로 보인다. 감정을 유발하는 주체가 주어이므로 현재분사 disappointing이 적절함.

어휘 **exceed expectations** 기대를 초과하다

Q [26] The new inventory management software was too _______ to use without proper training.

(A) confused (B) confuse (C) confusing (D) confusion

해설 새로운 재고 관리 소프트웨어는 적절한 교육 없이는 사용하기에 너무 혼란스러웠다. 감정을 유발하는 주체가 주어이므로 현재분사 confusing이 적절함.

어휘 **confusing** 혼란스러운 **inventory management software** 재고 관리 소프트웨어 **proper training** 적절한 교육

주의해야 할 수동태

Lesson **2**

| 목적어가 두 개인 동사의 수동태 |

A 기본 구조: 주어 + 동사 + 간접목적어 + 직접목적어

Ex My boss **gave** me a book.

give 주다 **bring** 갖다 주다 **lend** 빌려주다 **offer** 제공하다 **send** 보내다 **pass** 건네주다
pay 지불하다 **write** 쓰다 **show** 보여주다 **teach** 가르치다 **tell** 말해 주다 **hand** 건네주다
buy 사 주다 **make** 만들어 주다 **cook** 요리해 주다 **find** 찾아 주다

B 수동태로 바꾸는 2가지 방법

간접 목적어를 주어로 → 가장 흔한 방식

Ex I **was given** a book by my boss.
상사에게 책을 받았다.

직접 목적어를 주어로 할 때는 간접 목적어 앞에 전치사 붙임
to: give, send, show, tell, teach, offer
for: buy, make, cook, find 등

Ex A book was given **to** me.
책이 내게 주어졌다.

Dinner was cooked **for** him.
그를 위해 저녁 식사가 요리되었다.

Q[1] Andrew Wilson _______ a job after completing his third interview, and he immediately accepted it.

(A) offering (B) was offered (C) is offered (D) offers

해설 Andrew Wilson은 세 번째 면접을 마친 후 일자리 제안을 받았고, 즉시 수락했다. 시제가 과거이고, 간접목적어가 수동태의 주어이므로 was offered가 적절함.

어휘 **accept** 수락하다 **immediately** 즉시

Q[2] Supervisors _______ the responsibility of evaluating employee performance and developing motivational strategies.

(A) is giving (B) are giving (C) are given (D) is given

해설 관리자들은 직원의 성과를 평가하고 동기 부여 전략을 개발하는 책임을 부여받는다. 주어가 복수이므로 수동태 are given이 적절함.

어휘 **be given** ~을 받다 **evaluate** 평가하다 **performance** 성과 **motivational strategy** 동기부여 전략

Q[3] A special meal was cooked _______ the guests in honor of the company's anniversary.

(A) for (B) to (C) by (D) with

해설 회사의 기념일을 기념하여 손님들을 위해 특별한 식사가 준비되었다. cook은'~을 위해'라는 의미의 전치사 for를 취하는 동사임.

어휘 **be cooked for** ~을 위해 요리되다 **in honor of** ~을 기리기 위해

Q[4] The final design proposal was shown _______ the client during the meeting.

(A) for (B) to (C) on (D) about

해설 최종 디자인 제안은 회의 중에 고객에게 보여졌다. 직접목적어가 수동태 주어가 될 경우 be shown to가 적절함.

어휘 **be shown to** ~에게 보여지다 **proposal** 제안서

Q[5] Apple _______ $533.3 million after the court ruled Samsung had infringed three design patents.

(A) will be given (B) is given (C) was given (D) is being given

해설 법원이 삼성이 3건의 디자인 특허를 침해했다고 판결한 후, 애플은 5억 3,330만 달러를 받았다. 과거 시제의 사건이므로 was given이 적절함.

어휘 **be given** ~을 받다 **court** 법원 **infringe** 침해하다 **design patent** 디자인 특허

Q[6] At the check-in counter, passengers _______ that the flight had been overbooked.

(A) were told (B) told (C) were telling (D) had told

해설 탑승 수속 창구에서 승객들은 항공편이 초과 예약되었다는 말을 들었다. 간접목적어가 수동태의 주어이므로 '말을 듣다'는 의미의 수동형 were told가 적절함.

어휘 **overbook** 초과 예약하다

Q[7] Almost all employees in California _______ the minimum wage as required by state law.

(A) are paid to (B) are paid (C) is paid to (D) is paid

해설 캘리포니아의 거의 모든 직원들은 주 법률에 따라 최저 임금을 지급받는다. 간접목적어가 수동태의 주어이고 복수이므로 are paid가 적절함.

어휘 **be paid** 급여를 받다 **minimum wage** 최저임금 **state law** 주 법률 **as required** 요구받은 대로

Q[8] New members will _______ a password by e-mail to access the exclusive member-only pages.

(A) be sent to (B) be send (C) be sending (D) be sent

해설 새 회원들은 회원 전용 페이지에 접근하기 위해 이메일로 비밀번호를 받게 된다. 간접목적어가 수동태의 주어이고 미래 시제 + 수동태 형식으로 will be sent가 적절함.

어휘 **be sent** ~을 받다 (보내어지다) **password** 비밀번호 **exclusive member-only pages** 전용 회원 페이지 **access** 접근하다

| 목적 보어가 있는 문장의 수동태 |

능동태의 목적어가 수동태의 주어가 되고 목적 보어는 원래 자리에 남습니다.

Ex All the team members consider **Mr. Lee** competent.

→ **Mr. Lee** is considered competent by all the team members.

Mr. Lee 는 모든 팀원들로부터 유능하다고 평가받고 있다.

Ex The board elected **Steve Anderson** chairman at the last meeting.

→ **Steve Anderson** was elected chairman of the board at the last meeting.

스티브 앤더슨이 지난 회의에서 이사회 회장으로 선출되었다.

Ex People expect **retailers** to employ more temporary workers.

→ **Retailers** are expected to employ more temporary workers.

소매업체들은 더 많은 임시 근로자를 고용할 것으로 예상된다.

Q[9] Your reservation _______ confirmed once a booking number has been assigned.

(A) is considering (B) is considered (C) considers (D) has considered

해설 일단 예약 번호가 배정되면 귀하의 예약은 확인된 것으로 간주됩니다. 수동 구조에서 '간주되다'는 의미의 is considered가 적절함.

어휘 **confirm** 확인하다 **once** 일단 ~하면 **assign** 배정하다

Q[10] During the storm, all passengers were kept _______ inside the terminal.

(A) safe (B) safely (C) safety (D) saving

해설 폭풍우 동안 모든 승객들은 터미널 안에서 안전하게 보호되었다. keep + 목적어 + 형용사 구문이 수동태로 전환된 것이므로 형용사 safe가 목적 보어로 적절함.

어휘 **be kept safe** 안전하게 유지되다 **storm** 폭풍

Q[11] The applicant was found _______ in handling complex financial data.

(A) inexperience (B) inexperiencing (C) to be inexperience (D) inexperienced

해설 그 지원자는 복잡한 재무 데이터를 다루는 데 경험이 부족한 것으로 밝혀졌다. find + 목적어 + 과거분사 구문이 수동태로 전환된 것이므로 inexperienced가 목적 보어로 적절함.

어휘 **be found** ~한 것으로 밝혀지다 **inexperienced** 경험이 부족한 **financial data** 재무 데이터

Q[12] The proposal was made _______ by simplifying the language and layout.

(A) to understand (B) understand (C) understandable (D) understanding

해설 언어와 레이아웃을 단순화함으로써 그 제안서는 이해하기 쉬운 것이 되었다. make + 목적어 + 형용사 구문이 수동태로 전환된 것이므로 형용사 understandable이 목적 보어로 적절함.

어휘 **proposal** 제안 **simplify** 단순화하다 **layout** 구성

Q[13] ICT applicants are _______ to begin working only after they receive their ICT permit card.

(A) allow (B) allowed (C) allowing (D) allowance

해설 ICT 지원자들은 허가증을 받은 후에만 일을 시작하게 허용된다. allow는 to 부정사를 목적보어로 취하고 수동형은 be allowed to이므로 allowed가 적절함.

어휘 **ICT permit card** ICT 허가 카드 **begin working** 일하기 시작하다

Q[14] Guests are _______ to notify us of any COVID-19 symptoms before, during, or after their stay.

(A) decided (B) sent (C) required (D) dedicated

해설 숙박객들은 투숙 전, 중, 후에 COVID-19 증상이 있을 경우 우리에게 알리도록 요구받는다. 문맥상 '~하라고 요구받다'는 의미의 are required to가 적절함.

어휘 **be required to** ~하도록 요구받다 **notify** 알리다 **symptom** 증상 **stay** 숙박

Point to remember

사역동사 make 와 have는 목적보어로 원형부정사를 취하지만, 수동태가 되면 그 목적보어는 to 부정사로 바뀝니다.

Ex They made him **wait**. → He was made **to wait**.

그들은 그를 기다리게 했다. 그는 기다리게 되었다.

He had the intern **fix it**. → He had **it fixed** by the intern.

그는 인턴에게 그걸 고치게 했다. 그는 그것이 인턴에게 고쳐지게 했다.

Q[15] The intern was made _______ the entire report again due to formatting errors.

(A) redo (B) to redo (C) redone (D) redoing

해설 서식 오류로 인해 인턴은 보고서를 다시 작성하게 되었다. 사역동사 make + 목적어 + 동사원형의 수동 구조에서는 to 부정사가 사용되므로 to redo가 적합함.

어휘 **be made to do** ~하게 되다 **redo** 다시 하다 **formatting error** 서식 오류

Q[16] We had the company's annual report professionally _______ before it was printed.

(A) editing (B) to edit (C) edited (D) edit

해설 우리는 회사의 연례 보고서를 인쇄되기 전에 전문적으로 편집되도록 했다.사역동사 make의 수동형은 have + 목적어 + 과거분사의 구조이므로 edited가 적절함.

어휘 **annual report** 연례 보고서 **professionally** 전문적으로 **edit** 편집하다

[자동사 + 전치사]의 수동태

V [자동사 + 전치사]를 하나의 타동사로 취급하여 수동태를 만듦.

Ex Her previous employers **think** highly **of** the applicant.

→ The applicant **is** highly **thought of** by her previous employers.

지원자는 이전 고용주로부터 높은 평가를 받는다.

Q[17] Customer inquiries and complaints should _______ in a fair, reasonable, and timely manner.

(A) be dealt (B) be dealt with (C) be deal with (D) be deal

해설 고객 문의와 불만은 공정하고 합리적이며 신속한 방식으로 처리되어야 한다. 'deal with'은 전치사 포함 구동사이므로 수동형 be dealt with가 적절함.

어휘 **be dealt with** 처리되다 **inquiry** 문의 **timely manner** 시기적절한 방식

Q[18] All email inquiries will _______ within three business days during the semester.

(A) be responded about (B) be responded
(C) be responded with (D) be responded to

해설 모든 이메일 문의는 학기 중 3일 이내에 응답받게 됩니다. respond to는 수동태에서는 be responded to가 되어야 함.

어휘 **be responded to** 응답받다 **business day** 영업일 **semester** 학기

Q[19] During the event, you will _______ our professional restaurant staff.

(A) take care of by (B) be taken care of by
(C) be taken care by (D) take care of

해설 행사 중 귀하는 전문 레스토랑 직원에 의해 보살핌을 받을 것입니다. take care of의 수동태는 be taken care of by가 적절함.

어휘 **take care of** 돌보다 **be taken care of by** ~에 의해 보살핌을 받다

Q[20] Mr. Cho is a dependable colleague who can always be _______ in difficult situations.

(A) rely (B) relied (C) relied on (D) relying

해설 조 씨는 어려운 상황에서도 항상 기댈 수 있는 믿을 수 있는 동료입니다. rely on은 구동사이므로 수동형은 be relied on이 되어야 함.

어휘 **dependable** 믿을 수 있는 **colleague** 동료

| 준동사의 수동태 |

A to 부정사의 수동태

형태: to be + 과거 분사

Ex The proposal needs **to be completed** by the end of the day.
제안서는 오늘 안에 완성해야 한다.

He hopes **to be chosen** for the final interview.
그는 최종 면접에 선발되기를 바라고 있다.

Q[21] The Urbana Public Library is scheduled to _______ by the end of this month.

(A) be renovating (B) be renovated (C) renovate (D) be renovation

해설 어바나 공공 도서관은 이달 말까지 리노베이션될 예정입니다. To 부정사 부분이 수동의 의미가 되어야 하므로 이므로 be renovated가 적절함.

어휘 **be scheduled to** ~할 예정이다 **renovate** 개조하다 **by the end of** ~까지

Q[22] This report is too important _______ lightly.

(A) being treated (B) to be treated (C) to treat (D) treating

해설 이 보고서는 가볍게 다루기에는 너무 중요하다. 'too ~ to be + 과거분사' 구조로 to be treated가 적절함. to treat도 능동의 의미로 뜻이 통함.

어휘 **too ~ to** 너무 ~해서 ~할 수 없다 **treat** 다루다 **lightly** 가볍게

Q[23] It is common for deliveries _______ by a few days.

(A) being delayed (B) to be delaying (C) to be delayed (D) be delayed

해설 배송이 며칠 지연되는 것은 흔한 일이다. It is common for + 주어 + to be + 과거분사 구조에서 to be delayed가 적절함.

어휘 **common** 흔한 **by a few days** 며칠 정도 by + 시간 표현은 차이의 정도를 나타냄

B 동명사의 수동태

형태: being + 과거 분사

Ex He protested against **being treated** unfairly.
그는 부당한 대우를 받은 것에 항의했다.

I appreciate **being chosen** for the training program abroad.
해외 연수 프로그램에 선발되어서 감사합니다.

Q [24] Most candidates try their best to increase their chances of _______ for the position.

(A) being selecting (B) being selected (C) selecting (D) selection

해설 대부분의 지원자는 해당 직위에 선발될 가능성을 높이기 위해 최선을 다한다. 전치사 of 다음 수동구문이 오면 동명사 형태야 하므로 being selected가 적절함.

어휘 **try one's best** 최선을 다하다 **increase chances** 가능성을 높이다 **be selected** 선발되다 **candidate** 지원자

Q [25] The company was once owned by the publisher of the Times newspaper before _______ to Exponent.

(A) being sold (B) being sell (C) being selling (D) being sale

해설 그 회사는 타임스 신문의 발행인 소유였으며, 이후 Exponent에 매각되었다. 전치사 before 다음 수동구문이 오면 동명사 형태야 하므로 being sold가 적절함.

어휘 **be sold** 매각되다 **be owned** 소유되다 **publisher** 발행인

Part 6 연습

Lesson 3

Q [1-5] **Refer to the following memo.**

Access to the Dextor employee portal is restricted to Dextor staff only.

To log in, you must have a valid password. If you are newly [1] _______ , you should obtain a login password during your first week of employment. You can get your password at the Network Services Office, which [2] _______ on the third floor of the main office building. Don't forget [3] _______ your ID card as you will [4] _______ present it when requesting a password. [5] ________________________________ , you will be able to access the portal to submit various documents and collaborate with your team.

Q [1] (A) promoted (B) hired (C) fired (D) discovered

Q [2] (A) is location (B) is locate (C) is located (D) is locating

Q [3] (A) take (B) taking (C) to take (D) took

Q [4] (A) be asked to (B) be asked for (C) be asking to (D) be ask of

Q [5] (A) As soon as your employment ends
(B) Even if you forget your password
(C) Unless you request assistance
(D) Once you receive your password

Dextor 직원 포털에 대한 접근은 Dextor 직원에게만 제한됩니다. 로그인하려면 유효한 비밀번호가 필요합니다. 새로 채용된 경우, 입사 첫 주에 로그인 비밀번호를 발급받아야 합니다. 비밀번호는 본사 건물 3층에 위치한 네트워크 서비스 사무실에서 받을 수 있습니다. 신분증을 지참하는 것을 잊지 마십시오. 비밀번호를 요청할 때는 신분증을 제시해야 하므로, 일단 비밀번호를 받으면 포털에 접속하여 다양한 문서를 제출하고 팀과 협업할 수 있습니다.

해설 [1] 수동태가 되어야 하므로 부사 newly의 수식 받는 과거분사 hired가 적합함. [2] 위치해 있다는 뜻을 표현해야 하므로 수동형 is located가 적절함. [3] forget은 to 부정사를 목적어로 취하면 앞으로 할일을 의미하므로 to take가 정답. [4] 문맥상 요청받는다는 의미이므로 be asked to가 적절함. [5] 문맥상 비밀번호를 받은 후 포털 사용이 가능하므로 once로 시작하는 (D)가 가장 자연스러움.

어휘 **access to** ~에 대한 접근 **restricted to** ~에 한정된 **valid** 유효한 **hire** 고용하다 **obtain** 얻다 **employment** 고용 **ID card** 신분증 **be asked to V** ~하라는 요청을 받다 **present** 제시하다 **once** ~하면 **collaborate** 협업하다

실전 확인 문제

Step 1 | **Choose the best answer to complete the sentence.**

1 To meet the goal outlined above, the following tasks ______ by the marketing team.
(A) carried out (B) were carried out (C) being carried out (D) had carried out

2 You should prepare thoroughly to increase your chances of ______ .
(A) being hired (B) having hiring (C) hiring (D) being hiring

3 Several employees were concerned ______ the company's long-term future.
(A) for (B) about (C) by (D) on

4 It is still relatively rare for flights ______ due to severe weather.
(A) to be cancelled (B) be cancelled (C) will be cancelled (D) is cancelled

5 The restaurant ______ for four days later this month for renovations.
(A) has been closed (B) will be closed (C) is closed (D) was closed

6 Volunteers ______ masks and gloves to maintain proper hygiene and food safety.
(A) are give (B) are given (C) are giving (D) are gave

7 Nowadays, consumers are increasingly faced ______ an overwhelming number of advertisements.
(A) to (B) by (C) with (D) of

8 Last year, 21,000 hourly employees ______ a federal minimum wage of $7.25.
(A) were payment (B) were pay (C) were paying (D) were paid

9 At present, solar energy ______ promoted as a viable alternative energy source.
(A) has been (B) is be (C) is been (D) is being

10 Numerous potential buyers ______ attend the product launch event next Monday.
(A) are invited to (B) invite to (C) have invited to (D) will invite to

11 Warren Buffet is widely known ______ one of the most accomplished investors of our time.
(A) for (B) as (C) by (D) to

12 Many believed that the Tokyo Olympics should ______ due to the pandemic.
(A) were delayed (B) be delaying (C) be delay (D) be delayed

13 Access to premium content is limited ______ registered members for the time being.
(A) in (B) with (C) by (D) to

14 The employees were made ______ late to finish the urgent project.
(A) to stay (B) stay (C) stayed (D) staying

15 The CEO had the conference room ______ by the maintenance.
(A) cleaning (B) clean (C) to clean (D) cleaned

Step 2 | Choose the best answer to complete the sentence.

1 The new policies are based ______ detailed discussions with external legal consultants.
(A) for (B) about (C) by (D) on

2 It takes several business days for medical claims ______ by the national insurance office.
(A) to have reviewed (B) to review (C) to be reviewed (D) to be reviewing

3 A fundraising concert ______ next Friday to support victims of recent natural disasters.
(A) will be held (B) was held (C) has been held (D) had been held

4 The downtown library reopened ahead of schedule because the interior renovation was ______ early.
(A) have been completed (B) will be completed
(C) was completed (D) is completed

5 It is reported that one in four women have lost friends after ______ .
(A) being promote (B) being promoted (C) being promoting (D) being promotion

6 We had the company's annual report professionally ______ before it was printed.
(A) editing (B) to edit (C) edited (D) edit

7 If we do not hear back from you shortly, your reservation will be ______ automatically.
(A) confirm (B) confirming (C) confirmed (D) confirmation

8 A minimum wage law ______ in 1945 as part of the post-war labor reforms.
(A) was introduced (B) is introduced (C) has been introduced (D) will be introduced

9 A new security patch will be installed before ______ to all user accounts.
(A) introducing (B) being introducing (C) being introduced (D) having introduced

10 Thanks to our new delivery partners, orders ______ within 48 hours nationwide.
(A) are always delivering (B) are always delivered
(C) always are delivered (D) are delivered always

11 This online retailer is known ______ providing excellent customer service and fast shipping.
(A) as (B) to (C) for (D) with

12 The interns were ______ to complete safety training before beginning any tasks.
(A) made (B) make (C) making (D) to make

13 After the initial training period, junior employees ______ the opportunity to lead small projects.
(A) are given to (B) are giving (C) have given (D) are given

14 When you book your vacation through us, all arrangements ______ by experienced travel advisors.
(A) are taken care of (B) are taken care (C) are taking care of (D) are taking care

15 The new marketing strategy is widely ______ by industry experts as highly innovative.
(A) thought of (B) thought (C) thinking of (D) to think

Questions 16–20 refer to the following notice.

Community Garden Opening Day

The Grandview Community Garden Opening Day event is [16] ______ for Saturday, May 18 from 9 A.M. to 4 P.M. at the Maplewood Community Park. The event will include planting demonstrations, composting workshops, and local produce tastings. A help desk will also [17] ______ to provide gardening tips and information about how to reserve a plot.

Participants can [18] ______ free seedlings and compost samples at the welcome tent beginning at 10 a.m. [19] ______________________________, and families are encouraged to bring their own gardening tools. The first 50 visitors will receive a complimentary tote bag filled with eco-friendly products. There will also be a raffle draw at 2 p.m. for gardening supplies. All raffle winners will be awarded during the closing ceremony. The event is [20] ______ by the Grandview Neighborhood Association with support from local farms and gardening stores.

16 (A) schedule (B) scheduling (C) scheduled (D) being scheduled

17 (A) be set up (B) is set up (C) being set up (D) set up

18 (A) be purchased (B) have purchased (C) purchase (D) purchasing

19 (A) The event is open to the public.
(B) The event has already been canceled.
(C) The event charges a small admission fee.
(D) The event is limited to registered gardeners only.

20 (A) hosted (B) host (C) hosting (D) to host

Chapter 6

명사와 대명사

명사

Lesson 1

| 명사의 역할 |

- 사람, 사물, 추상적 개념 등의 이름을 지칭하는 단어로서
- 문장에서 주어, 보어 또는 동사나 전치사의 목적어로 사용됩니다.

Q [1] Early _______ is recommended, as each workshop is limited to 20 participants.

(A) register (B) registration (C) registered (D) to register

해설 각 워크숍은 20명으로 제한되므로 조기 등록이 권장된다. 동사의 목적어 자리에 명사인 registration이 와야 문법적으로 적절함.

어휘 **early registration** 조기 등록 **be recommended** 권장되다 **be limited to** ~로 한정되다

Q [2] The product launch was a huge _______ despite the limited marketing budget.

(A) succeed (B) successful (C) succeeding (D) success

해설 제한된 마케팅 예산에도 불구하고 신제품 출시는 큰 성공을 거두었다. be동사 다음에 주격 보어이며 관사 a 뒤이므로 명사 success가 적절함.

어휘 **product launch** 신제품 출시 **huge success** 엄청나게 큰 성공 **budget** 예산

| 명사 앞에 올 수 있는 단어 |

- 관사/소유격 + 형용사 + 명사

Q [3] The marketing team has been preparing a _______ on recent market trends.

(A) presentation (B) present (C) presenting (D) presentational

해설 마케팅 팀은 최근 시장 동향에 대한 프레젠테이션을 준비해 왔다. 관사 a 다음에는 명사가 와야 하므로 presentation이 적절함.

어휘 **recent market trends** 최근 시장 동향

Q [4] The University of Illinois offers a wide _______ of resources to help you plan and prepare for your campus visit.

(A) vary (B) variety (C) various (D) varying

해설 일리노이 대학교는 캠퍼스 방문 계획과 준비를 돕기 위해 다양한 자원을 제공한다. 관사 a와 형용사 wide 다음에는 명사 variety가 적절함.

어휘 **a wide variety of** 다양한 종류의 **resource** 자원

Q [5] The CEO's _______ was so encouraging that the staff gave her a standing ovation.

(A) speaking (B) speech (C) speak (D) spoke

해설 CEO의 연설이 매우 고무적이어서 직원들이 기립 박수를 보냈다. 소유격 뒤에 오고 주어 역할을 하는 명사 speech가 적절함.

어휘 **encouraging** 고무적인 **standing ovation** 기립 박수

명사의 종류

V 셀 수 있는 명사와 셀 수 없는 명사.

A 셀 수 있는 명사

단수일 때 관사 없이 사용 불가: 관사 + 단수형 또는 복수형 사용

Ex This brochure includes (~~tip~~ / a tip / tips) on improving time management at work.
이 브로셔에는 직장에서 시간 관리를 개선하는 방법에 대한 정보가 포함되어 있다.

- a / an, every, each 뒤 단수형을 사용
- A few / few, all, most, several, many, a lot of, a number of 뒤 복수형을 사용
- 불규칙한 형태의 복수형

  child – children man – men datum – data mouse – mice

Q [6] Tesla has announced _______ to expand its electric vehicle lineup by 2026.

(A) a planning (B) to plan (C) plans (D) plan

해설 테슬라는 2026년까지 전기차 라인업을 확장하겠다는 계획을 발표했다. 목적어인 plan은 셀 수 있는 명사이므로 관사와 함께 단수형을 쓰거나 복수형을 써야함 따라서 plans가 적절함.

어휘 **expand** 확장하다 **electric vehicle** 전기차 **lineup** 제품군

Q [7] Every table at the restaurant _______ thoroughly cleaned after the guests leave.

(A) is (B) have (C) are (D) do

해설 레스토랑의 모든 테이블은 손님이 떠난 후 철저히 청소된다. Every는 단수 취급하므로 is가 적절함.

어휘 **is cleaned** 청소되다 **thoroughly** 철저하게

Q [8] The car manufacturer issued an apology following numerous _______ about software glitches in its latest electric SUV model.

(A) complain (B) complains (C) complaings (D) complaints

해설 해당 자동차 제조사는 최신 전기 SUV의 소프트웨어 오류에 대한 다수의 불만을 접수한 후 사과를 발표했다. 형용사 numerous 뒤에는 명사 complaints가 적절함.

어휘 **car manufacturer** 자동차 제조사 **numerous** 많은 **following** ~ 이후에 **software glitch** 소프트웨어 오류 **issue an apology** 사과를 발표하다

Point to remember
항상 복수형으로 사용되는 명사

단수 취급

- 학문명: mathematics, physics, economics, linguistics, ethics
- 질병 이름: measles, mumps, diabetes
- 기타: news, politics (정치/정치학)

Ex Politics play**s** a major role in society.
정치는 사회에서 중요한 역할을 한다.

복수 취급

belongings 소지품 **valuables** 귀중품 **goods** 물품 **savings** 저축 **glasses** 안경
surroundings 주변환경 **earnings** 수익 **congratulations** 축하

Q [9] The news about the company merger _______ announced during the staff meeting.
(A) were (B) was (C) are (D) have been

해설 회사 합병에 대한 소식은 직원 회의 중에 발표되었다. news는 항상 단수 취급하므로 단수 동사 was가 적절함.
어휘 **merger** 합병 **be announced** 발표되다

Q [10] Economics _______ a subject that requires logical thinking and data analysis.
(A) are (B) is (C) have been (D) were

해설 경제학은 논리적 사고와 데이터 분석을 요구하는 학문이다. Economics는 단수형 학문명으로 취급되므로 is가 적절함.
어휘 **subject** 과목 **logical thinking** 논리적 사고 **data analysis** 데이터 분석

Q [11] The company's earnings _______ significantly over the past three years.
(A) has risen (B) rise (C) rises (D) have risen

해설 그 회사의 수익은 지난 3년 동안 크게 증가해 왔다. earnings는 복수형 명사이므로 복수 동사 have risen이 적절함.
어휘 **earnings** 수익 **significantly** 크게 **over the past ~** 과거 ~동안 **have risen** 증가해 왔다

Q [12] The imported goods _______ inspected before they are placed on store shelves.
(A) is (B) was (C) are (D) has been

해설 수입된 상품은 진열대에 배치되기 전에 검사를 받는다. 복수 주어 goods에 맞춰 복수 동사 are가 적절함.
어휘 **imported goods** 수입된 상품 **be inspected** 검사받다 **store shelf** 매장 진열대

B 셀 수 없는 명사

- 집합 명사, 추상 명사, 물질 명사는 원칙적으로 복수형이 없고 단수 취급
- 집합명사: furniture, luggage/baggage, machinery, equipment, staff
- 추상명사: advice, access, potential, information, knowledge, consent, research, work
- 물질명사: time, money, water, salt, air

Q[13] This marketing strategy has significant _______ to increase brand awareness.

(A) potentials (B) potential (C) potentialty (D) potent

해설 이 마케팅 전략은 브랜드 인지도를 높일 큰 잠재력을 가지고 있다. potential은 셀 수 없는 명사로 단수형 potential이 적절함.

어휘 **marketing strategy** 마케팅 전략 **significant** 상당한 **brand awareness** 브랜드 인지도

Q[14] Your login credentials will grant you immediate _______ to the portal.

(A) access (B) accessing (C) accessible (D) accesses

해설 로그인 자격 증명으로 포털에 즉시 접속할 수 있습니다. 형용사 immediate 뒤에 오는 셀 수 없는 명사여야 하므로 access가 적절함.

어휘 **login credentials** 로그인 자격 증명 **grant A B** A에게 B를 부여하다 **immediate access** 즉시 접속

| 동사와 철자가 같은 명사 |

V 문장에서의 위치(역할)에 따라 품사 구분.

Ex I **visited** Seoul. (동사)

서울을 방문했다.

It was a short **visit**. (명사)

짧은 방문이었다.

visit 방문/하다 **support** 지원/하다 **estimate** 추정/하다 **review** 검토/하다 **decline** 감소/하다 **increase** 증가/하다 **stay** 머무름/머무르다 **offer** 제공/하다 **purchase** 구매/하다 **view** 조망/하다 **control** 조정/하다 **aim** 목표/하다

Q[15] Detroit experienced a sharp _______ in both average income and population between the 1980s and the late 2000s.

(A) decline (B) declines (C) declination (D) declining

해설 디트로이트는 1980년대부터 2000년대 후반까지 평균 소득과 인구 모두에서 급격한 감소를 겪었다. 부정관사 a와 형용사 sharp 뒤에는 단수형 명사 decline이 적절함.

어휘 **experience** 겪다 **sharp decline** 급격한 감소 **average income** 평균 소득 **population** 인구

Q[16] The Eagles' stadium is popular with fans because every seat offers a clear _______ of the field.

(A) outline (B) stay (C) view (D) change

해설 Eagles 구장의 모든 좌석은 경기장에 대한 명확한 시야를 제공하기 때문에 팬들에게 인기가 있다. 문맥상 '시야'를 의미하는 명사 view가 적절함.

어휘 **stadium** 경기장 **be popular with** ~에게 인기가 있다 **clear view** 선명한 시야 **field** 경기장

Q[17] GameStop Corp., the world's largest video game retailer, reported its first _______ in sales in five quarters.

(A) support (B) purchase (C) control (D) increase

해설 세계 최대의 비디오 게임 유통업체인 GameStop은 5개 분기 만에 처음으로 매출 증가를 보고했다. 의미상 in sales와 가장 자연스럽게 어울리는 명사 increase가 정답.

어휘 **increase in sales** 매출 증가 **in five quarters** 5분기 만에

| 복합 명사 |

두 개의 명사로 구성된 복합 명사에서 앞 명사는 뒤 명사를 수식하는 역할.

employee training 직원교육 sales report 판매 보고서 safety regulations 안전 규정
payment method 결제방식 job opening 채용 공고 registration form 등록양식
shipping address 배송 주소 advertising campaign 광고 캠페인 delivery schedule 배송 일정
expense report 경비 보고서 employee productivity 직원 생산성 growth rate 성장률
customer satisfaction 고객만족 expiration date 유효기간 maintenance work 정비작업

Q[18] A welcome _______ for the newly hired assistant professors has been scheduled for Wednesday at 4 p.m.

(A) application (B) reception (C) extension (D) graduation

해설 신규 조교수들을 위한 환영 행사가 수요일 오후 4시에 예정되어 있다. 환영 행사는 welcome reception임.

어휘 welcome reception 환영 행사 newly hired 새로 채용된 assistant professor 조교수 be scheduled 예정되어 있다

Q[19] Create an account on our website and enjoy the best available _______ rates on savings accounts.

(A) interest (B) interesting (C) interested (D) interestingly

해설 웹사이트에서 계정을 만들고 예금 계좌에서 가장 좋은 이자율을 누리세요. 이자율은 interest rate임.

어휘 create an account 계정을 만들다 savings account 예금 계좌 available 사용 가능한

Q[20] All of our current job _______ are listed below, and additional opportunities will be posted in the coming months.

(A) opened (B) open (C) openings (D) opens

해설 현재 모든 채용 공고가 아래에 나열되어 있으며, 추가 기회는 앞으로 게시될 예정입니다. 일자리 공고는 job openings임.

어휘 job opening 채용 공고 list 나열하다 additional 추가적인 post 게시하다

Q[21] The manager reviewed the monthly _______ report to assess team performance.

(A) sale (B) saled (C) salling (D) sales

해설 관리자는 팀 성과를 평가하기 위해 월간 판매 보고서를 검토했다. 월간 판매 보고서는 monthly sales report 임.

어휘 review 검토하다 assess 평가하다

| 사물 / 추상 명사와 사람 명사 |

presentation → presenter 발표자
supply → supplier 공급자
competition → competitor 경쟁자
investment → investor 투자자
donation → donor 기부자
consultation → consultant 자문가
participation → participant 참가자
representation → representative 대표자
assistance → assistant 조수
specialty → specialist 전문가
attendance → attendant / attendee 시중드는 사람 / 참석자
employment → employer / employee 고용주 / 직원
interview → interviewer / interviewee 면접관 / 면접 대상자

Q[22] The company will review all job applications before selecting a qualified _______ .

(A) applicant (B) application (C) apply (D) applicable

해설 회사는 자격을 갖춘 지원자를 선정하기 전에 모든 지원서를 검토할 것이다. 사람을 지칭하는 명사 applicant가 문맥상 적절함.

어휘 **job application** 지원서 **qualified** 자격 있는 **select** 선택하다

Q[23] Our company offers on-site _______ for new employees every month.

(A) trainer (B) trains (C) training (D) train

해설 우리 회사는 매달 신입 직원들에게 현장 교육을 제공한다. 교육이라는 뜻의 불가산 명사 training이 가장 자연스럽고 문법적으로도 적절함.

어휘 **on-site training** 현장 교육

Q[24] The _______ with ABC Corporation was very productive and informative.

(A) interviewer (B) interview (C) interviews (D) interviewing

해설 ABC사와의 면접은 매우 생산적이고 유익했다. 관사 the 뒤에는 명사가 와야 하고 동사가 was이므로 단수형 명사 interview가 적합함.

어휘 **productive** 생산적인 **informative** 정보가 풍부한 유익한

Q[25] The marketing team collaborated with a professional _______ before launching the nationwide advertising campaign.

(A) consultant (B) consultation (C) consulting (D) consult

해설 마케팅팀은 전국 광고 캠페인을 시작하기 전에 전문 컨설턴트와 협력했다. 협력은 사람과 하므로 사람을 지칭하는 명사 consultant가 가장 적절함.

어휘 **collaborate with** ~와 협력하다 **professional consultant** 전문 상담가 **nationwide** 전국의

| 명사들의 형태 |

V 명사 대부분은 –ness / –ment / –ance / –ence / –tion / –sion / –ty / –cy / –sis / –th / –ism / ~ship로 끝남. (p. 253–254 주요 단어 정리 참조)

awareness 인식 **appointment** 약속 **importance** 중요성 **preference** 선호 **assumption** 상정
permission 허가 **responsibility** 책임 **efficiency** 효율성 **analysis** 분석 **strength** 강점
criticism 비판 **ownership** 소유권

특이한 형태의 어미로 끝나는 명사들

- –al: arrival, approval, individual, potential, proposal
- –ive: alternative, initiative, objective, representative
- –ing: boarding, housing, opening, recycling, shipping, pricing
- 기타: advisory, characteristic, receipt

Q[26] The company has announced the _______ of its long-serving Chief Investment Officer, David Wilson.

(A) investment (B) retirement (C) appointment (D) competition

해설 회사는 오랫동안 근무한 최고 투자 책임자 데이비드 윌슨의 퇴임을 발표했다. 문맥상 가장 자연스러운 명사는 retirement임.

어휘 **retirement** 퇴임 **long-serving** 오랫동안 근무한 **Chief Investment Officer** 최고 투자 책임자

Q[27] It is the borrower's _______ to notify the library of any changes to their contact information.

(A) demand (B) responsibility (C) labor (D) observation

해설 도서관에 연락처 변경을 알리는 것은 대출자의 책임이다. '~의 의무/책임'이라는 의미에는 명사 responsibility가 적절함.

어휘 **borrower** 대출자 **notify** 알리다 **contact information** 연락처 정보 **demand** 요구 **labor** 노동 **observation** 관찰

Q[28] The training sessions are designed to enhance employee _______ and ensure consistent service levels at the call center.

(A) professions (B) professionalism (C) professionals (D) professors

해설 교육 세션은 직원의 전문성을 강화하고 콜센터의 일관된 서비스 수준을 보장하도록 설계되었다. 문맥상 추상명사 professionalism(전문성)이 적절함.

어휘 **enhance** 향상시키다 **ensure** 보장하다 **consistent** 일관된

Q[29] If you need any _______ during your journey, please contact our customer service team at any time.

(A) assist (B) assistant (C) assistance (D) assisting

해설 여행 중에 도움이 필요하시면 언제든지 고객 서비스팀에 문의하세요. 문맥상 '도움'을 의미하는 불가산 명사 assistance가 적절함.

어휘 **assistance** 도움 **journey** 여행 **contact** 연락하다 접촉하다

Point to remember

의미는 비슷하지만 사용 맥락(context)이 서로 다른 명사들

charge 수수료 fare 교통 요금 fine 벌금 fee 수업료 입장료 cost 비용 expense 지출 경비

customers 상품이나 서비스를 구매하는 고객 passengers 교통수단을 이용 승객

clients 전문 서비스(상담, 회계 등)를 받는 고객 guests 행사 참석 또는 숙박하는 손님

Q[30] The customer is responsible for an additional handling _______ if an order must be resent due to an incorrect address.

(A) fine (B) fare (C) money (D) charge

해설 주소 오류로 인해 주문이 재발송되어야 할 경우 고객은 추가 처리 요금에 대한 책임이 있다. 문맥상 수수료를 의미하는 charge가 가장 적절함.

어휘 **handling charge** 처리 요금 **incorrect address** 잘못된 주소 **resend** 재발송하다

Q[31] The hotel offers free Wi-Fi and complimentary breakfast to all _______ .

(A) customers (B) clients (C) passengers (D) guests

해설 호텔은 모든 투숙객에게 무료 와이파이와 조식을 제공한다. 호텔의 이용자를 지칭하는 말로는 guests(투숙객)가 적절함.

어휘 **complimentary** 무료의

Q[32] The company offers full _______ for any defective products returned within 30 days.

(A) compensation (B) refund (C) revenue (D) benefit

해설 해당 회사는 30일 이내에 반품된 불량 제품에 대해 전액 환불을 제공한다. 문맥상 반품에 대해 금액을 되돌려 주는 refund(환불)가 적절함.

어휘 **defective product** 불량 제품 **compensation** 보상 **revenue** 수익

Q[33] Before signing the rental agreement, be sure to read all the terms and _______ carefully.

(A) decisions (B) conditions (C) suggestions (D) intentions

해설 임대 계약서에 서명하기 전에 모든 조항과 조건을 주의 깊게 읽어야 한다. terms and conditions(이용 약관)'은 관용 표현으로 conditions가 정답.

어휘 **rental agreement** 임대 계약 **terms and conditions** 약관 **be sure to** 반드시 ~하다 **intention** 의도

대명사

Lesson 2

| 대명사의 역할 |

- 명사의 반복을 피하기 위해 사용하는 단어
- 종류: 인칭 대명사, 지시 대명사, 부정 대명사, 의문 대명사, 관계대명사
- 주어, 보어, 목적어 역할

| 인칭 대명사 |

- 사람이나 사물을 가리키는 대명사: 성 수 격에 따라 형태 변화
- 주어, 보어, 목적어 역할. 소유격은 명사 수식하는 형용사 역할

주격	목적격	소유격 형용사	소유대명사	재귀대명사
I	me	my	mine	myself
you	you	your	yours	yourself
he	him	his	his	himself
she	her	her	hers	herself
it	it	its	(없음)	itself
we	us	our	ours	ourselves
they	them	their	theirs	themselves

Q [1] More than 60 percent of manufacturers in Illinois say that _______ are having difficulty finding skilled technical workers.

(A) he (B) they (C) we (D) it

해설 일리노이주의 60% 이상의 제조업체들이 기술 인력을 찾는 데 어려움을 겪고 있다고 말한다.앞선 복수 주어 manufacturers를 대신하는 복수 대명사 they가 적절함.

어휘 **manufacturer** 제조업체 **have difficulty + 동명사** ~하는 데 어려움을 겪다 **skilled** 숙련된

Q [2] To help us improve our program, please complete this evaluation form and return _______ to the address listed at the bottom of the page.

(A) it (B) him (C) them (D) us

해설 우리 프로그램을 개선하는 데 도움이 되도록 이 평가서를 작성한 뒤 페이지 하단의 주소로 보내 주세요. this evaluation form을 지칭하는 대명사로는 it이 적절함.

어휘 **evaluation form** 평가서 **complete** 완성하다 **bottom** 하단

Q [3] If your product or service has certain shortcomings, be honest about _______ when communicating with your customers.

(A) it (B) theirs (C) them (D) yours

해설 제품이나 서비스에 단점이 있다면 고객과의 소통에서 그것들에 대해 정직하게 말하라. shortcomings는 복수이므로 복수 대명사 them이 적절함.

어휘 **shortcoming** 단점 **be honest about** ~에 대해 솔직하다 **communicate with** ~와 소통하다

Q [4] Linda has limited experience in the automobile industry, but the manager appreciated _______ enthusiasm and eagerness to learn.

(A) his (B) her (C) your (D) my

해설 린다는 자동차 업계에서의 경험은 부족하지만, 그녀의 열정과 배움의 열의를 상사는 높이 평가했다. Linda를 가리키는 소유격 여성 대명사 her가 적절함.

어휘 **limited experience** 제한된 경험 **enthusiasm** 열정 **eagerness to learn** 배우고자 하는 열의

Q [5] Before COVID-19 vaccines became available, our best hope of fighting the virus lay in preventing _______ spread.

(A) his (B) your (C) their (D) its

해설 코로나19 백신이 나오기 전에는 바이러스에 대항할 최선의 희망은 그것의 확산을 막는 데 있었다. virus는 단수이므로 소유격 대명사는 its가 적절함.

어휘 **hope of fighting** 싸울 수 있는 희망 **lie-lay-lain** (놓여) 있다 **lie in** ~에 있다 **prevent** 막다 **spread** 확산

Point to remember

소유 대명사는 **소유격 + 명사** 대신 사용합니다.

Ex Your car is more expensive than mine. = my car

Q [6] I bought a similar smartphone last week, but it was $100 more expensive than _______ .

(A) yourself (B) you (C) your (D) yours

해설 나는 지난주에 비슷한 제품을 샀지만, 그것은 네 것보다 100달러 더 비쌌다. 비교 대상인 your smartphone의 소유 대명사 형태로는 yours가 적절함.

어휘 **similar** 비슷한 **expensive** 비싼

Q [7] We were excited to join the discussion with them and found their mission to be similar to _______ .

(A) our (B) ourselves (C) ours (D) us

해설 그들과의 토론에 참여하게 되어 기뻤고, 그들의 사명이 우리의 것과 유사하다는 것을 발견했다. 비교 대상인 our mission의 소유 대명사 형태로는 ours가 적절함.

어휘 **mission** 사명 **similar to** ~와 유사한

Point to remember

재귀대명사는 문장의 주어와 목적어가 동일할 경우 또는 주어, 보어, 목적어를 강조하여 "자신이 직접"이라는 뜻을 표현하기 위해서 사용합니다. 강조 요법일 때는 생략 가능합니다.

Q [8] Participants introduced _______ to one another and shared both current and past work experiences.

(A) himself (B) ourselves (C) them (D) themselves

해설 참가자들은 서로에게 자기소개를 하고 현재 및 과거의 업무 경험을 공유했다. 주어가 스스로를 소개 하므로 복수 주어 participants에 맞춰 재귀대명사 themselves가 적절함.

어휘 **to one another** 서로에게 **share** 공유하다 나누다 **current** 현재의

Q [9] Mr. Lee _______ must demonstrate that he is capable of completing the responsibilities assigned to him.

(A) him (B) himself (C) his (D) he

해설 Mr. Lee 본인이 직접 자신에게 맡겨진 책임을 완수할 수 있음을 입증해야 한다. 주어인 Mr. Lee 자신이 직접 한다는 것을 강조하기 위해서는 재귀대명사 himself가 적절함.

어휘 **demonstrate** 보여주다 **be capable of** ~할 수 있다 **assign** 할당하다

Q [10] If you are thinking of making a purchase, give _______ two to three weeks before visiting the store or placing an online order.

(A) himself (B) ourselves (C) myself (D) yourself

해설 구매를 고려 중이라면 가게를 방문하거나 온라인 주문을 하기 전에 너 자신에게 2~3주의 시간을 줘라. 명령문의 숨겨진 주어인 you가 목적어가 되므로 you를 지칭하는 재귀대명사 yourself가 적절함.

어휘 **make a purchase** 구매하다 **place an order** 주문하다

Q [11] At some companies, employees make many of the policy decisions _______ .

(A) himself (B) ourselves (C) herself (D) themselves

해설 일부 회사에서는 직원들 자신이 많은 정책 결정을 내린다. 주어 employees가 복수이므로 주어를 강조하여 그들 자신이라는 뜻이 되는 재귀대명사 themselves가 적절함.

어휘 **policy decision** 정책 결정 **make a decision** 결정을 내리다

Point to remember

전치사 + 재귀대명사 표현들

by oneself 혼자서, 혼자의 힘으로 for oneself 자신을 위해, 직접

to oneself 혼자서만 (속으로) of oneself 스스로

in oneself 본질적으로, 그 자체로 between ourselves 우리끼리만 (비밀로)

Q [12] When I travel for business _______ , I often take the opportunity to speak with strangers I meet during the flight.

(A) to myself (B) by myself (C) with myself (D) on myself

해설 출장을 혼자 갈 때면, 나는 비행 중에 만난 낯선 이들과 대화할 기회를 종종 갖는다. '혼자서'라는 의미를 나타낼 때는 by myself가 적절함.

어휘 **travel for business** 출장 가다 **take the opportunity** 기회를 잡다 **stranger** 낯선 사람

| 지시 대명사 that / those의 특별 용법 |

비교 구문이나 표현에서 앞에 나오는 명사(구)를 대신해 사용합니다.

Ex The cost of this model is higher than **that** of the previous version.
이 모델의 가격은 이전 버전의 것보다 더 비쌉니다.

Her responsibilities are different from **those** of the marketing department staff.
그녀의 업무들은 마케팅 부서 직원들의 것들과 다릅니다.

Q [13] The battery life of this model is longer than _______ of previous versions.

(A) that (B) it (C) those (D) theirs

해설 이 모델의 배터리 수명은 이전 모델의 그것보다 더 길다. 단수명사 battery life를 대신하는 비교 대상은 that이 적절함.

어휘 **battery life** 배터리 수명 **previous** 이전의

Q [14] The primary concerns of CEOs in India were remarkably similar to _______ of CEOs in the United States.

(A) those (B) that (C) these (D) this

해설 인도 CEO들의 주요 관심사들은 미국 CEO들의 그것들과 대단히 유사했다. 복수 명사 concerns를 대신하는 대명사는 those가 적절함.

어휘 **primary concerns** 주요 관심사 **remarkably** 현저하게 대단히

Q [15] The working hours in our department are the same as _______ in the customer service team.

(A) those (B) it (C) that (D) these

해설 우리 부서의 근무 시간은 고객 서비스팀의 근무 시간과 같다. 복수명사 working hours를 대신하는 비교 대상은 those가 적절함.

어휘 **working hours** 근무 시간 **the same as** ~와 같은

| 부정 대명사: one / ones |

앞에 나온 가산 명사(단수/복수)를 대신하여 사용하며 형용사의 수식 받을 수 있습니다.

Q [16] When your eMembership expires, you will need to purchase a new _______ at hihostels.com.

(A) it (B) that (C) one (D) this

해설 e회원 자격이 만료되면 hihostel.com에서 새로운 것을 구매해야 한다. a new 다음에 앞에 나오는 단수 명사 eMembership의 반복을 피하기 위해 부정 대명사 one이 적절함.

어휘 **expire** 만료되다

Q[17] A limited supply of organic foods seems to be the reason why consumers are reluctant to buy organic _______ .

(A) them (B) those (C) one (D) these

해설 유기농 식품의 공급이 제한되어 있어 소비자들이 유기농 제품을 사는 것을 꺼리는 이유로 보인다. organic food의 반복을 피하기 위해 단수 명사를 대신하는 대명사 one이 적절함.

어휘 **a limited supply** 제한된 공급 **reluctant** 꺼리는 **organic foods** 유기농 식품

Q[18] During the promotion, you can bring in used watches and receive a discount on new _______ .

(A) those (B) its (C) these (D) ones

해설 판촉 기간 동안 중고 시계들을 가져오면 새것들에 대한 할인을 받을 수 있다. 복수 명사 watches를 반복 피하기 위해 복수 부정 대명사 ones가 적절함.

어휘 **promotion** 판촉 홍보 **used watches** 중고 시계 **receive a discount** 할인받다

| 사람과 사물을 지칭하는 부정대명사 |

사람, 사물 등을 구체적으로 지칭하지 않고 막연하게 표현합니다. 단수 취급하며 some~은 긍정문에 any-는 부정문에 사용합니다.

- 사람: everyone, someone, anyone, no one
- 사물: everything, something, anything, nothing

Q[19] Everyone working in the food service industry _______ to handle customer complaints almost every day.

(A) to have (B) having (C) have (D) has

해설 음식 서비스 업계에서 일하는 모든 사람은 거의 매일 고객 불만을 처리해야 한다. 'Everyone'은 단수 취급하므로 단수 동사 has가 적절함.

어휘 **handle** 처리하다

Q[20] We do not accept _______ who has been convicted of a sex offense, regardless of when the offense occurred.

(A) someone (B) no one (C) anyone (D) everyone

해설 범죄가 언제 발생했는지에 관계없이 우리는 성범죄로 유죄 판결을 받은 어떤 사람도 받아들이지 않는다. 부정문에서 어떤 사람이라는 의미로는 anyone이 적절함.

어휘 **accept** 받아들이다 **convicted** 유죄 판결을 받은 **sex offense** 성범죄 **regardless of** ~와 관계없이 **occur** 발생하다

Q[21] Because of the heavy rain, _______ was allowed to enter the outdoor garden.

(A) everyone (B) someone (C) no one (D) anyone

해설 폭우로 인해 아무도 야외 정원에 들어가는 것이 허용되지 않았다. 부정 의미로는 no one이 적절함.

어휘 **because of** ~ 때문에 **heavy rain** 폭우 **be allowed to ~** ~하는 것이 허용되다

Point to remember

anyone, anything은 긍정문에서 사용하면 ~라면 누구나 / 무엇이나 라는 뜻이 됩니다.

Q [22] If _______ needs technical support, please contact the IT helpdesk on the 5th floor.

(A) something (B) everyone (C) someone (D) anyone

해설 누군가가 기술 지원이 필요하다면 5층의 IT 헬프데스크에 문의하세요. 긍정문에서 누구든지라는 뜻으로는 anyone이 가장 자연스럽고 문법적으로도 맞음. someone도 누군가라는 뜻으로 사용 가능함.

어휘 **technical support** 기술 지원 **contact** 연락하다

Q [23] We will do _______ we can to ensure customer satisfaction.

(A) nothing (B) everyone (C) something (D) anything

해설 고객 만족을 보장하기 위해 할 수 있는 모든 것을 할 것이다. 긍정문에서 '무엇이든지'라는 의미로는 anything이 가장 적절함.

어휘 **ensure** 보장하다

수량을 나타내는 부정 대명사

- one / each / either / neither of the / 소유격 + 복수 명사 + 단수동사
- both / several / many / (a) few of the / 소유격 + 복수 명사 + 복수동사
- much / (a) little of the / 소유격 + 불가산명사 + 단수 동사
- all / most / some / any / none of the / 소유격 + ┌ 복수명사 + 복수 동사
  └ 불가산명사 단수 동사

Q [24] _______ of your customers prefers a different method of communication.

(A) All (B) Most (C) Each (D) Some

해설 고객 각각은 서로 다른 소통 방식을 선호한다. 단수 동사 prefers와 호응하는 단수 취급하는 수량 대명사로는 Each가 적절함.

어휘 **each of** ~ 중 각각 **prefer** 선호하다 **method of communication** 소통 방식

Q [25] Most of the work _______ completed, but certain components are still undergoing testing.

(A) have been (B) has been (C) had been (D) will have been

해설 작업의 대부분은 완료되었지만, 일부 구성 요소는 여전히 테스트 중이다. 주어인 셀 수 없는 명사 work에 맞춰 단수 동사를 써야하고 문맥상 현재 완료를 써야 하므로 has been이 적절함.

어휘 **most of the work** 대부분의 작업 **component** 구성 요소 **undergo testing** 테스트를 거치다

Q [26] _______ of the applicants for technical positions hold advanced degrees in computer programming.

(A) All (B) One (C) Each (D) Neither

해설 기술직 지원자들 중 모두가 컴퓨터 프로그래밍 분야의 고급 학위를 보유하고 있다. 복수 동사 hold와 호응하는 복수를 뜻하는 수량 대명사로는 All이 적절함.

어휘 **technical position** 기술직 **advanced degree** 고급 학위 **hold a degree** 학위를 소지하다

Part 6 연습

Lesson 3

Q[1-5] **Refer to the following email.**

Subject: Thank You for Your Feedback
Dear Ms. Park,

Thank you for your kind [1] _______ to our Aromaster coffee machine. We take great pride in the product, and feedback like yours means a lot to us.

Our marketing team is currently working on a new campaign to help more people discover Aromaster and benefit from using [2] _______ . We were wondering if you would be willing to let us feature part of your review as a customer testimonial.

If you're open to this, please review and sign the attached [3] _______ form and return it at your earliest convenience. As stated in the form, your comments will appear exactly as [4] _______ were written, without any changes.

To show our appreciation, [5] ____ . Thank you once again for your thoughtful feedback and support.

Warm regards,
Emily Kim
Marketing Director

Q[1]	(A) response	(B) respond	(C) responsive	(D) responsibility
Q[2]	(A) them	(B) it	(C) anything	(D) everything
Q[3]	(A) consenting	(B) consented	(C) consenter	(D) consent
Q[4]	(A) it	(B) we	(C) they	(D) them

Q [5] (A) You may return the machine if you are not fully satisfied.
(B) We are no longer accepting product reviews after this week.
(C) We'd also like to offer you a 20% discount coupon for your next purchase.
(D) Customers are advised to visit our office in person for technical issues.

박 선생님께, 저희 Aromaster 커피 머신에 대해 보내주신 친절한 응답에 감사드립니다. 저희는 이 제품에 큰 자부심을 가지고 있으며, 고객님의 소중한 피드백은 저희에게 큰 의미가 있습니다. 현재 마케팅팀은 더 많은 분들이 Aromaster를 알게 되고 그것을 사용하는 데서 혜택을 얻을 수 있도록 새로운 캠페인을 준비 중입니다. 이에 고객님의 후기를 고객 추천 글로 활용해도 괜찮을지 여쭤보고자 합니다. 가능하시다면, 첨부된 동의 양식을 검토하신 후 가능한 한 빨리 서명해 회신해 주세요. 양식에 명시된 바와 같이, 고객님의 의견은 작성된 그대로 하나도 수정하지 않고 게재됩니다. 고객님의 소중한 의견에 감사의 뜻으로, 다음 구매 시 사용 가능한 20% 할인 쿠폰도 함께 제공해 드리고자 합니다. 다시 한 번 진심 어린 피드백과 성원에 감사드립니다.

해설 [1] 전치사 for의 목적어이자 your kind의 수식을 받을 수 있는 명사인 response가 적절함. [2] 앞 문장의 Aromaster에 해당하는 대명사로는 it이 적합함. [3] 동의서는 consent form임. [4] comments를 받는 주어 자리에 올 수 있는 대명사는 they임. [5] 할인 쿠폰을 제공하겠다는 내용인 (C)가 피드백에 대한 감사 표시로 맥락상 가장 자연스럽고 적합함. 나머지 선택지는 문맥과 관련이 없음.

어휘 **take pride in** ~에 자부심을 가지다 **testimonial** 추천의 글, 후원 후기 **be open to** ~을 받아들일 의향이 있다 **consent form** 동의서 **at your earliest convenience** 되도록 빨리 **exactly as** ~한 그대로 **show appreciation** 감사를 표하다 **thoughtful** 사려 깊은 **support** 지지

실전 확인 문제

Step 1 | Choose the best answer to complete the sentence.

1 The jackets are offered in a wide ______ of styles and materials for winter wear.
(A) varying (B) variety (C) varies (D) varied

2 All contractors must receive written ______ before starting work on the renovation.
(A) approval (B) submission (C) extension (D) application

3 Online reviews can have a major ______ on a restaurant's reputation.
(A) basis (B) impact (C) income (D) contribution

4 I encourage you to become familiar with this employee handbook by reading ______ .
(A) that (B) this (C) one (D) it

5 You will have to pay a ______ if you park illegally downtown.
(A) fine (B) fare (C) money (D) charge

6 Owning a car has a lot of benefits, but sometimes we can't afford to buy a new ______ .
(A) that (B) this (C) one (D) it

7 Reynold Wireless recently upgraded ______ network coverage to improve service in rural areas.
(A) it's (B) itself (C) its (D) it

8 Please check the product's ______ before placing it on the shelf.
(A) expired date (B) expiring date (C) expiration date (D) expire date

9 Our international shipping rates are much cheaper than ______ of our competitors.
(A) they (B) those (C) that (D) ones

10 Committee members introduced ______ to one another before starting the meeting.
(A) herself (B) themselves (C) himself (D) ourselves

11 The airline offered complimentary snacks and drinks to all ______ on board.
(A) customers (B) clients (C) passengers (D) guests

12 Her leadership style is quite different from ______ of her predecessor.
(A) those (B) that (C) one (D) it

13 The supplier confirmed that the items will arrive according to the revised ______ .
(A) delivery schedule (B) deliver schedule (C) delivery scheduling (D) delivering schedule

14 ______ of the managers speak French fluently during overseas business trips.
(A) All (B) One (C) Each (D) Neither

15 The hotel is offering a free breakfast voucher with every overnight ______ .
(A) stayed (B) stays (C) staying (D) stay

Step 2 | Choose the best answer to complete the sentence.

1 We have a variety of resources to help you plan your next ______ to Whistler.
(A) visitor (B) visiting (C) visit (D) visited

2 We make every effort to provide a safe ______ that supports employee health and well-being.
(A) attendance record (B) worker productivity (C) work environment (D) maintenance work

3 Hotel managers invest significant time and resources to ensure customer ______ throughout their stay.
(A) satisfied (B) satisfaction (C) satisfy (D) satisfying

4 Employees who want to telecommute must prove ______ capable of working on their own without direct supervision.
(A) theirs (B) them (C) themselves (D) they

5 You should leave all valuables at home because the hospital cannot accept ______ for lost or stolen items.
(A) observation (B) responsibility (C) permission (D) efficiency

6 The recent report highlights that the company's ______ has remained steady despite fluctuations in the global economy.
(A) expiration date (B) growth rate (C) job opening (D) safety standard

7 Once you have registered your details with ______ , we will contact you as soon as suitable properties become available.
(A) them (B) us (C) him (D) you

8 Due to unexpected delays in shipping, the manager requested a full ______ of the order.
(A) compensate (B) compensation (C) compensating (D) compensates

9 After the global disruption caused by Covid-19, the major international airlines changed their routes, and plans were thoroughly revised.
(A) his (B) its (C) their (D) our

10 69% of ______ invited to participate in the financial education program decided to attend the course.
(A) those (B) them (C) they (D) who

11 The foundation welcomes any ______ from individuals who support education for children in need.
(A) donation (B) observation (C) subscription (D) satisfaction

12 40% of Android phone users replace their old phones with new ______ every two years.
(A) these (B) those (C) ones (D) them

13 The breaking news about the CEO's sudden resignation ______ quickly spread through the media.
(A) have (B) are (C) was (D) were

14 Each of the students in the online course ______ required to submit a final project.
(A) are (B) be (C) is (D) were

15 ______ of the new interns work in the customer service department on weekdays.
(A) All (B) One (C) Each (D) Neither

Questions 16–20 refer to the following review.

Product Review by Mr. Wilkins

I recently purchased the SwiftClean Cordless Vacuum, and I must say I'm thoroughly impressed with it [16] ______. I've tried several portable vacuums before, but none of them worked as efficiently as this [17] ______. The suction power is strong enough to pick up even the smallest crumbs from carpet and hard-wood floors alike. I also like how lightweight it is—carrying it from room to room is no [18] ______ at all.
What really sets this device apart is the battery life. Unlike others I've used in the past, this one runs for nearly 40 minutes on a single charge. That's more than enough time for me to clean my entire apartment without having to recharge. Another feature I found useful is the detachable dustbin. It empties easily, so [19] ______________________________ or touch anything unpleasant.

Overall, I would recommend this vacuum to anyone looking for a reliable, easy-to-use cleaning tool. Swift-Clean has outdone itself, and I'm happy to have found [20] ______ that finally meets all of my needs.

16 (A) performance (B) perform (C) performing (D) performer

17 (A) it (B) one (C) thing (D) that

18 (A) chacee (B) doubt (C) access (D) trouble

19 (A) I can recharge it overnight
(B) I don't need to wash the filter
(C) I don't have to get my hands dirty
(D) I rarely vacuum the floor

20 (A) anything (B) something (C) everything (D) nothing

Chapter 7

실전 문제 연습

Part 5: 실전 연습 1

Lesson 1

Choose the best answer to complete the sentence.

1 The travel agent advised the customer ______ travel insurance before booking the flight.
(A) purchasing (B) to purchase (C) purchase (D) purchased

2 According to the International Labor Organization, the number of unemployed people in India ______ expected to rise in the coming years.
(A) has (B) have (C) is (D) are

3 Prior to ______ your new credit card, please read the following terms and conditions carefully.
(A) usage (B) used (C) use (D) using

4 All new employees ______ a detailed description of their job responsibilities on their first day.
(A) are giving to (B) are given (C) are given to (D) are giving

5 If consumers ______ to install the alarm system, they will receive a 10% discount on their monthly insurance.
(A) decisive (B) will decide (C) decide (D) decides

6 It is essential that every employee in the factory strictly ______ the updated safety regulations.
(A) follows (B) follow (C) followed (D) following

7 Fifty employees ______ last week due to unexpected delivery schedule changes from major clients.
(A) were laid off (B) are laid off (C) have been laid off (D) will be laid off

8 The breaking news about the CEO's sudden resignation ______ quickly spread through the media.
(A) are (B) have been (C) was (D) were

9 For safety reasons, the use of mobile phones, cameras, or video recorders _______ during the factory tour.
(A) have not permitted (B) has not permitted (C) is not permitted (D) are not permitting

10 A great number of citizens were strongly opposed to _______ the park for commercial development.
(A) use (B) using (C) to use (D) used

11 The revised project proposal _______ before the final budget meeting began.
(A) had been approved (B) is approved (C) has been approved (D) was approving

12 The IT sector has spent over a trillion dollars _______ for a reliable method to use software effectively.
(A) searching (B) search (C) searched (D) to search

13 The average salary of a product manager is only slightly higher than _______ of a software engineer.
(A) it (B) that (C) one (D) this

14 Our company _______ with international partners since we opened our branch in Singapore in 2018.
(A) has been working (B) worked (C) had worked (D) is working

15 On Friday afternoon, Disneyland stopped _______ tickets as soon as it reached full capacity.
(A) selling (B) to sell (C) sold (D) sell

16 Please remember _______ all your belongings when moving out so the landlord can rent to the next tenant without delay.
(A) take (B) to take (C) taking (D) took)

17 Our newly updated mobile app and website _______ customers to purchase tickets anytime, anywhere.
(A) let (B) make (C) enable (D) have

18 If the coronavirus continues to spread rapidly across regions, the global travel industry _______ a major crisis.
(A) face (B) will face (C) faced (D) has faced

19 Earlier this afternoon, the supervisor had the intern _______ all the delivery forms for tomorrow's shipment.
(A) to organize (B) organizing (C) organized (D) organize

20 After reviewing the logistics report, we seriously considered _______ the product in international markets due to high shipping costs.
(A) not sell (B) not selling (C) not to sell (D) not sold

Part 5: 실전 연습 2

Lesson **2**

Choose the best answer to complete the sentence.

1 A growing number of restaurants rely on delivery and takeout services in hopes of continuing to ______ their businesses.
(A) repair (B) run (C) close (D) resume

2 The clients found ______ extremely useful that the support team responded within 24 hours.
(A) this (B) it (C) that (D) itself

3 ______ a face mask is mandatory inside all university buildings, even when social distancing is observed.
(A) By wearing (B) Wearing (C) With wearing (D) Wear

4 Customers are asked to update their mobile number and e-mail address ______ any inconvenience.
(A) to avoid (B) avoid (C) avoiding (D) avoided

5 The Lincoln County Center is temporarily closed for ______ during the spring semester and will reopen in September.
(A) renovates (B) renovated (C) renovation (D) renovate

6 It is not unusual ______ packages to be delayed during the busy holiday shipping season.
(A) on (B) with (C) of (D) for

7 Check-in must be completed at least 30 minutes before the scheduled ______ time for international flights.
(A) depart (B) departure (C) departing (D) departed

8 Most of the rooms on the top floor ______ already been booked by international guests for the holiday weekend.
(A) has (B) have (C) is (D) are

9 The company's customer service policy is generally ______ by clients as efficient and helpful.
(A) thought of (B) thinking (C) thought (D) to be thought

10 The company benefited from ______ handling customer complaints in a calm, professional manner.
(A) he (B) his (C) him (D) himself

11 The firm launched a new mobile app to keep investors ______ of real-time stock price changes.
(A) informing (B) inform (C) informed (D) to inform

12 You should always stay committed to your work and responsibilities to increase your chances of ______ .
(A) being promoted (B) being promote (C) being promoting (D) being promotion

13 During the board meeting, the CEO officially made Mr. Takahashi ______ of the newly formed AI division.
(A) lead (B) leading (C) leads (D) the leader

14 Most employees want to ______ on a monthly basis rather than weekly or biweekly, as it allows them to manage their finances more efficiently.
(A) be paid (B) be paying (C) pay (D) have paid

15 The repeated delays in the long-awaited system upgrade were extremely ______ for the IT team and caused significant project setbacks.
(A) frustrate (B) frustrating (C) frustrated (D) frustration

16 Takeout service is one of the most profitable ways for restaurants to increase revenue without ______ costs.
(A) being raised (B) rising (C) raising (D) being rising

17 Mr. Choi expects a considerable bonus after the successful ______ of the merger on behalf of the company.
(A) completed (B) complete (C) completing (D) completion

18 We had the new software system ______ on all employee computers before the training session began.
(A) install (B) installed (C) installing (D) installs

19 We recommend that you not ______ completing your tax documents until the last minute.
(A) put off (B) turn down (C) go over (D) come up with

20 The Green Builder Inc. helps homeowners improve ______ property's appearance without making costly renovations.
(A) its (B) our (C) their (D) his

21 The consulting firm always strives to maintain strong relationships with its ______ through regular updates and personalized service.
(A) passengers (B) customers (C) guests (D) clients

Part 6: 실전 연습

Lesson 3

Questions 1–5 refer to the following email.

To: All Staff
From: Operations Manager
Subject: Farewell Party for Mr. James Lee

After 12 years of dedicated service at Metro Transportation Services, James Lee [1] ______ at the end of next month. Since beginning his career in March 2012 as a maintenance technician, James has been one of our most reliable and hardworking team members, consistently going above and beyond his duties. He will [2] ______ for his professionalism, dedication, and warm personality that brightened our workplace every day.

[3] ______ his retirement and honor his many contributions to the organization, we are hosting a farewell party at Riverside Convention Center on Friday, June 28. We encourage everyone to join us in [4] ______ our appreciation to James for everything he has done over the years. [5] ________________________________ .

Sincerely,
Sophia Kim
Operations Manager

1 (A) retired (B) is retiring (C) retired (D) has retired

2 (A) be remembered (B) is remembered
(C) have remembered (D) has been remembered

3 (A) Celebrated (B) Celebrating (C) Celebrate (D) To celebrate

4 (A) expression (B) expressed (C) expressing (D) express

5 (A) We are currently recruiting a replacement for his position.
(B) We also wish him the very best in his next chapter.
(C) His departure will not affect regular maintenance operations.
(D) He has accepted an offer from a competing firm.

Chapter 8

형용사와 부사

형용사

Lesson 1

형용사의 역할

형용사는 명사의 앞이나 뒤에서 명사를 수식하거나 보어로서 명사를 보충 설명하는 역할을 합니다.

A 명사 수식

Q [1] Employees can adjust their hours under a _______ schedule that promotes work-life balance.

(A) fixed (B) flexible (C) sufficient (D) limited

해설 직원들은 일과 삶의 균형을 장려하는 탄력적인 근무 일정에 따라 근무 시간을 조정할 수 있다. 관사 a뒤, 명사 앞이므로 형용사 자리이고 문맥상 일정을 유연하게 조정할 수 있다는 의미의 flexible이 적절함.

어휘 **adjust** 조정하다 **promote** 장려하다 **work-life balance** 일과 삶의 균형 **flexible** 유연한

Q [2] His new position offers an _______ salary along with exceptional benefits, including a company vehicle and complimentary healthcare.

(A) attracted (B) attraction (C) attract (D) attractive

해설 그의 새 직책은 회사 차량과 무료 건강 관리 혜택을 포함한 탁월한 복지와 더불어 매력적인 급여를 제공한다. 관사 뒤 명사 앞 형용사 자리이며 '매력적인 급여'라는 의미에서 attractive가 적절함.

어휘 **position** 직책 **benefit** 혜택 **exceptional** 예외적인, 탁월한

Q [3] Until COVID-19 vaccines become _______ , our best chance of controlling the virus is by limiting its transmission.

(A) availably (B) available (C) availability (D) availableness

해설 COVID-19 백신이 사용 가능해질 때까지, 바이러스를 통제할 가장 좋은 방법은 전파를 제한하는 것이다. '이용 가능해지다'라는 의미의 보어로 형용사 available이 적절함.

어휘 **available** 이용 가능한 **control** 통제하다 **transmission** 전파

Q [4] The fitness center offers free nutrition classes to help members stay _______ .

(A) healthful (B) health (C) healthy (D) healthfully

해설 헬스장은 회원들이 건강을 유지할 수 있도록 무료 영양 수업을 제공한다. stay 뒤에는 형용사가 보어로 와야 하고 건강한이라는 뜻의 healthy가 적절함.

어휘 **nutrition class** 영양 수업 **help A (to) V** A가 ~하도록 돕다 **stay** ~인 상태를 유지하다 **healthy** 건강한 **healthful** 건강에 좋은

B 목적격 보어

형용사는 다음과 같은 동사들의 목적어에 대한 목적 보어로 사용됩니다.

- 주어 + keep / find / consider / make / leave + 목적어 + 형용사 / 분사

Q [5] Online vendors are striving to keep their customers _______ with prompt service and user-friendly platforms.

(A) happy (B) pleasing (C) enjoying (D) satisfying

해설 온라인 판매자들은 신속한 서비스와 사용자 친화적인 플랫폼으로 고객들을 만족시키기 위해 노력하고 있다. keep +목적어 + 목적보어 구조로 고객의 감정 상태를 나타내는 형용사 happy가 적절하고 pleased, satisfied 같이 과거분사를 쓸 수 있음.

어휘 **vendor** 판매자 **strive to V** ~하려고 애쓰다 **prompt** 신속한 **user-friendly** 사용자 친화적인 **happy** 만족한, 기쁜

Q [6] Since the beginning of the pandemic, Jason has been working remotely and has found it _______ .

(A) productively (B) productive (C) product (D) production

해설 팬데믹 시작 이후로 제이슨은 재택근무를 해왔고, 그것이 생산적이라고 느꼈다. find + 목적어 + 보어 구조 it의 상태를 설명하는 형용사 productive가 적절함.

어휘 **pandemic** 전염병 대유행 **remotely** 원격으로 **productive** 생산적인

| 형용사의 형태 |

–tive / –sive / –able / – ible / –ful / –ic / –ous / –cal로 끝나는 단어들 대부분이 형용사입니다. (자주 출제되는 형용사들의 형태와 의미는 p. 253–254 주요 단어 정리 참조)

Q [7] Microsoft promoted a _______ work culture by embracing its global staff's cultural and linguistic diversity.

(A) competitive (B) cooperative (C) dependent (D) abrupt

해설 마이크로소프트는 전 세계 직원들의 문화적, 언어적 다양성을 수용함으로써 협력적인 업무 문화를 장려했다. 문맥상 서로 협력하는이라는 뜻의 cooperative가 적절함.

어휘 **work culture** 업무 문화 **embrace** 수용하다 **diversity** 다양성 **cooperative** 협력적인 **competitive** 경쟁적 **dependent** 의존적 **abrupt** 갑작스러운

Q [8] The Maplewood Hotel offers _______ access to a wide selection of downtown cafes, boutiques, and entertainment venues.

(A) convenient (B) confidential (C) explicit (D) optional

해설 메이플우드 호텔은 다양한 시내 카페, 부티크, 오락 장소에 대한 편리한 접근성을 제공한다. access를 수식하는 형용사로 '편리한'의 의미인 convenient가 적절함.

어휘 **a wide selection of** 다양한 **convenient** 편리한 **venue** 장소 **confidential** 기밀의 **explicit** 명시적인 **optional** 선택의

Q [9] China's growing e-commerce market has been the subject of _______ complaints regarding product authenticity and quality.

(A) limited (B) numerous (C) economical (D) dependent

해설 중국의 성장하는 전자상거래 시장은 제품 진위성과 품질에 관한 수많은 불만의 대상이 되어 왔다. 문맥상 불만이 많다는 의미가 되는 numerous가 적절함.

어휘 **e-commerce** 전자상거래 **be the subject of** ~의 대상이 되다 **authenticity** 진위 **numerous** 수많은 **economical** 경제적인 절약하는

Q [10] With the job market becoming increasingly competitive, employers tend to be more _______ in their recruitment process.

(A) compulsory (B) pessimistic (C) selective (D) informative

해설 채용 시장이 점점 더 경쟁이 치열해짐에 따라 고용주는 채용 과정에서 더 선별적으로 되는 경향이 있다. 고용주가 까다롭게 고르는 성향을 나타내는 selective가 적절함.

어휘 **tend to V** ~하는 경향이 있다 **recruitment** 채용 **selective** 선별적인 **compulsory** 강제의 **pessimistic** 비관적인 **informative** 정보를 주는 유익한

Q [11] Operations teams and administrators are encouraged to implement _______ solutions to reduce utility costs across all departments.

(A) complete (B) innovative (C) temporary (D) relative

해설 운영팀과 관리자는 모든 부서의 공공요금 비용 절감을 위해 혁신적인 해결책을 도입할 것을 권장받는다. 문맥상 '혁신적인 해결책'이라는 의미에서 innovative가 적절함.

어휘 **operations team** 운영팀 **implement** 실행하다 **utility costs** 공공요금 **complete** 완전한 **temporary** 일시적인 **relative** 상대적인

Q [12] The company has seen _______ growth in international demand for K-food over recent years.

(A) complete (B) gradual (C) specific (D) valid

해설 회사는 최근 몇 년간 K-푸드에 대한 국제적 수요가 점진적으로 증가하는 것을 보아왔다. 문맥상 '점진적인'이라는 뜻의 gradual이 적절함.

어휘 **growth** 성장 **demand** 수요 **specific** 특정한 **valid** 유효한

Point to remember

-ly로 끝나지만 형용사인 단어들을 기억해야 합니다.

friendly 친절한 costly 고비용의 timely 시의 적절한 orderly 질서정연한 likely ~할 것 같은

Q[13] To ensure passenger safety and satisfaction, flight attendants must address all concerns in a _______ manner, especially during in-flight emergencies.

(A) costly (B) slowly (C) timely (D) quickly

해설 승객의 안전과 만족을 보장하기 위해 승무원들은 비행 중 긴급 상황에서 모든 우려 사항을 적시에 처리해야 한다. "in a ______ manner" 구조에서 '적시에'라는 의미를 전달하는 timely가 적절함.

어휘 **flight attendant** 승무원 **concern** 우려 사항 **in-flight** 비행 중의 **emergency** 긴급 상황 **address** 처리하다, 대응하다

Q[14] Because last-minute hotel bookings are often _______ , we recommend making reservations in advance whenever possible.

(A) costly (B) slowly (C) timely (D) quickly

해설 막바지 호텔 예약은 종종 비용이 많이 들기 때문에, 가능하면 미리 예약하는 것을 권장한다. 문맥상 비용이 많이 든다는 의미의 형용사 costly가 적절함.

어휘 **last-minute** 막바지의 마감 직전의 **booking** 예약 **recommend** 권장하다

| 분사형 형용사 |

분사는 일반 형용사처럼 명사를 수식하거나 보어 역할을 합니다. 이때 분사와 명사 사이의 의미 관계가 능동이면 현재분사를, 수동이면 과거분사를 사용합니다. 또한 현재분사는 동작이 진행 중임을, 과거분사는 동작이 완료되어 결과 상태에 있음을 나타내기도 합니다.

Ex We need to renew the **expiring** lease. vs. We need to renew the **expired** lease.

만료되고 있는 임대 계약을 갱신해야 한다. 이미 **만료된** 임대 계약을 갱신해야 한다.

구분	현재분사 (-ing)	과거분사 (-ed / p.p.)
의미 관계	**능동**: 명사가 어떤 행동을 함	**수동**: 명사가 어떤 행동을 당함
시간 의미	**진행**: 동작이 진행 중임	**완료**: 동작이 끝났거나 결과 상태
수식	a barking dog (짖고 있는 개)	a broken window (깨진 창문)
보어	The news was shocking.	He looked shocked.

Q[15] Despite months of preparation, the team received _______ results in the final round of the competition.

(A) disappointed (B) disappointing (C) disappoint (D) disappointment

해설 수개월간의 준비에도 불구하고, 그 팀은 결승전에서 실망스러운 결과를 받았다. results가 실망스런 감정을 불러 일으키므로 능동의 의미의 현제 분사 disappointing이 적절함.

어휘 **despite** ~에도 불구하고 **preparation** 준비 **the final round** 최종 경기 결승전

Q[16] Due to the sudden gate change, several _______ passengers wandered around the terminal looking for assistance.

(A) confusing (B) confused (C) confuse (D) confusion

해설 갑작스러운 탑승구 변경으로 인해, 혼란스러운 몇몇 승객들이 도움을 찾으며 터미널 주변을 돌아다녔다. passengers가 수동적으로 혼란스러운 감정을 느끼므로 과거분사 confused가 적절함.

어휘 **sudden** 갑작스러운 **wander** 돌아다니다 **terminal** 터미널 **assistance** 도움

Q [17] The train from Busan arrived nearly 40 minutes behind the _______ arrival time.

(A) scheduled (B) scheduling (C) schedule (D) schedule

해설 부산에서 출발한 기차는 예정 도착 시간보다 거의 40분 늦게 도착했다. 도착시간은 스스로 능동적으로 정할 수 없으므로 수동의 의미를 지닌 과거분사 scheduled가 적절함.

어휘 **behind** ~보다 늦게 **arrival time** 도착 시간

Q [18] Please refer to the _______ résumé for more details about my qualifications and professional background.

(A) attachment (B) attaching (C) attach (D) attached

해설 제 자격 요건 및 경력에 대한 더 많은 정보를 원하시면 첨부된 이력서를 참고해 주세요. résumé가 능동적으로 첨부할 수 없으므로 수동의 의미를 지닌 과거분사 attached가 적절함.

어휘 **refer to** ~을 참고하다 **résumé** 이력서 **qualification** 자격 요건 **professional background** 경력

Q [19] Last year, Jason stopped selling to retail stores, and now he sells directly to individuals at _______ prices.

(A) discount (B) discounting (C) discounted (D) discounter

해설 지난해 제이슨은 소매점에 판매하는 것을 중단했고, 이제는 할인된 가격에 개인에게 직접 판매하고 있다. prices가 능동적으로 할인할 수 없으므로 수동의 의미를 지닌 과거분사 discounted가 적절함.

어휘 **retail store** 소매점 **individual** 개인 **discounted price** 할인된 가격

Point to remember

자주 쓰이는 형용사화된 현재분사

promising 전도 유망한 leading 선도적인 existing 현존하는 emerging 떠오르는
lasting 지속하는 missing 분실된 rewarding 보람 있는 challenging 힘든 following 다음의

Q [20] Orders placed after 3 p.m. on Thursday or during the weekend will not be processed until the _______ Monday.

(A) following (B) followed (C) follow (D) follower

해설 목요일 오후 3시 이후 또는 주말에 접수된 주문은 그 다음 월요일까지 처리되지 않는다. '그 다음'을 뜻하는 표현은 현재 분사 following이 적절함.

어휘 **place an order** 주문하다 **be processed** 처리되다 **until** ~까지

Q [21] Developing countries, also known as the _______ markets, are rapidly becoming key drivers of global growth.

(A) lasting (B) emerging (C) rewarding (D) existing

해설 개발도상국은 신흥 시장으로도 알려져 있으며, 빠르게 전 세계 성장의 주요 동력이 되고 있다. '떠오르는 시장'이라는 의미를 만드는 단어는 현재 분사 emerging이 적절함.

어휘 **developing country** 개발도상국 **also known as** ~라고도 알려진 **key driver** 주요 동력

Q [22] An airport security officer discovered the _______ handbag of a traveler, which held several valuable items.

(A) leading (B) promising (C) challenging (D) missing

해설 공항 보안 요원이 여행자의 분실된 핸드백을 발견했는데, 그 안에는 여러 귀중품이 들어 있었다. 잃어버린 물건을 표현할 때 현재 분사 missing이 적절함 lost를 쓸 수도 있다.

어휘 **airport security officer** 공항 보안 요원 **discover** 발견하다 **valuable item** 귀중품

Q[23] Working in the non-profit sector can be incredibly _______ , especially when you see the impact of your efforts.

(A) rewarding (B) existing (C) leading (D) missing

해설 비영리 분야에서 일하는 것은 특히 자신의 노력이 미치는 영향을 볼 때 매우 보람차다. '보람 있는'이라는 뜻의 rewarding이 적절함.

어휘 **non-profit sector** 비영리 분야 **incredibly** 믿기 힘들 정도로 매우 **impact** 영향 **effort** 노력

| 형용사의 반의어 |

영어 형용사의 반의어는 ① 원래부터 존재하는 독립된 단어이거나 ② 부정적인 의미의 접두사(un-, in-, im-, dis- 등)를 붙여 만든 것도 있습니다. (p. 254-255 주요 단어 정리 참조)

A 독립된 반의어

gradual 점진적인 - **abrupt / sudden** 갑작스러운 **explicit** 명시적인 - **implicit** 함축적인
optimistic 낙관적인 - **pessimistic** 비관적인 **permanent** 영구적인 - **temporary** 일시적인
relative 상대적인 - **absolute** 절대적인 **positive** 긍정적인 - **negative** 부정적인
compulsory 강제적인 - **optional / voluntary** 선택의 / 자발적인

Q[24] Research shows that nearly 30% of _______ online feedback can be resolved and improved through timely customer support.

(A) optimistic (B) permanent (C) negative (D) voluntary

해설 연구에 따르면 온라인 피드백 중 거의 30%는 시기적절한 고객 지원을 통해 해결되고 개선될 수 있다. 문맥상 부정적이라는 뜻의 negative가 적절함.

어휘 **resolve** 해결하다 **improve** 개선하다

Q[25] Freelancers often choose _______ assignments, as such roles offer more flexibility than full-time employment.

(A) pessimistic (B) explicit (C) relative (D) temporary

해설 프리랜서들은 종종 임시 업무를 선택하는데, 그런 역할은 정규직보다 더 많은 유연성을 제공하기 때문이다. 문맥상 임시의라는 뜻의 temporary가 적절함.

어휘 **assignment** 과제, 업무 **flexibility** 유연성 **full-time** 정규직의

Q[26] All students must attend the orientation session, as it is a _______ part of the university's enrollment process.

(A) absolute (B) compulsory (C) voluntary (D) optional

해설 모든 학생은 오리엔테이션에 반드시 참석해야 하는데, 이는 대학 등록 절차에서 필수적인 부분이기 때문이다. 문맥상 '강제적인'의 의미를 갖는 compulsory가 적절함.

어휘 **enrollment process** 등록 절차 **voluntary** 자발적인 **optional** 선택적인

B un- / in- / im- / il- / ir- / non- / dis- 등의 접두사를 붙여 만든 반의어

available – unavailable 이용할 수 없는　valid – invalid 유효하지 않은　perfect – imperfect 불완전한
legal – illegal 불법의　responsible – irresponsible 무책임한　existent – nonexistent 존재하지 않는
content – discontent 불만족한

Q[27] Our website will be _______ due to technical maintenance on Monday, April 8 from 7am to 8am.

(A) illogical (B) nonexistent (C) unavailable (D) irresponsible

해설 4월 8일 월요일 오전 7시부터 8시까지 기술 점검으로 인해 웹사이트를 이용할 수 없을 것이다. 문맥상 '이용할 수 없는' 의미의 unavailable이 적절함.

어휘 unavailable 이용할 수 없는　nonexistent 존재하지 않는　illogical 비논리적인

Q[28] The interviewee looked _______ during the interview, and he only responded with short answers.

(A) imperfect (B) inconvenient (C) uncomfortable (D) irrelevant

해설 지원자는 면접 중 불편해 보였고, 짧은 답변만 했다. 문맥상 사람의 감정을 설명할 수 있는 형용사로 '불편한'의 의미인 uncomfortable이 적절함.

어휘 interviewee 면접자　irrelevant 관련없는

Q[29] Please avoid making _______ remarks during the interview, as we need to stay focused on the candidate's qualifications.

(A) irrelevant (B) impossible (C) insecure (D) ungrateful

해설 면접 중에는 지원자의 자격에 집중해야 하므로 관련 없는 발언은 피해야 한다. 문맥상 '무관한'이라는 뜻의 irrelevant가 적절함.

어휘 avoid 피하다　remark 발언　stay focused 집중하다　candidate 후보자

Q[30] The report was returned to the intern because the financial summary section was still _______.

(A) dishonest (B) inactive (C) incomplete (D) impatient

해설 재무 요약 부분이 아직 완성되지 않았기 때문에 그 보고서는 인턴에게 반송되었다. 문맥상 아직 완성되지 않은이라는 의미의 형용사 incomplete가 적절함.

어휘 financial summary 재무 요약　section 부분　impatient 참을성 없는

| 혼동하기 쉬운 형용사 |

형태가 유사하지만 뜻이 전혀 다른 형용사들은 그 형태와 의미를 정확히 구분하며 학습해야 합니다.

confident 자신감 있는 – confidential 기밀의　complimentary 무료/칭찬의 – complementary 보완적인
considerate 사려 깊은 – considerable 상당한　economic 경제의 – economical 절약하는
informed 정보에 근거한 – informative 유용한 정보를 주는　personal 개인의 – personnel 직원의
comprehensive 포괄적인 – comprehensible 이해할 수 있는　respectful 공손한 – respected 존경받는
dependent 의존적인 – dependable 믿을 수 있는　successive 연속적인 – successful 성공적인

Q [31] Residents are reminded to be _______ of their neighbors by keeping noise levels down at night.

(A) considerate (B) considering (C) considerably (D) considerable

해설 거주자들은 밤에 소음을 줄임으로써 이웃을 배려하라는 안내를 받는다. 문맥상 사람을 배려하는 태도를 표현하는 형용사 considerate가 적절함.

어휘 **resident** 거주자 **remind** 상기시키다 **neighbor** 이웃 **considerable** 상당한

Q [32] The company saw a _______ increase in sales during the last quarter, mainly due to the new marketing campaign.

(A) considerate (B) considering (C) considerably (D) considerable

해설 그 회사는 지난 분기 동안, 주로 새로운 마케팅 캠페인 덕분에 상당한 매출 증가를 경험했다. 문맥상 명사 increase를 수식하는 형용사로 '상당한' 의미의 considerable이 적절함.

어휘 **see** 경험하다 **mainly** 주로

Q [33] All employee medical records are kept strictly _______ and are accessible only to authorized personnel.

(A) confident (B) confidential (C) confiding (D) confide

해설 모든 직원의 의료 기록은 엄격하게 기밀로 유지되며, 허가된 인원만 접근할 수 있다. 문맥상 '기밀의' 의미로 confidential이 적절함.

어휘 **medical record** 의료 기록 **strictly** 엄격하게 **authorized personnel** 인가된 직원 **confident** 자신감 있는 **confide** 털어놓다

Q [34] Selecting the most _______ accommodation may help reduce travel expenses but could limit amenities.

(A) economical (B) economic (C) economy (D) economic

해설 가장 경제적인 숙소를 선택하면 여행 비용을 줄일 수 있지만 편의 시설은 제한될 수 있다. 문맥상 '절약이 되는' 의미로 economical이 적절함.

어휘 **accommodation** 숙소 **reduce** 줄이다 **expense** 비용 **amenity** 편의 시설

Q [35] The seminar on financial planning was highly _______ , providing clear examples and practical advice.

(A) informed (B) informative (C) informing (D) inform

해설 재정 계획에 관한 세미나는 매우 유익했으며, 명확한 예시와 실용적인 조언을 제공했다. 문맥상 '유익한' 의미로 informative가 적절함.

어휘 **financial planning** 재정 계획 **informed** 정보를 받은 알고 있는

Q [36] Before making a major investment, it is important to be fully _______ about the potential risks and market trends.

(A) informative (B) informed (C) informing (D) inform

해설 중대한 투자를 하기 전에, 잠재적인 위험과 시장 동향에 대해 충분히 알고 있는 것이 중요하다. 문맥상 정보를 '제공받아 알고 있는' 상태를 뜻하는 informed가 적절함.

어휘 **major investment** 큰 투자 **potential risk** 잠재 위험 **market trend** 시장 동향

Q [37] Mark is a _______ team member who consistently meets deadlines and supports his coworkers.

(A) dependable (B) dependent (C) depending (D) depended

해설 마크는 항상 마감 기한을 지키고 동료들을 도와주는 믿을 수 있는 팀원이다. 문맥상 사람의 성격을 나타내는 형용사로 dependable이 적절함.

어휘 **dependable=reliable** 믿을 수 있는 **meet deadlines** 마감을 지키다 **coworker** 동료

Q [38] To be a _______ candidate for the position, you must demonstrate strong leadership and excellent communication skills.

(A) successive (B) successful (C) success (D) succeeding

해설 그 직위의 성공적인 후보자가 되려면, 강력한 리더십과 훌륭한 의사소통 능력을 보여주어야 한다. 문맥상 '성공적인' 의미로 successful이 적절함.

어휘 **demonstrate** 보여주다 **communication skill** 의사소통 능력

Q [39] Jason was promoted after three _______ years of outstanding performance.

(A) successive (B) successful (C) success (D) succeeding

해설 제이슨은 3년 연속 뛰어난 성과를 낸 후 승진했다. 문맥상 '연속적인' 의미로 successive가 적절함.

어휘 **outstanding** 뛰어난 **succeeding years** 어떤 기준 시점 이후에 연속적으로 뒤따르는 해들 **successive years** 중간에 끊김 없이 연속된 해들

Q [40] Guests staying at the hotel for more than three nights will receive _______ breakfast and laundry service.

(A) complimentary (B) complementary (C) complimenting (D) complementing

해설 호텔에 3박 이상 머무는 고객은 무료 아침 식사와 세탁 서비스를 제공받는다. 문맥상'무료의'라는 뜻의 complimentary가 적절함.

어휘 **laundry service** 세탁 서비스 **complementary** 상호 보완적인

부사

Lesson 2

| 부사의 역할 |

부사(adverb)는 **동사, 형용사, 현재/과거 분사 다른 부사, 문장 전체**를 수식하여 **정도, 빈도, 방법, 시간, 장소, 이유 등**에 대한 정보를 제공합니다.

Q [1] Devrex's new CEO, Thomas Ahn, _______ opposes expanding into international markets during the current fiscal year.

(A) strongly (B) strong (C) strength (D) strengthened

해설 Devrex의 신임 CEO인 Thomas Ahn은 올해 회계연도 동안 해외 시장 진출에 강하게 반대한다. 동사 opposes를 앞에서 수식하는 부사 strongly가 적절함.

어휘 **oppose** 반대하다 **expand** 확장하다 **fiscal year** 회계연도

Q [2] If you are not _______ satisfied with the quality of the furniture, please contact our support center.

(A) complete (B) completely (C) completion (D) completes

해설 가구의 품질에 완전히 만족하지 않으신 경우, 고객 센터에 연락해 주세요. 과거 분사 satisfied를 수식하는 부사 completely가 적절함.

어휘 **quality** 품질 **completely** 완전히 **support center** 고객 센터

Q [3] The two departments collaborated _______ smoothly on the highly complex integration project.

(A) remarkable (B) remarkably (C) remark (D) remarking

해설 그 두 부서는 매우 복잡한 통합 프로젝트에서 놀라울 정도로 원활하게 협력했다. 부사 smoothly를 수식하는 '놀랍도록'이라는 뜻의 부사 remarkably가 적절함.

어휘 **collaborate** 협력하다 **smoothly** 원활하게 **integration** 통합 **remarkably** 놀랍게도

Q [4] _______ , none of the hotel guests complained about the delayed check-in process.

(A) Fortunately (B) Fortunate (C) Fortune (D) Fortunetelling

해설 다행히도 호텔 투숙객 중 누구도 지연된 체크인 절차에 대해 불평하지 않았다. 문장 전체를 수식하는 부사 Fortunately가 적절함.

어휘 **fortune** 행운 **fortunetelling** 점술

Point to remember
강조 부사 very, highly, fairly, quite는 주로 형용사나 부사를 수식하고 동사는 수식하지 않습니다.

Q [5] Our staff members handled the customer's complaint _______ professionally and politely.
(A) quite (B) quiet (C) quietness (D) quit

해설 우리 직원들은 고객의 불만을 매우 전문적이고 공손하게 처리했다. professionally와 politely를 강조하며 수식하는 부사 quite가 적절함.

어휘 **professionally** 전문적으로 **politely** 공손하게 **quite** 매우, 상당히

| 부사의 위치 |

부사는 다른 품사들에 비해 위치가 자유롭지만 대체로 다음과 같이 위치합니다.

동사 앞이나 뒤

Ex The manager **carefully** reviewed the proposal before the final meeting.
The manager reviewed the proposal **carefully** before the final meeting.
관리자는 최종 회의 전에 제안서를 신중하게 검토했습니다.

조동사나 be 동사 뒤

Ex The director will **definitely** approve the revised project budget today.
이사는 오늘 수정된 프로젝트 예산을 확실히 승인할 것입니다.

The interns are **currently** learning how to prepare financial reports.
인턴들은 현재 재무 보고서를 작성하는 방법을 배우고 있습니다.

Point to remember
부사는 조동사 바로 앞 또는 동사와 목적어 사이에서는 사용되지 않습니다.

Ex The manager **clearly** must explain the policy to all employees. (X)
She completed **successfully** the project without any external support. (X)

Q [6] The new director _______ supports implementing a more sustainable energy strategy next year.
(A) energy (B) energetic (C) energize (D) energetically

해설 신임 이사는 내년에 보다 지속 가능한 에너지 전략을 채택하는 것을 열정적으로 지지한다. 동사 supports를 앞에서 수식하는 부사로 energetically가 적절함.

어휘 **implement** 실행하다 **sustainable** 지속 가능한 **energetically** 활기차게, 열정적으로

Q [7] The spokesperson _______ introduced the company's latest smartphone model, highlighting its upgraded camera and extended battery life.
(A) enthusiastically (B) enthusiastical (C) enthusiastic (D) enthusiasm

해설 대변인은 새 스마트폰 모델을 열정적으로 소개하며 향상된 카메라와 배터리 수명을 강조했다. 동사introduced를 앞에서 수식할 수 있는 것은 부사이므로 enthusiastically는 적절함.

어휘 **spokesperson** 대변 **latest** 최신의 **highlight** 강조하다 **upgraded** 향상된

Q [8] To reduce turnaround time, the ground crew worked _______ to refuel the aircraft and load baggage.

(A) efficiently (B) efficiency (C) efficient (D) efficiencies

해설 이착륙 간격을 줄이기 위해 지상 승무원은 항공기에 연료를 채우고 수하물을 싣는 작업을 효율적으로 수행했다. 동사 worked를 수식할 수 있는 것은 부사이므로 efficiently가 적절함.

어휘 **turnaround time** 회전 시간(이착륙 간격) **ground crew** 지상 승무원 **refuel** 연료를 보급하다 **load baggage** 수하물을 싣다 **minimal** 최소한의 **waste** 낭비

Point to remember

일부 부사들은 문두에 위치하여 문장 전체를 수식하는 역할을 합니다.

Interestingly, Fortunately, Clearly, Obviously, Apparently, Regrettably, Surprisingly, Reportedly

Q [9] _______ , the company had to lay off several employees due to serious budget issues.

(A) Regrettably (B) Regret (C) Regretful (D) Regrets

해설 유감스럽게도 그 회사는 예산 문제로 여러 직원을 해고해야 했다. 문장 전체를 수식하는 부사로 regrettably가 적절함.

어휘 **lay off** 해고하다 **budget issue** 예산 문

Q [10] _______ , the K-pop agency signed a global distribution deal with a major U.S. label.

(A) Reportingly (B) Reportedly (C) Reported (D) Report

해설 보도에 따르면 그 K-pop 기획사는 미국의 주요 음반사와 글로벌 유통 계약을 체결했다. 문장 전체를 수식하는 부사 Reportedly가 적절함.

어휘 **agency** 기획사 **sign** 계약하다 **distribution deal** 유통 계약 **label** 음반사

Q [11] _______ , the committee approved the proposal even though several members had doubts.

(A) Interest (B) Interesting (C) Interestingly (D) Interestedly

해설 흥미롭게도, 여러 위원들이 의문을 가졌음에도 불구하고 그 위원회는 제안을 승인했다. 문장 전체를 수식하는 부사 Interestingly가 적절함.

어휘 **committee** 위원회 **approve** 승인하다 **doubt** 의심 **even though** ~에도 불구하고

| 부사의 형태 |

A –ly를 붙여 의미가 달라진 부사

close 가까이 / **closely** 면밀히 **late** 늦게 / **lately** 최근에 **high** 높이 / **highly** 매우, 대단히
fair 공정한 / **fairly** 상당히 **hard** 열심히 / **hardly** 거의 ~ 않다 **near** 가까이 / **nearly** 거의
deep 깊이 / **deeply** 감정적으로 깊이 **short** 짧게 / **shortly** 곧, 머지않아

Q [12] We were _______ impressed by the quality of service at the mountain resort.

(A) deeply (B) deep (C) deepen (D) depth

해설 우리는 그 산악 리조트의 서비스 품질에 깊은 인상을 받았다. 문맥상 동사 impressed를 수식하는 감정적으로 깊이라는 뜻의 부사 deeply가 적절함.

어휘 **be impressed** 감명을 받다 **deepen** 깊게 하다 **depth** 깊이(명사)

Q[13] The legal department reviewed the revised contract _______ before sending it to clients.
(A) close (B) closely (C) closer (D) closest

해설 법무팀은 수정된 계약서를 고객에게 보내기 전에 면밀히 검토했다. 동사 reviewed를 수식하는 부사 closely가 적절함.
어휘 **legal department** 법무팀 **revised** 수정된

Q[14] The training session was _______ easy for most participants to understand and follow.
(A) fair (B) fairly (C) fairness (D) fairer

해설 그 교육 세션은 대부분의 참가자들이 이해하고 따라가기 꽤 쉬웠다. 형용사 easy를 수식하는 부사 fairly가 적절함.
어휘 **follow** 따라가다 **fairly** 꽤, 상당히

Q[15] The engineer worked _______ over the weekend to resolve the system malfunction quickly.
(A) hard (B) hardly (C) hardness (D) harden

해설 그 엔지니어는 시스템 고장을 빠르게 해결하기 위해 주말 내내 열심히 일했다. '열심히'라는 의미의 부사 hard가 적절함.
어휘 **malfunction** 고장 **hardness** 경도 견고함 **harden** 단단하게 만들다

Q[16] The candidate was _______ recommended by her previous employer for her leadership abilities.
(A) high (B) highly (C) height (D) highest

해설 그 지원자는 리더십 능력으로 인해 이전 고용주로부터 강력히 추천되었다. recommended를 수식하는 부사 highly가 적절함.
어휘 **previous employer** 이전 고용주 **height** 높이 키

Q[17] The construction of the new office building is _______ complete as of this week.
(A) near (B) nearly (C) nearest (D) nearing

해설 이번 주 현재, 새 사무실 건물의 공사가 거의 완료되었다. '거의'라는 의미로 complete를 수식하는 부사 nearly가 적절함.
어휘 **construction** 건설 **as of** ~현재 **as of today** 오늘부로

Q[18] The CEO will deliver a brief speech _______ after the award ceremony ends.
(A) short (B) shortly (C) shorten (D) shorter

해설 시상식이 끝난 직후 CEO가 간단한 연설을 할 예정이다. '곧, 잠시 후에'라는 뜻의 부사 shortly가 적절함.
어휘 **deliver a speech** 연설을 하다 **brief** 간단한 **award ceremony** 시상식 **shorten** 짧게 만들다

B 분사에 ly를 붙여 사용되는 부사

surprisingly 놀랍게도 **interestingly** 흥미롭게도 **increasingly** 점점 더 **unexpectedly** 뜻밖에 **repeatedly** 반복적으로 **markedly** 현저하게 **supposedly** 추정컨대 **mistakenly** 실수로 **reportedly** 전하는 바에 따르면

Q[19] The company's software has become _______ popular among small businesses over the past year.
(A) increasely (B) increasingly (C) increasedly (D) increasely

해설 그 회사의 소프트웨어는 작년 한 해 동안 중소기업들 사이에서 점점 더 인기를 얻었다. 형용사 popular를 수식하는 부사 increasingly가 적절함.
어휘 **popular among** ~ 사이에서 인기 있는

Q [20] The manager _______ agreed to extend the reservation deadline by one week.
(A) willingly (B) willing (C) willy (D) willingnessly

해설 매니저는 예약 마감일을 일주일 연장하는 데 기꺼이 동의했다. 동사 agreed를 수식하는 부사 willingly가 적절함.
어휘 **agree** 동의하다 **extend** 연장하다

Q [21] Her first business venture was _______ successful, earning recognition across the tech industry.
(A) unexpected (B) unexpectedly (C) unexpectingly (D) unexpectl

해설 그녀의 첫 사업 시도는 예상치 못하게 성공을 거두었고, 기술 업계 전반에서 인정을 받았다. successful이라는 형용사를 수식하는 부사가 필요하므로 부사 unexpectedly가 정답.
어휘 **business venture** 사업 시도 **earn recognition** 인정을 받다 **tech industry** 기술 산업 **across** ~을 가로질러

Q [22] Customers have _______ expressed concerns about delays in the shipping process this month.
(A) repeatingly (B) repeatedly (C) repetitionly (D) repeatly

해설 고객들은 이번 달 배송 지연에 대해 반복적으로 우려를 나타냈다. 동사 expressed를 수식하는 부사 repeatedly가 적절함.
어휘 **concern** 우려 **shipping process** 배송 과정 **repetition** 반복

Q [23] We sincerely apologize for _______ billing your credit card twice for the same order.
(A) mistakenly (B) mistakely (C) mistookly (D) mistakingly

해설 같은 주문에 대해 실수로 신용카드를 두 번 청구한 점에 대해 진심으로 사과드립니다. 동명사 billing을 수식하는 부사 mistakenly가 적절함.
어휘 **apologize** 사과하다 **bill** 청구하다 **twice** 두 번

Q [24] The proposal was rejected because it was prepared too _______ without proper review.
(A) carefully (B) hurriedly (C) confidently (D) thoroughly

해설 그 제안서는 적절한 검토 없이 너무 서둘러 작성되었기 때문에 거절되었다. 문맥상 '너무 서둘러서'라는 의미의 hurriedly가 적절함.
어휘 **reject** 거절하다 **proper review** 적절한 검토 **thoroughly** 철저하게

| 뜻을 알아두어야 할 부사 |

previously 이전에 **approximately / nearly / almost / roughly** 대략 **unanimously** 만장일치로
considerably / significantly / substantially 상당히 **dramatically / sharply** 급격히
noticeably 눈에 띄게 **steadily** 꾸준히 **slightly** 약간 **immediately** 즉시

Q [25] Customer satisfaction levels have _______ improved since the introduction of the new app.
(A) considerable (B) considerably (C) consideration (D) considerately

해설 신규 앱 도입 이후 고객 만족도가 상당히 향상되었다. 동사 improved를 수식하는 상당히 라는 뜻의 부사 considerably가 적절함.
어휘 **introduction** 도입 **since** ~ 이래로 여기서는 전치사로 사용됨

Q [26] The number of daily online orders has _______ increased since the new website launched.
(A) dramatic (B) dramatize (C) dramatically (D) dramatization

해설 신규 웹사이트 개설 이후 일일 온라인 주문 수가 급격히 증가했다. 동사 increased를 수식하는 부사 dramatically가 적절함.
어휘 **The number of** ~의 수 단수 취급 **dramatically** 급격히

Q [27] The launch of the eco-friendly drone delivery service was _______ delayed due to unexpected regulatory reviews.

(A) slight (B) slightly (C) slightness (D) slighter

해설 친환경 드론 배송 서비스의 출시는 예상치 못한 규제 검토로 인해 약간 지연되었다. 동사 delayed를 수식하는 부사 slightly가 적절함.

어휘 **eco-friendly** 친환경적인 **drone delivery service** 드론 배송 서비스 **regulatory reviews** 규제 검토

Q [1-5] **Refer to the following advertisement.**

Save More on Italian Bus Travel with ItaliaPass

If you are planning to explore Italy by bus, the ItaliaPass offers one of the most affordable ways to travel. For a single flat fee, you can enjoy [1] _______ bus rides throughout the country for either 10 or 20 days. With daily rates starting at just €18, it is much cheaper than purchasing [2] _______ tickets for each trip. [3] ______________________________________ . Kids under 12 travel at half price, and teenagers aged 13 to 18 can receive a 25% discount off the regular adult fare. ItaliaPasses are [4] _______ only to international travelers. Please note that these passes must be purchased before arriving in Italy, as they are not sold [5] _______ .

Q [1] (A) unlimiting (B) unlimited (C) unlimitedly (D) unlimitation

Q [2] (A) separate (B) separated (C) separately (D) separating

Q [3] (A) Each pass includes a complimentary meal voucher for long-distance routes.
(B) Senior citizens over 65 also receive a 10% discount on all routes.
(C) Weekend travel is not included in the base fare.
(D) Children and teenagers are eligible for additional discounts

Q [4] (A) convenient (B) ready (C) available (D) broad

Q [5] (A) localing (B) locality (C) local (D) locally

이탈리아 버스 여행, 이탈리아패스로 더 저렴하게. 이탈리아를 버스로 여행할 계획이라면, 이탈리아패스는 가장 저렴한 방법 중 하나를 제공합니다. 고정 요금만 지불하면 전국 어디든 10일 또는 20일 동안 무제한으로 버스를 탈 수 있습니다. 일일 요금은 단 €18부터 시작하여, 각 여행마다 개별

티켓을 구매하는 것보다 훨씬 저렴합니다. 어린이와 청소년은 추가 할인 혜택을 받을 수 있습니다. 12세 미만 아동은 반값에, 13세에서 18세 청소년은 일반 성인 요금에서 25% 할인을 받을 수 있습니다. 이탈리아패스는 국제 여행자에게만 제공되며, 현지에서는 구매할 수 없으므로 이탈리아에 도착하기 전에 반드시 구매해야 합니다.

해설 [1] 무제한이라는 의미로 명사를 수식하는 말이 와야 하므로 과거분사 unlimited가 적절함. [2] 명사 tickets을 수식하는 '개별적인'이라는 뜻의 형용사는 separate임. [3] 이전 문장에서 어린이와 청소년에 대한 할인을 언급하고 있으므로 이를 이어주는 내용인 (D)가 가장 자연스러움. [4] be동사 뒤에 올 수 있는 형용사 중 문맥상 '이용가능한'이라는 뜻의 available이 적절함. [5] 부사가 동사 sold를 뒤에서 수식할 수 있으므로 locally가 적절함.

어휘 **explore** 탐험하다, 여행하다 **flat fee** 정액 요금 **unlimited** 무제한의 **separate** 개별적인 **meal voucher** 식사 이용권 **long-distance routes** 장거리 노선 **eligible for** ~의 자격이 있는 **fare** 요금 **available** 이용가능한 제공되는 **locally** 현지에서

실전 확인 문제

Step 1 | **Choose the best answer to complete the sentence.**

1 Reservations will not be accepted if ______ information is submitted.
(A) precise (B) correct (C) incomplete (D) sufficient

2 The meeting was ______ canceled due to the CEO's sudden illness.
(A) unexpected (B) unexpectedly (C) unexpectingly (D) unexpectly

3 Please stay ______ of any schedule changes by checking your email regularly.
(A) informative (B) informed (C) informing (D) inform

4 All electronic items will be sold at ______ prices during the clearance event.
(A) discount (B) discounted (C) discounting (D) to discount

5 Customers are becoming ______ interested in eco-friendly packaging options.
(A) increasey (B) increasingly (C) increasedly (D) increasely

6 The intern ______ deleted the client's file during the system update.
(A) carefully (B) accidentally (C) efficiently (D) sufficiently

7 After five ______ years of growth, the company plans to expand into Asia.
(A) successive (B) successful (C) success (D) succeeding

8 Many office workers now order lunch online because it is more ______ .
(A) compulsory (B) permanent (C) confidential (D) convenient

9 The new product line is ______ recommended by health professionals.
(A) height (B) high (C) highly (D) higher

10 The airline is not liable for any stolen, damaged, or ______ personal belongings.
(A) promising (B) emerging (C) missing (D) leading

11 The total cost of the renovation project was ______ $45,000.
(A) approximate (B) approximately (C) approximation (D) approximated

12 Because safety comes first, wearing protective goggles is ______ in all science labs.
(A) complete (B) complementary (C) competitive (D) compulsory

13 While using the shared workspace, please be ______ of others around you.
(A) proud (B) aware (C) considerate (D) capable

14 ______ feedback on social media can harm a company's public image.
(A) Economical (B) Negative (C) Complimentary (D) Valid

15 ______ , none of the applicants with higher degrees were selected for the position.
(A) Efficiently (B) Interestingly (C) Suddenly (D) Carefully

Step 2 | Choose the best answer to complete the sentence.

1 Customer satisfaction ratings have ______ improved since the recent service training.
(A) noticeably (B) notice (C) noticeable (D) noticing

2 In case of fire or another emergency, leave the building ______ and proceed to the nearest exit.
(A) immediately (B) sufficiently (C) considerably (D) strictly

3 The committee members voted ______ to approve the revised company policy.
(A) unanimity (B) unanimous (C) unanimously (D) uniting

4 The airline representative ______ explained the delay to the frustrated passengers at the gate.
(A) politely (B) nervously (C) eventually (D) rarely

5 The demand for electric vehicles has ______ increased over the past few years.
(A) gradually (B) rarely (C) loudly (D) blindly

6 The auditor ______ reviewed the company's financial statements before giving any recommendations.
(A) thorough (B) thoroughly (C) thoroughness (D) through

7 The company plans to launch its new product line ______ in European markets first.
(A) strategy (B) strategize (C) strategic (D) strategically

8 A recent survey found that men and women have ______ career goals but achieve different outcomes.
(A) related (B) similar (C) favorable (D) sufficient

9 The workshop was extremely ______ and gave participants useful strategies to boost productivity.
(A) informative (B) informed (C) informing (D) inform

10 Staff members with ______ working hours may work remotely up to two days a week.
(A) fixed (B) flexible (C) sufficient (D) limited

11 Jason expects a ______ bonus for completing the merger successfully on the company's behalf.
(A) comprehensible (B) considerable (C) accessible (D) renewable

12 Our goal is to build ______ relationships with clients based on trust and reliable service.
(A) missing (B) lasting (C) existing (D) challenging

13 A ______ ID card is required to borrow books, access the gym, and use other student facilities.
(A) relative (B) original (C) severe (D) valid

14 For a ______ time only, you can win free round-trip flights by registering as a new customer.
(A) limiting (B) limit (C) limited (D) limitation

15 We are so ______ about our product quality that we offer a full refund guarantee.
(A) voluntary (B) confident (C) economical (D) implicit

Questions 16–20 refer to the following reference letter.

To Whom It May Concern,

I am pleased to recommend Ms. Jasmine Lee for the Marketing Coordinator position at your organization. During her time at Peterson Communications, [16] ______ supervised her work as a junior marketing associate and observed her growth into a dedicated and motivated team member.
Jasmine is a reliable and highly capable professional who consistently delivered impressive results. Her ability to handle multiple tasks while staying [17] ______ made her an outstanding contributor to our team. She often took the lead on [18] ______ projects, showing a well-organized approach and a clear understanding of marketing strategies.
She is also an engaging communicator who builds trust and cooperation across departments. Her well-written reports and presentations [19] ______ impressed both clients and internal stakeholders.
I am confident that [20] ____ . Please feel free to contact me if you need further information.

Sincerely,
Thomas Mack
Senior Marketing Manager
Peterson Communications
thomas.mack@petcomms.com
+82-10-1234-5678

16 (A) direction (B) directly (C) direct (D) directedly

17 (A) focus (B) focusing (C) focused (D) focuses

18 (A) challenging (B) challenged (C) challenge (D) challenger

19 (A) slightly (B) rarely (C) regularly (D) infrequently

20 (A) Jasmine has been submitted with her resume
(B) Jasmine will be a valuable asset to your team
(C) Jasmine works well as a competitor
(D) Jasmine wants to attend the marketing seminar

Chapter 9

전치사

기본적인 전치사

Lesson 1

전치사의 이해

전치사는 명사, 대명사, 명사구 앞에 놓여 시간, 장소, 원인, 목적, 방법, 비교 등 다양한 의미를 나타내는 단어입니다. 전치사의 특징은 다음과 같습니다.

- 특정 동사, 명사, 형용사와 함께 쓰여 고정된 표현을 이룸: depend **on** ~에 의존하다
- 다른 단어와 합하여 숙어로 사용되는 경우가 많음: **by** accident 우연히
- 뜻이 여러 개인 전치사도 많아 문맥에 따라 해석이 달라짐: **in**은 ~안에, ~후에, ~입고 등의 뜻

전치사의 기본 의미를 바탕으로 **문장에서 자주 쓰이는 표현**과 함께 익히고, 파생 의미까지 넓혀 가며 학습하는 것이 좋습니다.

시간 전치사

A 기본적인 시간 전치사: at, on, in

- at 시각 / 정확한 시점: at 2 p.m., at 6 o'clock, at noon
- on 날짜 / 요일 / 주중 / 주말: on April 2, on Friday, on weekdays, on weekends
- in 월 / 연도 / 계절 / 세기: in May, in 2025, in (the) summer, in the 21st century

Q [1] The art exhibit will officially open to the public _______ 2 p.m. this Saturday and remain available for viewing for nearly four weeks.

(A) on (B) at (C) in (D) to

해설 이번 주 토요일 오후 2시에 미술 전시회가 공식적으로 대중에게 공개되며, 약 4주 동안 관람 가능하다. 정확한 시간을 나타내는 전치사로 at이 적절함.

어휘 **art exhibit** 미술 전시회 **officially** 공식적으로 **open to the public** 일반에 공개되다 **viewing** 관람

Q [2] New employees typically receive their security badge _______ the first day of employment, and it must be updated every five years.

(A) on (B) at (C) in (D) to

해설 신입 사원은 보통 입사 첫날에 보안 배지를 받으며, 이 배지는 5년마다 갱신되어야 한다. '~일에'라는 의미로 특정한 날을 나타낼 때는 전치사 on이 적절함.

어휘 **typically** 일반적으로 **on the first day** 첫날에 **update** 갱신하다

Q [3] This online publication was launched _______ 2019 to deliver up-to-date news on developments in the financial services sector.

(A) on (B) at (C) in (D) to

해설 이 온라인 간행물은 금융 서비스 분야의 최신 소식을 전달하기 위해 2019년에 창간되었다. 연도를 나타낼 때는 전치사 in이 적절함.

어휘 **online publication** 온라인 간행물 **up-to-date** 최신의 **financial services sector** 금융 서비스 분야

Point to remember

on time은 **"예정된 시간에 정확히"라는 뜻인 반면** in time은 **"기한 안에, 늦기 전에"라는 뜻입니다.**

Ex The train arrived **on** time.

기차가 정시에 도착했다.

She arrived **in** time for the meeting.

그녀는 회의에 늦지 않게 도착했다.

Q [4] Please be _______ time for your consultation. Arriving late may result in a shortened session.

(A) on (B) by (C) at (D) to

해설 상담 시간에 맞춰 도착해 주세요. 늦게 도착하면 상담 시간이 단축될 수 있습니다. '정각에' 또는 '제시간에'라는 의미로 관용적으로 on time이 적절함.

어휘 **consultation** 상담 **result in** ~한 결과를 낳다 **shortened** 단축된 **session** 시간, 회기

Q [5] Please make sure to arrive at the airport _______ time to go through security and board your flight.

(A) by (B) in (C) at (D) with

해설 보안 검색을 통과하고 탑승하기 위해 공항에 늦지않게 도착해 주세요. 늦지 않게 도착한다는 뜻으로 in time이 적절함.

어휘 **make sure** 반드시 ~하다 **go through** 통과하다

B 시작 시점과 기간을 표현하는 전치사

시작 시점을 나타내는 전치사

- since: 과거의 특정 시점부터 현재까지의 지속을 나타내며 현재완료 시제와 함께 쓰임.
- from: 단순히 시작 시점을 나타내며 다양한 단순 시제(주로 과거, 미래)와 함께 쓰임.

Ex I **have lived** here **since** 2023.

나는 2023년 이래로 여기서 살아왔다.

I **lived** here **from** 2015 **to** 2020.

나는 2015년에서 2020년까지 여기서 살았다.

지속 기간을 나타내는 전치사

- for + 숫자로 표기된 기간: for three years, for ten days
- during + 명시된 기간/행사: during business hours, during the meeting

Q [6] Ms. Grant has managed international logistics operations _______ more than 20 years.

(A) during (B) for (C) in (D) on

해설 Grant 씨는 20년 넘게 국제 물류 운영을 관리해 왔다. 현재완료와 함께 쓰이는 기간을 나타내는 전치사로는 for가 적절함.

어휘 **international logistics** 국제 물류 **operation** 운영

Q [7] The downtown showroom will be temporarily closed _______ the winter holidays for remodeling.

(A) during (B) for (C) at (D) on

해설 시내 전시장은 겨울 휴일 동안 리모델링을 위해 일시적으로 문을 닫을 것이다. '~동안'이라는 뜻으로 특정 기간 전체를 포괄하는 전치사로는 during이 적절함.

어휘 **showroom** 전시장 **temporarily** 일시적으로

Q [8] I worked closely with the regional sales team _______ three months to finalize the new pricing strategy.

(A) since (B) from (C) for (D) during

해설 나는 새로운 가격 전략을 확정하기 위해 3개월 동안 지역 영업팀과 긴밀히 협력했다. 숫자로 표기된 기간과 함께 쓰는 전치사로는 for 적절함.

어휘 **regional sales team** 지역 영업팀 **finalize** 마무리하다 **pricing strategy** 가격 전략

Q [9] The heating system in the main office has been malfunctioning _______ last Friday.

(A) during (B) until (C) in (D) since

해설 본사 난방 시스템은 지난 금요일부터 오작동하고 있다. 현재완료 시제와 함께 특정 시점을 나타낼 때는 since가 적절함.

어휘 **heating system** 난방 시스템 **main office** 본사 **malfunction** 오작동하다

Q [10] _______ now on, all meals will be provided in the company cafeteria at the company's expense.

(A) Since (B) From (C) For (D) During

해설 지금부터 모든 식사는 회사 구내식당에서 회사 비용으로 제공될 예정이다. '지금부터'라는 표현으로 from now on이 적절함.

어휘 **meal** 식사 **cafeteria** 구내식당 **at the company's expense** 회사 부담으로

Point to remember

숫자로 된 기간이 정관사 the나 소유격과 함께 쓰일 경우에는 구체적으로 정해진 기간을 나타내므로 during을 씁니다. for를 쓰면 어색하거나 틀릴 수 있습니다.

During **the three years** of the Trump Administration 트럼프 정부 3년 동안

During **his two weeks** of temporary work 그가 임시직을 한 2주 동안

C 다양한 시간 전치사

- until + 시점: ~까지 (계속) — by + 시점: ~까지 (완료 시점)

  Ex until next week — by next week

- within + 기간: ~이내에 — in + 기간: ~후에

  Ex within two weeks — in two weeks

- over + 기간: ~에 걸쳐서 — throughout + 기간: ~내내

  Ex over the summer — throughout the summer (여름 내내)

- through + 시점: (그 시점까지 쭉)

  Ex tomorrow through next Monday (내일부터 다음 월요일까지 쭉)

Q [11] A donation drive will continue in the Newark town hall _______ the end of the month to allow residents to contribute used clothing and supplies.

(A) until (B) by (C) at (D) in

해설 뉴어크 타운홀에서 기부 캠페인은 이달 말까지 계속되며, 주민들이 중고 의류와 물품을 기부할 수 있도록 할 것이다. '~까지 계속'이라는 의미의 전치사로는 until이 적절함.

어휘 **donation drive** 기부 운동 **town hall** 시청 **contribute** 기부하다 **supplies** 물품

Q [12] If payment is not received in full _______ the 15th of this month, electricity service may be interrupted starting on the 16th.

(A) until (B) by (C) at (D) in

해설 이번 달 15일까지 전액 납부되지 않으면, 16일부터 전기 공급 서비스가 중단될 수 있다. 마감 시한을 나타낼 때는 전치사 by가 적절함.

어휘 **in full** 전액으로 **interrupt** 중단하다 **electricity service** 전기 공급

Q [13] A recycling event will be held in a Brooklyn community center _______ the end of next week to encourage residents to drop off used electronics.

(A) until (B) by (C) at (D) in

해설 브루클린 커뮤니티 센터에서는 다음 주 말까지 재활용 행사가 열려, 주민들이 중고 전자제품을 가져오도록 장려할 예정이다. 기간의 지속 나타낼 때는 전치사 until이 적절함.

어휘 **recycling event** 재활용 행사 **be held** 열리다 **drop off** (물건을) 맡기다

Q [14] In most situations, a customer care agent from SmartAir will respond to your inquiry _______ 24 hours of submission.

(A) during (B) for (C) within (D) until

해설 대부분의 경우, SmartAir 고객 상담원이 문의 제출 후 24시간 이내에 응답할 것이다. '~이내에'라는 의미로 within이 적절함.

어휘 **most** 대부분의 **submission** 제출

Q [15] Beginning Monday, March 4, the Downtown Reading Center will operate from 9:00 a.m. to 10:00 p.m., Monday _______ Saturday.

(A) on (B) through (C) during (D) for

해설 3월 4일 월요일부터 다운타운 독서 센터는 월요일부터 토요일까지 오전 9시부터 오후 10시까지 운영될 것이다. ~까지 쭉 이라는 뜻의 연속된 날짜 범위를 나타낼 때는 through가 적절함.

어휘 **beginning** ~부터 **operate** 운영하다

Q [16] The express train to Chicago is scheduled to depart _______ 45 minutes. The next available train will leave in the evening.

(A) until (B) by (C) at (D) in

해설 시카고행 특급열차는 45분 후에 출발할 예정이다. 다음 기차는 저녁에 출발할 것이다. ~후에 라는 표현은 시간 명사 앞에 in을 쓰는 것이 적절함.

어휘 **express train** 특급열차 **depart** 출발하다 **in 45 minutes** 45분 후에 **leave** 떠나다 **in the evening** 저녁에

Point to remember

전달하고자 하는 의미가 무엇이냐에 따라 적절한 시간 전치사를 선택하여 사용할 수 있습니다.

Our office will be closed **at** 6 p.m. on May 1, 2021.
during the holidays.
for three weeks.
from July 10, 2021.
until August 1, 2021.

장소, 위치, 방향 전치사

A 장소를 나타내는 기본 전치사

- at + 지점: 특정한 지점이나 장소

Ex at the airport, at Microsoft, at the bus stop

- on + 표면, 층, 매체: 표면에 접촉하거나 특정 층 또는 온라인 매체

Ex on the first floor, on the wall, on the Internet

- in + 도시, 국가, 대륙, 공간 내부: 넓은 장소나 내부 공간

Ex in Chicago, in France, in Africa, in the room

Q [17] After working _______ Google in San Francisco for nearly a decade, Claire moved to Toronto to start her own startup.

(A) on (B) in (C) to (D) at

해설 샌프란시스코의 구글에서 거의 10년간 근무한 후, 클레어는 자신의 스타트업을 시작하기 위해 토론토로 이사했다. '회사, 기관'에서 일할 때는 전치사 at이 적절함.

어휘 **for nearly a decade** 거의 10년 동안 **move to** ~로 이사하다

Q[18] Most bookstores _______ Dublin will remain open on Christmas Eve, operating from 10 a.m. to 6 p.m.

(A) on (B) in (C) to (D) at

해설 더블린에 있는 대부분의 서점은 크리스마스이브에도 영업할 예정이며, 오전 10시부터 오후 6시까지 운영된다. 도시를 나타낼 때는 전치사 in이 적절함.

어휘 **remain open** 계속 열려 있다 **operate** 운영하다

Q[19] The Technology Resource Center is located _______ the third floor of the Hamilton Public Library.

(A) on (B) in (C) to (D) at

해설 기술 자료 센터는 해밀턴 공공 도서관 3층에 위치해 있다. '층'을 나타낼 때는 전치사 on이 적절함.

어휘 **Technology Resource Center** 기술 자료 센터 **public library** 공공 도서관

Q[20] When you place an order _______ our online store, you can apply discount codes just like you would with other payment options.

(A) in (B) for (C) of (D) on

해설 우리 온라인 매장에서 주문할 때, 다른 결제 방식처럼 할인 코드를 적용할 수 있다. 온라인 플랫폼에서의 활동을 나타낼 때는 전치사 on이 적절함.

어휘 **apply** 적용하다 지원하다 **discount code** 할인 코드 **payment option** 결제 방식

Q[21] Sunrise Café delights its guests with organic, farm-to-table meals served _______ a cozy and friendly atmosphere.

(A) on (B) in (C) to (D) at

해설 선라이즈 카페는 아늑하고 친근한 분위기에서 제공되는 유기농 식사로 손님들을 만족시킨다.'분위기/환경'을 나타낼 때는 전치사 in이 적절함.

어휘 **delight** 만족시키다 **organic** 유기농 **farm-to-table** 산지 직송 **meal** 식사 **a cozy atmosphere** 아늑한 분위기

B 위치와 방향을 나타내는 전치사

form ~로부터 **to** ~로/에게 **beside / by / next to** ~옆에 **near** 근처에 **within** ~ 이내에
across ~을 가로질러 **throughout** ~에 걸쳐 **along** ~을 따라 **out of** ~ 밖으로 **behind** ~뒤에
around ~주변에 **inside** ~안에 **outside** ~밖에 **into** ~안으로

Q[22] Allen successfully expanded the café chain from one small shop in Denver _______ over 80 branches across the western region.

(A) on (B) in (C) to (D) at

해설 앨런은 덴버의 작은 매장 하나에서 시작해 서부 지역 전역에 80개가 넘는 지점으로 카페 체인을 성공적으로 확장했다. from A to B 구조로 확장의 시작점과 도달점을 나타낼 때 to가 적절함.

어휘 **branch** 지점 **across** 전역에

Q[23] The Nova Inn is located _______ a 5-minute walking distance from the airport shuttle terminal.

(A) within (B) beside (C) to (D) from

해설 노바 인은 공항 셔틀 터미널에서 도보 5분 거리 내에 위치해 있다. '~이내에'라는 거리 표현에는 within이 적절함.

어휘 **walking distance** 도보 거리

Q [24] Multiple vending machines are installed _______ the Grand Exhibition Hall, offering drinks and snacks.

(A) for (B) on (C) to (D) near

해설 그랜드 전시관 근처에 여러 대의 자판기가 설치되어 있으며, 음료와 간식을 제공한다. 문맥상 '~근처에'라는 공간적인 위치를 나타내는 전치사 near가 적절함.

어휘 **vending machine** 자판기 **Exhibition Hall** 전시장

Q [25] We gathered feedback from over 1,000 participants representing firms _______ Europe and Southeast Asia.

(A) at (B) on (C) across (D) to

해설 우리는 유럽과 동남아시아 전역의 회사를 대표하는 1,000명 이상의 참가자로부터 피드백을 수집했다. 문맥상 지역 전체에 걸쳐 퍼져 있음을 나타내는 전치사 across가 적절함.

어휘 **represent** 대표하다 **firm** 회사

Point to remember

장소 전치사도 시간 전치사의 경우와 마찬가지로 어떤 의미를 표현하고자 하는가에 따라 적절한 전치사를 선택하여 사용할 수 있습니다.

The art museum is located **at** the junction of 50th and 51st Streets.
on Nevada Street.
in Springfield, Illinois.
between Main Street and 5th Avenue.
next to the Central Shopping Center.
near the City Hall.

다양한 전치사 표현

Lesson **2**

빈번히 사용되는 전치사

다음 전치사들은 **문맥에 따라 뜻이 달라질 수 있으며**, 유사 표현(동의어)과 함께 익혀두는 것이 중요합니다.

- for: This gift is for you. (수혜) / Thank you for your help. (이유)
- with: She came with her sister. (동반) / Cut it with scissors. (도구)
- of: A piece of cake. (부분) / Made of wood. (재료)
- by: Sent by email. (수단) / Finish it by Friday. (기한)

without ~ 없이 **despite** ~에도 불구하고 **about** ~에 대하여 = concerning, regarding, as to

Q [1] _______ all the candidates interviewed last week, only 15 passed the final screening.

(A) To (B) With (C) For (D) Of

해설 지난주 면접을 본 모든 지원자 중 단 15명만이 최종 심사를 통과했다. '~중에서'라는 의미를 나타낼 때는 전치사 of가 적절함.

어휘 **pass** 통과하다 **final screening** 최종 심사

Q [2] You should not try to repair electrical equipment _______ proper training or safety gear.

(A) without (B) for (C) through (D) under

해설 적절한 교육이나 안전 장비 없이 전기 장비를 수리하려 해서는 안 된다. 문맥상 '~없이'라는 의미로 without이 적절함.

어휘 **repair** 수리하다 **electrical equipment** 전기 장비 **safety gear** 안전 장비

Q [3] Using office computers _______ personal tasks is a violation of company policy.

(A) to (B) with (C) for (D) of

해설 개인적인 업무에 사무용 컴퓨터를 사용하는 것은 회사 정책 위반이다. 문맥상 '~을 위해'라는 목적을 나타내는 전치사 for가 적절함.

어휘 **personal task** 개인 업무 **violation** 위반

Q [4] In many libraries, users may be charged fines _______ returning borrowed materials late.

(A) to (B) with (C) for (D) of

해설 많은 도서관에서는 대출한 자료를 늦게 반납할 경우 벌금이 부과될 수 있다. 벌금을 물린 이유를 표현하기 위해서는 for가 적절함.

어휘 **be charged fines** 벌금을 부과받다 **borrowed material** 대출 자료

Q [5] All electronic devices _______ smartwatches must be turned off during takeoff and landing.

(A) of (B) except (C) to (D) against

해설 스마트워치를 제외한 모든 전자기기는 이륙 및 착륙 시 꺼야 한다. 문맥상 '~을 제외하고'라는 의미에서 except가 적절함.

어휘 **electronic device** 전자기기 **except** ~을 제외하고 **be turned off** 꺼지다 **takeoff** 이륙 **landing** 착륙

Q [6] _______ security reasons, all visitors must check in at the reception desk upon arrival.

(A) To (B) With (C) For (D) Of

해설 보안상의 이유로, 모든 방문자는 도착 시 안내 데스크에서 등록해야 한다. 이유를 나타낼 때는 '~ 때문에'의 의미로 for가 적절함.

어휘 **security reason** 보안상의 이유 **upon arrival** 도착 즉시

전치사와 결합하여 자주 사용되는 Collocation

A 동사 + 전치사 Collocation (p. 256 주요 단어 정리 참조)

Q [7] Employees are encouraged to participate _______ professional development workshops to enhance their skills and career prospects.

(A) with (B) in (C) to (D) for

해설 직원들은 기술과 경력 전망을 향상시키기 위해 직무 개발 워크숍에 참여하도록 권장된다. participate는 자동사로 전치사 in과 함께 쓰여 '~에 참여하다'라는 뜻이 됨.

어휘 **be encouraged to** ~하도록 권장되다 **enhance** 향상시키다 **career prospects** 경력 전망

Q [8] Since 2015, hundreds of startups have applied to compete _______ the Global Innovation Challenge hosted in Berlin.

(A) against (B) to (C) for (D) with

해설 2015년 이래로 수백 개의 스타트업이 베를린에서 열리는 Global Innovation Challenge에 참가하기 위해 지원해 왔다. compete against는 "~와 경쟁하다"라는 뜻이고 'compete for: ~을 얻기 위해 경쟁하다라는 뜻이므로 for가 적합함.

어휘 **host** 개최하다 **hosted in** ~에서 개최된

Q [9] Leading tech companies will collaborate _______ developing next-generation artificial intelligence systems.

(A) on (B) to (C) from (D) with

해설 선도 기술 기업들이 차세대 인공지능 시스템 개발에 협력할 것이다. collaborate with ~와 협력하다이고 collaborate on은 ~에 대해 협력하다 이므로 on이 적절함.

어휘 **next-generation** 차세대 **artificial intelligence** 인공지능

Q[10] Through our exclusive partnership with FlyZone Airlines, travelers can benefit _______ discounted fares and complimentary baggage.

(A) among (B) with (C) on (D) from

해설 FlyZone 항공과의 독점 제휴를 통해, 여행객들은 할인 운임 및 무료 수하물 혜택을 누릴 수 있다. benefit는 자동사일 때 전치사 from과 함께 쓰여 '~로부터 혜택을 얻다'라는 뜻이 되므로 from이 적절함.

어휘 **exclusive partnership** 독점 제휴 **discounted fare** 할인 요금 **complimentary baggage** 무료 수하물

Q[11] The most effective way to maximize your networking opportunities is to register early _______ our annual tech summit in San Diego.

(A) in (B) to (C) for (D) on

해설 인맥 형성 기회를 극대화하는 가장 효과적인 방법은 샌디에이고에서 열리는 연례 기술 서밋에 조기 등록하는 것이다. register for는 '~에 등록하다'라는 의미를 이루므로 for가 적절함.

어휘 **maximize** 극대화하다 **networking opportunity** 인맥 형성 기회 **annual tech summit** 연례 기술 정상회의

Q[12] California drivers can choose _______ a variety of specialty license plates, including those supporting environmental and charitable causes.

(A) to (B) from (C) with (D) in

해설 캘리포니아 운전자들은 환경과 자선 활동을 지원하는 다양한 특수 번호판들 중에서 선택할 수 있다. choose는 전치사 from과 함께 쓰여 '~ 중에서 선택하다'라는 의미를 이루므로 from이 적절함.

어휘 **specialty license plate** 특수 번호판 **environmental cause** 환경 관련 목적 **charitable cause** 자선 목적

B 형용사 / 분사 + 전치사 Collocation (p. 257 주요 단어 정리 참조)

Q[13] During your final interview, you will likely be asked questions related _______ your previous work experience.

(A) to (B) with (C) in (D) for

해설 최종 면접 중에 당신의 이전 업무 경험과 관련된 질문을 받을 가능성이 있습니다. '~와 관련된'이라는 표현은 related to가 적절함.

어휘 **final interview** 최종 면접 **previous** 이전의

Q[14] Airline passengers are responsible _______ placing their carry-on items in the overhead compartments before takeoff.

(A) for (B) with (C) of (D) to

해설 항공기 승객은 이륙 전에 기내용 짐을 선반에 올리는 데 책임이 있습니다. '~에 책임이 있다'는 표현은 responsible for가 적절함.

어휘 **carry-on item** 기내용 짐 **overhead compartment** 선반

Q[15] Using a navigation app is essential when driving in a foreign country, especially if you're unfamiliar _______ local roads.

(A) of (B) with (C) in (D) for

해설 외국에서 운전할 때 내비게이션 앱 사용은 필수적이며, 특히 현지 도로에 익숙하지 않다면 더욱 그렇습니다. '~에 익숙하지 않다'는 표현은 unfamiliar with가 적절함.

어휘 **local road** 지역 도로

Q [16] Our customer support agents are dedicated _______ delivering fast and accurate service to clients across all time zones.

(A) for (B) with (C) of (D) to

해설 우리 고객지원팀은 모든 시간대의 고객에게 빠르고 정확한 서비스를 제공하는 데 헌신하고 있습니다. '~에 헌신하다'는 표현은 dedicated to + 동명사가 적절함.

어휘 **accurate** 정확한 **time zone** 시간대

C 명사 + 전치사 Collocation (p. 256 주요 단어 정리 참조)

Q [17] Over the past three years, global interest _______ cryptocurrency has continued to rise, according to data collected from top search engines.

(A) with (B) in (C) of (D) to

해설 지난 3년 동안 암호화폐에 대한 전 세계적인 관심은 계속해서 증가해왔다. 상위 검색 엔진들에서 수집된 자료에 따르면 '~에 대한 관심'이라는 표현은 interest in이 적절함.

어휘 **cryptocurrency** 암호화폐 **according to** ~에 따르면

Q [18] Many nutritionists recommend almond milk as a healthy alternative _______ traditional dairy products.

(A) with (B) in (C) of (D) to

해설 많은 영양학자들은 전통적인 유제품의 건강한 대안으로 아몬드 우유를 추천한다. '~에 대한 대안'이라는 표현은 alternative to가 적절함.

어휘 **nutritionist** 영양학자 **healthy alternative** 건강한 대안 **traditional dairy product** 전통 유제품

Q [19] Convenient parking, clean facilities, and friendly staff were the main reasons _______ choosing the downtown welcome center.

(A) for (B) to (C) of (D) with

해설 편리한 주차, 청결한 시설, 친절한 직원들이 시내 환영 센터를 선택한 주요 이유였다. '~에 대한 이유'라는 표현은 reason for + 명사/동명사가 적절함.

어휘 **convenient parking** 편리한 주차 **facility** 시설

| 구전치사 표현 |

전치사는 두 개 이상의 단어와 결합하여 하나의 단어처럼 사용되기도 합니다.

Q [20] In addition _______ 10 annual paid holidays, full-time staff receive 12 sick days and up to 24 vacation days depending on length of service.

(A) of (B) to (C) for (D) with

해설 연간 유급 휴일 10일 외에도, 정규직 직원은 병가 12일과 근속 연수에 따라 최대 24일의 휴가를 받을 수 있다.'~에 더하여'라는 의미로 in addition to가 적절함.

어휘 **annual paid holiday** 연간 유급 휴일 **sick day** 병가 **depending on** ~에 따라

Q[21] When traveling overseas, it's essential to know where you can seek assistance in case _______ unexpected events.

(A) with (B) to (C) of (D) on

해설 해외 여행 시, 예기치 않은 상황에 대비해 어디서 도움을 받을 수 있는지를 아는 것이 중요하다. '~한 경우에 대비해'라는 의미로 in case of가 적절함.

어휘 **travel overseas** 해외 여행하다 **unexpected event** 예상치 못한 사건

Q[22] Children up _______ 8 years old may stay in their parents' room at no extra cost.

(A) with (B) to (C) by (D) for

해설 8세까지의 어린이들은 추가 비용 없이 부모의 방에 머물 수 있다. '최대 ~까지'라는 의미로 up to가 적절함.

어휘 **at no extra cost** 추가 비용 없이

Q[23] Due _______ the recent disruption in air traffic across Europe, the 2024 Global Logistics Expo has been postponed indefinitely.

(A) until (B) on (C) by (D) to

해설 최근 유럽 전역의 항공 교통 혼란으로 인해, 2024 글로벌 물류 박람회는 무기한 연기되었다. '~로 인하여'라는 의미의 표현 due to가 적절함.

어휘 **disruption** 혼란 **air traffic** 항공 교통 **postpone** 연기하다 **indefinitely** 무기한으로

Q[24] In keeping _______ its global growth plan, Sunrise Telecom has opened a new branch office in Singapore.

(A) on (B) of (C) with (D) by

해설 글로벌 성장 계획에 맞춰, 선라이즈 텔레콤은 싱가포르에 새로운 지점을 개설했다. ~에 부합하여, ~에 맞추어라는 표현으로 in keeping with가 적절함.

어휘 **global growth plan** 글로벌 성장 계획 **open a branch office** 지점을 열다

Point to remember

형태나 의미가 비슷하지만 쓰임이 다른 전치사들도 있습니다.

- between + 둘 (사이에) among + 셋 이상 (사이에)
- beside ~ 옆에 besides ~ 외에
- like ~처럼 unlike ~와는 달리 as ~로서

Q[25] The Louvre Museum is not only the most visited museum in the world, but also the most iconic attraction _______ art lovers in Paris.

(A) among (B) between (C) around (D) beneath

해설 루브르 박물관은 세계에서 가장 많이 방문한 박물관일 뿐만 아니라, 파리의 예술 애호가들 사이에서 가장 상징적인 명소이기도 하다. '여러 사람들 사이에서'를 나타내는 전치사는 among이 적절함.

어휘 **iconic** 상징적인 **attraction** 명소

Q[26] Fiat Chrysler Automobiles was established in 2014 following the merger _______ Chrysler Group and Fiat S.p.A.

(A) among (B) between (C) with (D) from

해설 피아트 크라이슬러 오토모빌스는 크라이슬러 그룹과 피아트 S.p.A. 간의 합병 이후인 2014년에 설립되었다. 두 조직 간의 합병을 나타내므로 between이 적절함.

어휘 **establish** 설립하다 **following** ~ 이후에 **merger** 합병

Q [27] SkyFly Airlines has improved its accessibility by placing a foldable wheelchair _______ each reserved seat in the front row.

(A) beside (B) besides (C) under (D) behind

해설 SkyFly 항공은 맨 앞줄의 예약 좌석마다 접이식 휠체어를 옆에 배치함으로써 접근성을 개선했다. 위치를 나타내는 말로 '~ 옆에'라는 의미의 beside가 적절함.

어휘 **accessibility** 접근성 **place** 놓다, 배치하다 **foldable wheelchair** 접이식 휠체어 **reserved seat** 예약된 좌석

Q [28] _______ competitive salaries, many tech firms also offer stock options and wellness programs to attract top talent.

(A) Beside (B) Besides (C) Except (D) Beyond

해설 경쟁력 있는 급여 외에도, 많은 기술 회사들이 우수 인재 유치를 위해 스톡옵션과 복지 프로그램을 제공한다. 문맥상'~ 외에도'라는 의미에서 besides가 적절함.

어휘 **competitive salary** 경쟁력 있는 급여 **tech firm** 기술 회사 **wellness program** 복지 프로그램 **top talent** 우수 인재

Q [29] _______ a senior analyst, Ms. Kim is responsible for overseeing research and generating reports for the investment team.

(A) Like (B) As (C) By (D) Through

해설 수석 애널리스트로서, 김 씨는 연구를 감독하고 투자 팀을 위한 보고서를 작성하는 업무를 맡고 있다. '~로서'의 의미로 직무나 역할을 나타낼 때는 as가 적절함.

어휘 **senior analyst** 수석 애널리스트 **oversee** 감독하다 **generate** 만들다

Q [30] _______ many online retailers, we do not share customer information with third-party advertisers.

(A) Unlike (B) Dislike (C) Opposite (D) Except

해설 많은 온라인 소매업체들과 달리, 우리는 고객 정보를 제3자 광고업체와 공유하지 않는다. 문맥상 비교 대조를 나타내는 전치사 unlike가 적절함.

어휘 **unlike** ~와는 달리 **third-party advertiser** 제3자 광고업체 **dislike** 싫어하다

Part 6 연습

Lesson 3

Q[1-5] **Refer to the following email.**

Dear Mr. Bennett,

Thank you [1] ______ your interest in GreenTech air purifiers. In response to your inquiry, the price of a standard air purifier is around $1,200. If your budget does not currently allow for a full purchase, [2] ______________________________ . Many small business owners [3] ______ yours have chosen this approach to manage their operating costs more effectively.
Leasing [4] ______ GreenTech comes with a major benefit. Our service plan allows customers to upgrade their units every two years [5] ______ any additional cost. You are welcome to visit our Seattle showroom for a live product demonstration. If you have any further questions, please don't hesitate to contact us.

Yours sincerely,
Linda Carter
GreenTech Solutions Inc.

Q[1] (A) with (B) to (C) for (D) about

Q[2] (A) we require full payment before delivery
(B) we discourage leasing due to long-term fees
(C) we recommend postponing your purchase until next year
(D) we suggest considering a lease option instead

Q[3] (A) as (B) like (C) with (D) among

Q[4] (A) from (B) to (C) into (D) across

Q [5] (A) of (B) by (C) without (D) besides

베넷 씨께, GreenTech 공기청정기에 관심을 가져주셔서 감사합니다. 문의하신 내용에 답변드리면, 표준 공기청정기의 가격은 약 $1,200입니다. 현재 예산상 전액 구매가 어려우시다면, 리스 옵션을 고려하실 것을 제안드립니다. 많은 소기업 운영자들, 귀사와 같은 기업들이 운영비를 보다 효과적으로 관리하기 위해 이 방식을 선택해왔습니다. GreenTech로부터의 리스는 중요한 혜택을 포함하고 있습니다. 저희 서비스 플랜은 고객이 추가 비용 없이 2년마다 기기를 업그레이드할 수 있도록 해줍니다. 시애틀 쇼룸을 방문하셔서 제품 시연을 직접 보실 수도 있습니다. 추가로 궁금하신 점이 있으시면 언제든지 문의해 주세요. 감사합니다. 린다 카터

해설 [1] thank you 뒤에는 ~에 대해서 라는 뜻의 전치사 for가 적절함. [2] 문맥상 전액 구매가 어렵다는 조건에 대한 대안으로 리스 옵션을 제안하는 (D)가 가장 자연스러움. [3] 문맥상 ~과 비슷하다는 뜻의 전치사 like가 적절함. [4] Lease from 은 ~로부터의 대여라는 뜻이 되므로 from이 적절함. [5] 문맥상 추가 비용 없이라는 뜻을 표현하기 위해서는 without이 적절함.

어휘 **in response to** ~에 대한 답변으로 **budget** 예산 **allow for** ~을 가능하게 하다 **operating cost** 운영비 **leasing** 대여 이용 **benefit** 혜택 **additional cost** 추가 비용 **product demonstration** 제품 시연 **don't hesitate to** 주저하지 말고 ~하다

실전 확인 문제

Step 1 | Choose the best answer to complete the sentence.

1 Anyone interested ______ applying for the internship must submit a resume and a cover letter.
(A) on (B) to (C) in (D) by

2 Don't forget you can get a 10% discount on all items ______ our mobile app today only.
(A) on (B) in (C) at (D) to

3 Any luggage left unattended will be removed ______ notice by airport security.
(A) until (B) from (C) by (D) without

4 Shoppers can select ______ dozens of organic teas at Nature's Market.
(A) between (B) for (C) from (D) with

5 ______ its competitive salaries, the factory offers free shuttle service to all employees.
(A) Among (B) Besides (C) Except (D) Without

6 Attendees can receive a complimentary gift by signing up early ______ the networking luncheon.
(A) in (B) with (C) to (D) for

7 The restaurant is open every day ______ Monday from noon to 9 p.m.
(A) until (B) in (C) except (D) for

8 In Tokyo, public transportation fares have increased significantly ______ the last decade.
(A) until (B) on (C) since (D) for

9 Limited-edition sneakers will be ______ sale beginning at 10 a.m. this Saturday.
(A) on (B) to (C) by (D) of

10 The customer service center will be closed at noon on July 4 ______ maintenance work.
(A) on (B) in (C) for (D) at

11 ______ other local gyms, FitPlus does not charge extra fees for towel service.
(A) Unlike (B) On (C) Since (D) For

12 Membership is free, and there is no fee ______ downloading the mobile application.
(A) until (B) of (C) since (D) for

13 Within just a few years, GreenTech Co. has succeeded ______ becoming a global leader in renewable energy.
(A) in (B) to (C) of (D) with

14 The company's chief accountant stepped down ______ personal reasons after only one week in the role.
(A) with (B) of (C) to (D) for

15 This brand is well-known ______ its stylish yet affordable clothing.
(A) for (B) to (C) as (D) with

Step 2 | Choose the best answer to complete the sentence.

1 Employees may not use personal laptops at work unless prior approval has been given ______ the IT manager.
(A) with (B) by (C) for (D) to

2 Several tech startups are expected to launch in the next three years ______ five Southeast Asian countries.
(A) in (B) on (C) at (D) to

3 Since its launch in 2015, BrightMind has earned a reputation ______ one of the top wellness apps in the industry.
(A) as (B) like (C) for (D) in

4 SpeedConnect offers unlimited data plans to users ______ competitive monthly prices.
(A) in (B) on (C) at (D) to

5 If you need additional information ______ our training sessions, please reach out to the learning coordinator.
(A) regarding (B) into (C) at (D) because

6 The community center will be open to all residents every day ______ national holidays and scheduled maintenance days.
(A) without (B) except (C) by (D) on

7 Using hand sanitizer regularly is an effective way to protect yourself ______ bacteria and viruses.
(A) from (B) to (C) with (D) by

8 The success of our international project depends on collaboration ______ regional offices, consultants, and clients.
(A) among (B) to (C) by (D) for

9 Marketers use motion graphics to draw viewer attention ______ key parts of digital ads.
(A) with (B) to (C) by (D) for

10 ______ launching a new product line, companies should assess market needs and competitor trends.
(A) Before (B) Without (C) By (D) To

11 You can skip the line at the museum entrance ______ purchasing your ticket online ahead of time.
(A) without (B) to (C) by (D) for

12 Over 85% ______ unhappy passengers choose not to fly with the same airline again.
(A) with (B) to (C) for (D) of

13 Gym locker rentals are available at the reception desk ______ regular opening hours.
(A) for (B) in (C) during (D) on

14 We are searching for team members ______ a passion for hospitality and strong communication skills.
(A) in (B) for (C) who (D) with

15 Without increased funding, many small bookstores may soon be ______ in rural areas.
(A) out of stock (B) out of business (C) out of order (D) out of season

Questions 16–20 refer to the following reference letter.

To whom it may concern,
We are planning to organize a staff development workshop at your training center [16] ______ late May. Approximately 25 employees will attend the workshop. They are expected to arrive the evening before the event and stay for three nights.
We will require two medium-sized seminar rooms, each suitable [17] ______ around 12–15 participants, and one large room for group activities and keynote sessions. We are also interested [18] ______ arranging catered lunches and coffee breaks each day.
[19] ______________________________ :

1. The rates for accommodation, including breakfast.
2. The rental fees for seminar and event rooms.
3. Information about any available meal packages or bundled services.
4. Any additional amenities that may be available to enhance the workshop experience.

If you need further details to process our request, feel free to contact us [20] ______ phone or e-mail at your convenience.

Sincerely,

Daniel Choi
Event Coordinator
NovaEdge Consulting

16 (A) on (B) at (C) in (D) of

17 (A) with (B) on (C) about (D) for

18 (A) to (B) at (C) in (D) by

19 (A) Please confirm our reservation
(B) Please provide the following details
(C) Please accept our invitation
(D) Please renovate the training center

20 (A) on (B) by (C) with (D) via

Chapter 10

접속사

등위 접속사와 명사절 접속사

Lesson 1

접속사는 문장/절을 연결하는 역할을 하며, 연결된 문장들 간의 관계에 따라 등위 접속사, 명사절 접속사, 부사절 접속사로 구분됩니다.

| 등위 접속사 |

A 역할과 종류

- 역할: 등위 접속사는 동등한 절, 구, 단어를 연결함
- 종류: and 그리고, but/yet 그러나, or 또는, so 그래서, for ~때문에, nor 역시 아닌

Q [1] Employees must scan their ID cards _______ sign the attendance sheet before entering the building.

(A) but (B) and (C) or (D) nor

해설 직원들은 건물에 들어가기 전 신분증을 스캔하고 출석부에 서명해야 한다. 문맥상 두 개의 동사(scan, sign)를 연결하는 '그리고'라는 의미를 갖는 and가 적절함.

어휘 **sign** 서명하다 **attendance sheet** 출석부

Q [2] The group's new album received positive reviews overseas, _______ domestic sales remained unexpectedly low.

(A) but (B) and (C) so (D) for

해설 그 그룹의 새 앨범은 해외에서 긍정적인 평가를 받았지만, 국내 판매는 예상외로 저조했다. 서로 대조되는 내용을 담은 절을 연결하므로 but이 적절함.

어휘 **positive reviews** 긍정적인 평가 **overseas** 해외에서 **domestic sales** 국내 판매 **remain low** 낮은 상태로 유지되다

Q [3] Customer loyalty programs often lead to higher retention, _______ many companies actively invest in them.

(A) and (B) so (C) but (D) for

해설 고객 충성도 프로그램은 종종 더 높은 유지율로 이어진다. 그래서 많은 회사들이 이에 적극 투자한다. 원인과 결과의 관계를 연결하므로 so가 적절함.

어휘 **lead to** ~로 이어지다 **retention** 유지 **actively** 적극적으로

Q [4] My boss had to rent a car to commute, _______ his vehicle was under repair after a collision.

(A) but (B) and (C) for (D) or

해설 상사는 출퇴근을 위해 차를 빌려야 했는데, 그의 차량이 사고 후 수리 중이었기 때문이다. 앞 문장에 대한 이유를 설명하는 내용이 뒤따르므로 for가 적절함.

어휘 **commute** 출퇴근하다 **vehicle** 차량 **under repair** 수리 중인 **after a collision** 충돌 후

Point to remember

Nor는 앞 절이 부정(not, never, no 등)일 때, 그 부정을 이어서 표현하기 위해 사용됩니다. Nor 뒤에 오는 절은 반드시 **조동사 / be 동사 + 주어** 순서로 도치되어야 합니다.

Q [5] The travel agency does not offer group discounts, _______ does it provide free cancellations.

(A) or (B) and (C) nor (D) but

해설 그 여행사는 단체 할인도 제공하지 않고, 무료 취소도 제공하지 않는다. 앞 절이 부정문이고 뒤에 오는 절도 부정의 의미를 이어가므로 nor가 적절함.

어휘 **group discounts** 단체 할인 **free cancellations** 무료 취소

Q [6] Customers were not given an estimated delivery time, _______ were they offered tracking updates.

(A) or (B) and (C) nor (D) yet

해설 고객들은 예상 배송 시간도 안내받지 못했고, 배송 추적 정보도 제공받지 못했다. 두 절 모두 부정이며, 도치된 부정문이 이어지므로 nor가 적절함.

어휘 **estimated delivery time** 예상 배송 시간 **tracking updates** 추적 정보

Point to remember

and, but, yet, or는 동일한 문법적 형태를 가진 둘 이상의 단어, 구, 절을 연결할 때 사용됩니다. 이와 같은 구조를 병렬 구조(parallel structure)라고 합니다.

Q [7] The manager spoke clearly, confidently, and _______ during the international press conference.

(A) profess (B) profession (C) professional (D) professionally

해설 그 관리자는 국제 기자회견에서 명확하고 자신감 있게, 그리고 전문적으로 연설했다. 부사 3개가 and로 대등하게 연결되는 병렬 구조이므로 professionally가 적절함.

어휘 **confidently** 자신감 있게 **press conference** 기자회견

Q [8] To succeed in today's workplace, employees must communicate clearly and think _______ .

(A) create (B) creative (C) creatively (D) creation

해설 오늘날 직장에서 성공하려면, 직원들은 명확하게 소통하고 창의적으로 사고해야 한다. and는 동사 + 부사 순서인 communicate clearly와 동일한 구조를 연결하므로 creatively가 적절함.

어휘 **workplace** 직장 **creatively** 창의적으로

Q [9] To better serve our market, we must understand who our customers are, where they live, _______ how they make decisions.

(A) but (B) and (C) yet (D) or

해설 시장에 더 잘 대응하기 위해 우리는 고객이 누구인지, 어디에 사는지, 그리고 어떻게 의사 결정을 내리는지를 이해해야 한다. 의문사 + 주어+ 동사 구조의 절 3개가 병렬 구조로 나열되므로 and가 적절함.

어휘 **serve the market** 시장에 대응하다 **make decisions** 의사 결정을 내리다

B 상관 접속사

상관 접속사는 등위 접속사의 확장 형태로서 쌍을 이루는 연결어를 통해 강조, 선택, 대조를 보다 분명히 표현할 때 사용합니다.

both A and B A와 B 둘다 **either A or B** A와 B 중 하나 **neither A nor B** A와 B 다 아닌
not only A but (also) B = B as well as A A뿐 아니라 B도 **not A but B** A가 아니라 B

Q [10] The digital strategy team will support efforts to target _______ domestic and international customers.

(A) not only (B) neither (C) both (D) either

해설 디지털 전략 팀은 국내외 고객을 모두 대상으로 하는 노력들을 지원할 것이다. 두 명사를 나열하며 '둘 다'를 의미하므로 both가 적절함.

어휘 **effort** 노력 **target** ~을 목표로 하다 **domestic customer** 국내 고객

Q [11] Visitors arriving from the south gate should enter through either the west _______ east lobby doors.

(A) or (B) and (C) nor (D) but

해설 남문에서 오는 방문객들은 서쪽 또는 동쪽 로비 문을 통해 입장해야 한다. either와 짝을 이루는 등위 접속사 or가 적절함.

어휘 **south gate** 남문

Q [12] Effective customer service agents _______ resolve issues quickly but also build trust with clients.

(A) not only (B) neither (C) both (D) either

해설 효과적인 고객 서비스 직원은 문제를 신속히 해결할 뿐 아니라 고객과 신뢰도 구축한다. but also와 짝을 이루는 표현 not only가 적절함.

어휘 **effective** 효과적인 **resolve** 해결하다 **issue** 문제 **build trust** 신뢰를 쌓다

Q [13] The new software improves data processing speed _______ user interface responsiveness.

(A) so that (B) as well as (C) in case (D) rather than

해설 신형 소프트웨어는 사용자 인터페이스 반응성뿐만 아니라 데이터 처리 속도도 향상시킨다. 두 명사(data processing speed, user interface responsiveness)를 연결하면서 B뿐만 아니라 A도라는 의미를 전달하는 as well as가 적절함. 다른 선택지들은 의미상 연결이 자연스럽지 않음.

어휘 **data processing speed** 데이터 처리 속도 **responsiveness** 반응성

Q [14] Please note that registration fees include lunch and coffee breaks, _______ not evening meals or accommodations.

(A) but (B) and (C) nor (D) or

해설 등록비에는 점심과 커피 브레이크는 포함되지만 저녁 식사나 숙박은 포함되지 않음을 유의하세요. 앞의 긍정문과 대조되는 부정 내용을 이어주므로 but이 적절함.

어휘 **registration fee** 등록비 **include** 포함하다 **coffee break** 커피 휴식 시간 **accommodation** 숙박

Point to remember

상관 접속사 구조는 주어로 쓰일 때, 동사와 수 일치에 주의해야 합니다.

- Both A and B ➞ 복수 동사
- Either A or B / Neither A nor B / Not only A but also B / Not A but B ➞ B에 수 일치
- A as well as B ➞ A에 수 일치

Q [15] Both the project manager and the department supervisor _______ approved the revised timeline proposal.

(A) have (B) has (C) is (D) are

해설 프로젝트 매니저와 부서 감독자는 모두 수정된 일정안을 승인했다. both A and B는 복수 주어이므로 복수 동사 have가 적절함.

어휘 **approve** 승인하다 **revised timeline** 수정된 일정안

Q [16] Neither the Group Executive Board members nor the CEO _______ concerned about employee safety complaints.

(A) are (B) is (C) has (D) have

해설 그룹 경영진도 CEO도 직원들의 안전 관련 불만에 대해 우려하고 있지 않다. either A nor B에서 동사 수는 B(CEO)에 일치시키며, CEO는 단수이므로 is가 적절함.

어휘 **Group Executive Board** 그룹 집행 위원회 **be concerned about** ~에 대해 우려하다

Q [17] The marketing director, as well as her two assistants, _______ attending the client meeting in Seoul.

(A) are (B) were (C) is (D) have been

해설 마케팅 이사는 두 명의 조수들과 함께 서울에서 열리는 고객 회의에 참석할 예정이다. A as well as B의 주어는 B이므로 주어 the marketing director에 일치시켜 is를 써야 함.

어휘 **assistant** 조수 **client meeting** 고객 회의

| 명사절 접속사 |

A 명사절이란

명사절은 문장에서 명사와 마찬가지로 주어, 목적어, 보어 역할을 합니다. 명사절을 이끄는 접속사로는 that, whether, if와 의문사 등이 있습니다.

B 명사절을 이끄는 that

Q[18] _______ is necessary that both leaders and employees work together to build a wellness-focused work culture.

(A) what (B) that (C) it (D) whether

해설 리더와 직원 모두가 협력하여 건강 중심의 직장 문화를 구축하는 것이 필요하다. 가주어 it이 진주어 역할을 하는 that절을 대신하는 문장이므로 it이 적절함.

어휘 **wellness-focused** 건강 중심의 **work culture** 직장 문화

Q[19] The outcome is _______ customers may end up making decisions based on limited details or inaccurate assumptions.

(A) what (B) that (C) which (D) if

해설 그 결과는 고객들이 제한된 정보나 부정확한 가정을 기반으로 결정을 내리게 될 수도 있다는 것이다. that절은 주어 The outcome의 보어가 될 수 있으므로 that이 적절함.

어휘 **outcome** 결과 **end up** ~하게 되다 **based on** ~에 기반하여 **limited details** 제한된 정보 **inaccurate assumptions** 부정확한 가정

Point to remember

that 절을 목적어로 취하는 동사

- "인식"과 관련된 뜻의 동사: think, know, believe, suppose, feel, guess, realize
- "의사 전달"과 관련된 뜻의 동사: announce, say, confirm, indicate, express, state, report

Q[20] The final report concluded _______ many small businesses are still struggling despite recent policy support.

(A) that (B) as soon as (C) while (D) what

해설 최종 보고서는 최근 정책 지원에도 불구하고 많은 소기업들이 여전히 어려움을 겪고 있다는 결론을 내렸다. conclude는 that절을 목적어로 취하므로 that이 적절함.

어휘 **final report** 최종 보고서 **conclude** 결론짓다 **struggle** 어려움을 겪다 **policy support** 정책 지원

Q[21] More than 20 years after its launch, General Motors India confirmed _______ it would cease production at its current plant.

(A) what (B) that (C) which (D) if

해설 설립 20년이 넘은 후, GM 인도는 현재 공장에서의 생산을 중단할 것이라고 확인했다. confirm은 that절을 목적어로 취해 ~라고 확인하다라고 표현할 수 있으므로 that이 적절함.

어휘 **confirm** 확인하다 **cease production** 생산을 중단하다 **current plant** 현재 공장

Point to remember

that은 특정한 형용사 뒤에서도 사용됩니다.

- 사람 주어 + be 동사 + aware / (un)certain / convinced / afraid / sure + that 절
- It + be 동사 + certain / likely / possible / necessary / natural + that 절

Q[22] The project manager is fully aware _______ delays may occur due to shipping issues.

(A) what (B) when (C) that (D) whether

해설 프로젝트 매니저는 배송 문제로 인해 지연이 발생할 수 있다는 것을 충분히 인식하고 있다. be aware는 that절을 목적어로 취할 수 있으므로 that이 적절함.

어휘 **be aware** ~을 인식하다 **occur** 발생하다

Q [23] We are convinced _______ expanding our service to Asia will increase overall revenue.

(A) that (B) which (C) what (D) how

해설 우리는 아시아로 서비스 확장이 전체 수익을 증가시킬 것이라고 확신한다. be convinced는 that절을 목적어로 취하는 표현이므로 that이 적절함.

어휘 **be convinced** ~을 확신하다 **overall revenue** 전체 수익

Q [24] It is likely _______ customers will expect faster shipping after the new policy takes effect.

(A) that (B) whether (C) what (D) how

해설 새 정책이 시행된 후 고객들이 더 빠른 배송을 기대할 가능성이 있다. It is likely 다음에는 일반적으로 that절이 와서 어떤 일이 일어날 가능성을 설명하므로 that이 적절함.

어휘 **It is likely that** ~할 가능성이 있다 **take effect** 시행되다

C 명사절을 이끄는 whether와 if

주로 불확실성을 나타내는 동사와 함께 사용되어 '~인지 아닌지"라는 뜻을 표현합니다.

- 주어 + ask + 사람 / wonder / don't know / be not sure + whether / if 절

Ex The chef wonders **whether / if** customers will try the newly introduced vegan options on the menu.

셰프는 고객들이 새로 도입된 비건 메뉴를 시도해 볼지 궁금해한다.

Point to remember

명사절 접속사 if는 오직 동사의 목적어 자리에서만 whether 대신 사용할 수 있고, 그 외의 자리(전치사 뒤, to 부정사 앞, 문장 주어 자리 등)에서는 whether만 사용 가능합니다.

Q [25] Do not hesitate to ask customers _______ your service is meeting their expectations.

(A) if (B) what (C) that (D) which

해설 당신의 서비스가 고객의 기대를 충족시키고 있는지를 고객에게 주저하지 말고 물어보세요. ask+사람 뒤에 '~인지 아닌지'를 묻는 간접의문문으로, if가 적절함.

어휘 **hesitate** 주저하다 **meet expectations** 기대를 충족하다

Q [26] _______ the annual conference will take place in Tokyo or Seoul has not yet been decided.

(A) That (B) If (C) Whether (D) Which

해설 연례 회의가 도쿄에서 열릴지 서울에서 열릴지는 아직 결정되지 않았다. 둘 중 하나를 선택하는 의미를 나타내는 절이 주어 자리에 쓰였기 때문에 If 는 쓸 수 없고 Whether가 적절함.

어휘 **take place** 열리다

Q [27] The hospital administration must decide _______ to expand the emergency room facilities this year.

(A) what (B) whether (C) if (D) that

해설 병원 경영진은 올해 응급실 시설을 확장할지 여부를 결정해야 한다. Whether는 to 부정사와 결합해 ~할 지 여부라는 뜻으로 쓸 수 있지만 if는 to 부정사와 함께 쓸 수 없으므로 whether가 적합함.

어휘 **emergency room** 응급실 **facility** 시설 설비

부사절 접속사

Lesson 2

부사절 접속사는 시간, 조건, 이유, 양보 등의 의미를 나타내는 부사절을 이끈다. 부사절은 부사의 역할을 하기 때문에 문장의 핵심 구조를 이루지 않으며, 이를 제외한 주절은 의미가 완결된 문장을 이룹니다.

| 이유 / 시간 / 양보를 나타내는 접속사 |

A 이유 접속사

because / since / as ~때문에 **now that** ~이므로

Q [1] The choice of product name is important _______ it can strongly influence how customers perceive its quality.

(A) although (B) unless (C) because (D) but

해설 지제품명 선택은 중요하다. 왜냐하면 그것이 고객들이 품질을 인식하는 방식에 강하게 영향을 줄 수 있기 때문이다. 주절의 내용에 대한 이유를 설명하므로 because가 적절함.

어휘 **influence** 영향을 주다 **perceive** 인식하다

Q [2] _______ several guests arrived late due to a flight delay, the tour began 30 minutes behind schedule.

(A) Although (B) If (C) While (D) As

해설 여러 손님이 항공편 지연으로 늦게 도착했기 때문에 투어가 30분 늦게 시작되었다. 문맥상 주절의 내용에 대한 원인을 나타내는 접속사로 as가 적절함.

어휘 **behind schedule** 예정보다 늦게

Q [3] _______ international sales are declining, some distributors are reducing or postponing their purchase orders.

(A) So that (B) Now that (C) Provided that (D) Except that

해설 국제 매출이 감소하고 있기 때문에 일부 유통업자들이 구매 주문을 줄이거나 연기하고 있다. 문맥상 주절의 내용에 대한 현재 사실을 전제로 한 원인을 나타내는 접속사인 Now that이 적절함.

어휘 **decline** 감소하다 **distributor** 유통업자 **postpone** 연기하다 **purchase order** 구매 주문

B 시간 접속사

before ~전에 **after** ~후에 **until** ~까지 **while** ~동안 **when** ~할 때 **as soon as** ~하자마자
once 일단 ~하면 **since** ~ 이후로 쭉 **as** ~ 함에 따라

Q [4] Health incentive programs are most effective _______ they are tailored to suit the specific needs of employees.

(A) as soon as (B) when (C) before (D) although

해설 건강 인센티브 프로그램은 직원들의 구체적인 요구에 맞게 맞춤화될 때 가장 효과적이다. 문맥상 시간 접속사 중에서 '~할 때'라는 의미의 when이 적절함.

어휘 **tailor to** ~에 맞추다 **suit** 적합하게 하다 **specific needs** 구체적인 요구사항

Q [5] We will inform you when the renovation work can begin _______ payment is received in full.

(A) while (B) as soon as (C) because (D) although

해설 전액 결제가 완료되는 즉시 보수 공사를 언제 시작할 수 있는지 알려드리겠습니다. 문맥상 시간 전치사 중 '~하자마자'라는 의미의 as soon as가 적절함.

어휘 **payment** 결제 지불 **in full** 전액으로

C 양보 접속사

although / though / even though / even if ~임에도 불구하고 **while / whereas** ~인 반면에

Q [6] _______ airlines typically do not hold flights for connecting passengers, they may do so when several are affected.

(A) If (B) Although (C) Since (D) Because

해설 항공사들은 일반적으로 환승 승객을 위해 비행기를 대기시키지 않지만, 여러 명이 영향을 받을 경우에는 예외적으로 기다릴 수 있다. 앞뒤 문장이 대조되는 내용을 담고 있으므로 양보의 의미인 Although가 적절함.

어휘 **typically** 일반적으로 **hold a flight** 비행기를 대기시키다 **connecting passenger** 환승 승객 **be affected** 영향을 받다

Q [7] _______ charging electric vehicles overnight is cost-effective, it can also raise overall emissions.

(A) because (B) while (C) as soon as (D) if

해설 전기차를 밤에 충전하는 것이 비용 면에서는 효율적이지만, 전체 배출량을 증가시킬 수도 있다. 앞 문장과 뒤 문장이 상반되는 내용을 담고 있으므로 반면에라는 뜻이 되는 while이 적절함.

어휘 **charge** 충전하다 **overnight** 밤사이에 **cost-effective** 비용 효율적인 **overall emissions** 전체 배출량

| 조건 / 목적 / 결과를 나타내는 접속사 |

A 조건 접속사

If ~라면 **unless** ~이 아니라면 **once** 일단 ~하면 **only if** ~하기만 하면
provided / providing (that) ~라는 경우

Q [8] _______ you drive just a bit farther, you'll find a convenient public parking area near the museum.

(A) If (B) Because (C) While (D) Until

해설 조금만 더 운전하면 박물관 근처에 편리한 공영 주차장을 찾을 수 있을 것이다. 문맥상 조건을 나타내는 문장이므로 if가 적절함.

어휘 **drive farther** 더 멀리 운전하다 **convenient public parking** 편리한 공영 주차 **near** 근처의

Q [9] You won't be able to access the company's internal database _______ your ID has been approved by the system administrator.

(A) although (B) since (C) now that (D) unless

해설 시스템 관리자가 당신의 ID를 승인하지 않으면 회사 내부 데이터베이스에 접근할 수 없다. 문맥상 조건의 부정 '~하지 않으면'을 의미하는 unless가 적절함.

어휘 **access** 접근하다 **internal** 내부의 **administrator** 관리자

Q [10] _______ a building elevator is installed and in service, regular inspections and part replacements are required.

(A) Because (B) Until (C) Once (D) Since

해설 건물 엘리베이터가 설치되어 운영되기 시작하면, 정기적인 점검과 부품 교체가 필요하다. 문맥상 '일단 ~하면'이라는 의미의 once가 적절함.

어휘 **be in service** 운영되다 **regular inspection** 정기 점검 **part replacement** 부품 교체

Q [11] Temporary employees may renew their contracts _______ their performance meets company standards.

(A) except that (B) provided that (C) now that (D) considering that

해설 임시직 직원들은 성과가 회사 기준을 충족할 경우 계약을 갱신할 수 있다. 문맥상 조건을 나타내는 표현으로 '~하는 경우에 한해'라는 의미의 provided that이 적절함.

어휘 **temporary employee** 임시직 직원 **renew** 갱신하다 **meet standards** 기준을 충족하다

B 목적 접속사

- 주절 + so that 주어 + can / may: 주어가 ~할 수 있도록 하기 위해

Q [12] The front desk was relocated near the main entrance _______ that guests can check in more efficiently.

(A) so (B) now (C) provided (D) considering

해설 투숙객들이 더 효율적으로 체크인할 수 있도록 프런트 데스크가 정문 근처로 이전되었다. 문맥상 목적을 나타내는 표현 so that 주어 + can을 써야 하므로 so가 적합함.

어휘 **relocate** 이전하다 **main entrance** 정문

Q[13] We upgraded all guest room locks to digital systems _______ guests can access their rooms with a mobile app.

(A) except that (B) provided that (C) now that (D) so that

해설 고객들이 모바일 앱으로 객실에 출입할 수 있도록 모든 객실 잠금장치를 디지털 시스템으로 업그레이드했다. 문맥상 목적을 나타내는 접속사 so that이 적절함.

어휘 **guest room** 객실 **lock** 잠금장치

C 결과 접속사

주어 + 동사 + [so + 형용사 / 부사 / such + (a) + 형용사 + 명사] + that 주어 + 동사 ➜ 너무 ~ 해서 ~ 하다

Q[14] JetBlue became so _______ in the domestic airline market that larger competitors like Delta and United began offering similar budget-friendly services.

(A) successive (B) success (C) successful (D) succeed

해설 JetBlue는 국내 항공 시장에서 매우 성공적이었기 때문에, Delta나 United 같은 더 큰 경쟁사들도 유사한 저가 서비스를 제공하기 시작했다. so + 형용사 + that 구문이므로 successful이 적절함.

어휘 **domestic airline market** 국내 항공 시장 **competitor** 경쟁사 **budget-friendly** 저가의, 경제적인

Q[15] The Korean fusion bistro became _______ a popular dining spot that its owner soon opened a second location in the city center.

(A) likely (B) very (C) so (D) such

해설 그 한식 퓨전 비스트로는 매우 인기 있는 맛집이 되어 곧 도심에 두 번째 매장을 열었다. 명사(dining spot)를 수식하므로 such + a 형용사 + 명사 + that 구문에 맞는 such가 적절함.

어휘 **popular dining spot** 인기 맛집 **owner** 주인 **second location** 두 번째 지점

Q[16] The hotel staff responded so _______ to the complaint that the guest posted a positive review online.

(A) polite (B) politely (C) politeness (D) politest

해설 호텔 직원이 불만에 매우 공손하게 응대하여, 고객은 온라인에 긍정적인 후기를 남겼다. So ~that 구문에서 동사 responded를 수식하므로 부사 politely가 적절함.

어휘 **post a review** 후기를 올리다 **politely** 공손하게

| 기타 부사절을 이끄는 접속사 |

given / considering (that) ~을 고려하여(할 때) **in case / in the event (that)** ~인 경우에
as long as ~하는 한 **except (that)** ~을 제외하고

Q[17] _______ that our company operates internationally, strong English skills are essential for nearly all roles.

(A) Given (B) Very (C) So (D) Such

해설 우리 회사가 국제적으로 운영된다는 점을 고려할 때, 거의 모든 직무에서 뛰어난 영어 능력이 필수적이다. 문맥상 '~을 고려할 때'라는 의미의 표현인 Given that 을 완성하기 위해 Given이 적절함.

어휘 **operate internationally** 국제적으로 운영하다 **strong English skills** 뛰어난 영어 실력

Q[18] We recommend downloading the offline map _______ you lose internet access during your trip abroad.

(A) so that (B) in case (C) except that (D) such that

해설 해외 여행 중 인터넷 연결이 끊길 경우를 대비해 오프라인 지도를 다운로드할 것을 권장합니다. 문맥상 ~할 경우에 대비하여라는 의미의 in case가 적절하며.

어휘 **lose internet access** 인터넷 연결을 잃다

Q[19] You may use the company vehicle for personal errands _______ you return it before 6 p.m.

(A) as if (B) even if (C) as long as (D) unless

해설 오후 6시 이전에 반납하는 조건으로 회사 차량을 개인 용무에 사용할 수 있다. 문맥상 조건을 나타내는 표현으로 '~하는 한'이라는 의미의 as long as가 적절함.

어휘 **company vehicle** 회사 차량 **personal errand** 개인 용무

Q[20] All the guests were satisfied with their hotel stay, _______ the Wi-Fi was unstable at times.

(A) unless (B) although (C) except that (D) because

해설 모든 투숙객들이 호텔 숙박에 만족했지만, 와이파이가 때때로 불안정했다. 문맥상 앞 문장과 대조되는 예외 사항을 덧붙이므로 except that이 적절함.

어휘 **unstable** 불안정한 **at times** 때때로

| 뜻이 비슷한 접속사와 전치사 |

접속사와 전치사가 뜻이 비슷하더라도 접속사 뒤에는 절이, 전치사 뒤에는 명사나 동명사가 옵니다.

- because + 주어 + 동사 ➞ because of / due to / thanks to + 명사 / 동명사
- although + 주어 + 동사 ➞ despite / in spite of + 명사 / 동명사

Q[21] _______ technical issues, the online payment system was temporarily unavailable yesterday afternoon.

(A) Because of (B) Despite (C) Although (D) Thanks to

해설 기술적 문제 때문에 어제 오후 온라인 결제 시스템을 일시적으로 사용할 수 없었다. 문맥상 원인을 나타내는 전치사 표현 '~ 때문에'의 because of가 적절함.

어휘 **online payment system** 온라인 결제 시스템 **temporarily** 일시적으로 **unavailable** 사용할 수 없는

Q[22] The training session has been canceled _______ scheduling conflicts with the instructor's availability.

(A) in addition to (B) due to (C) thanks to (D) according to

해설 강사의 일정과의 충돌로 인해 교육 세션이 취소되었다. 문맥상 원인을 나타내는 전치사 due to가 적절함.

어휘 **cancel** 취소하다 **scheduling conflict** 일정 충돌 **availability** 가능 여부

Q[23] _______ a last-minute investor, the startup was able to launch its product on time.

(A) In spite of (B) Thanks to (C) Despite (D) According to

해설 막판 투자자 덕분에 그 신생기업은 제시간에 제품을 출시할 수 있었다. 긍정적인 결과의 원인을 나타내는 표현 '~ 덕분에'는 thanks to가 적절함.

어휘 **last-minute investor** 막판 투자자 **on time** 제시간에

Q [24] _______ the decline in tourist numbers, hotel bookings remained steady during the holiday season.

(A) Despite (B) Thanks to (C) Because of (D) Due to

해설 관광객 수 감소에도 불구하고 휴가철 동안 호텔 예약은 꾸준했다. 문맥상 주절 내용에 반하는 상황을 설명하므로 '~에도 불구하고'라는 의미의 Despite가 적절함.

어휘 **decline** 감소 **remain steady** 꾸준히 유지되다

부사절의 축약

시간, 이유, 조건, 양보의 부사절 접속사절에서, 부사절의 주어와 주절의 주어가 같을 때, 부사절은 다음과 같이 축약할 수 있습니다.

✓ 부사절이 능동태일 때: 접속사 + 동사의 현재분사

Ex After she felt tired, she went home early.

→ **After feeling** tired, she went home early.

피곤함을 느낀 후, 그녀는 일찍 집에 갔다.

✓ 부사절이 수동태일 때: 접속사 + 동사의 과거분사

Ex Although he was surprised by the results, he remained calm.

→ **Although surprised** by the results, he remained calm.

그 결과에 놀랐음에도 불구하고, 그는 침착함을 유지했다.

Q [25] After _______ several candidates, the committee unanimously recommended Mr. Han for the leadership position.

(A) interview (B) interviewing (C) interviewed (D) to interview

해설 여러 후보자를 면접한 후, 위원회는 한 씨를 지도자 직책에 만장일치로 추천했다. 주어가 같고, 부사절이 능동일 경우 현재분사 사용하므로 interviewing이 적합함.

어휘 **candidate** 후보자 **unanimously** 만장일치로 **recommend** 추천하다

Q [26] Although not _______ in learning foreign languages, she recently enrolled in a beginner's Spanish class.

(A) interest (B) interesting (C) interested (D) to interest

해설 외국어 학습에 관심이 없지만, 그녀는 최근 초급 스페인어 수업에 등록했다. 주어가 같고, 부사절이 수동일 경우 과거분사 사용하므로 interested가 적합함.

어휘 **enroll in** 등록하다 **beginner's class** 초급 수업

Point to remember

As는 접속사로서 이유, 시간, 양보, 비례 등의 여러 의미를 갖고 있으며, 어떤 뜻으로 쓰였는지 알기 위해서는 문장의 전체 맥락(주절과 종속절의 의미 관계)을 파악해야 합니다.

Ex As it was raining, we stayed inside. → 이유

비가 왔기 때문에 우리는 실내에 머물렀다.

As I was cooking, the phone rang. → 시간
내가 요리를 하고 있을 때 전화가 울렸다.

Tired as he was, he kept working. → 양보
그는 피곤했지만 계속 일했다.

As the weeks passed, she got stronger. → 비례
시간이 가면서 그녀는 점점 더 강해졌다.

Point to remember

because, since, as가 이유를 나타낼 때 의미와 용법 차이

- because 직접적이고 강한 이유 ~때문에 주로 문장 뒷부분
- since 배경적·이미 알려진 이유 ~이므로 주로 문장 **앞부분**
- as 부드럽게 이유 제시 ~어/아서 주로 문장 **앞부분**

Ex The event was canceled **because** it rained.
비가 왔기 때문에 행사는 취소되었다.

Since you're here, let's start the meeting.
당신이 여기 있으니 회의를 시작합시다.

As it was late, we decided to go home.
늦어서 우리는 집에 가기로 했다.

Part 6 연습

Lesson 3

Q [1-4] **Refer to the following advertisement.**

Exclusive Summer Packages Now Available!

Enjoy unbeatable summer travel deals on a wide selection of tour packages, including airfares, resort stays, [1] _______ cultural activity passes. For the lowest rates and most flexible booking options, visit GlobalEscape Travel at one of our nationwide branches or contact us online.

Our experienced consultants will be happy to assist you with planning itineraries, choosing accommodations, and reserving group excursions.

We will confirm your booking requests [2] _______ space is still available for your preferred dates. [3] _______ your first choices are not available, we will offer comparable options at similar prices. You may also request our exclusive digital guide, which highlights hidden dining gems and local attractions popular with residents.

Our service team strives to deliver reliable support at every stage of your trip, although some last-minute changes may be subject to additional fees.

[4] _______ summer is our busiest season, we recommend finalizing your arrangements at least three weeks in advance.

For more details or to start planning your next getaway, please visit www.globalescape-travel.com.

Additionally, [5] ____________________________________ .

Q [1]	(A) but	(B) nor	(C) for	(D) and
Q [2]	(A) so that	(B) provided that	(C) except that	(D) now that
Q [3]	(A)As soon as	(B) Although	(C) Because	(D) If
Q [4]	(A) in spite of	(B) since	(C) once	(D) unless

Q [5] (A) booking in person is no longer available at most overseas airports.
(B) most travelers prefer digital brochures to avoid printing unnecessary documents.
(C) printed catalogs can be mailed to customers who prefer paper materials.
(D) contact us again after your trip to give us your honest feedback.

독점 여름 패키지, 지금 예약 가능! 항공료, 리조트 숙박, 그리고 문화 체험 이용권이 포함된 다양한 여행 패키지를 놀라운 가격에 만나보세요. 가장 저렴한 요금과 유연한 예약 옵션을 원하신다면, 전국 지점 중 한 곳을 방문하시거나 온라인으로 GlobalEscape Travel에 문의해 주세요.
경험 많은 저희 상담원이 일정 계획, 숙소 선택, 단체 여행 예약 등을 기꺼이 도와드릴 것입니다 .선호하시는 날짜에 자리가 남아 있는 경우, 예약 요청을 확인해 드립니다. 원하시는 옵션이 이용 불가능한 경우, 비슷한 가격대의 유사한 옵션을 안내해 드립니다. 현지인에게 인기 있는 숨은 맛집과 관광 명소를 소개한 디지털 가이드를 요청하실 수도 있습니다.
저희 서비스 팀은 여행의 모든 단계에서 신뢰할 수 있는 지원을 제공하기 위해 노력하지만, 일부 막판 변경 사항에는 추가 요금이 부과될 수 있습니다. 여름은 저희가 가장 바쁜 시즌이므로, 최소 3주 전에 일정을 마무리하시길 권장드립니다. 자세한 정보 확인이나 여행 계획 시작을 원하시면 www.globalescape-travel.com을 방문해 주세요. 또한, 인쇄물 선호 고객에게는 인쇄된 카탈로그를 우편으로 발송해 드릴 수 있습니다.

해설 [1] 항공료, 리조트 숙박과 문화 체험 이용권이 병렬 구조를 이루므로 and가 적절함. [2] 문맥상 조건을 나타내는 접속사가 사용되어야 하는데 선택지에서는 ~라는 경우라는 뜻의 provided that이 적합함. [3] 원하는 옵션이 없을 경우 대체안을 제공한다는 맥락에 부합하는 접속사로는 '~인 경우'라는 뜻인 If가 적합함. [4] 여름이 성수기라는 이유를 나타내는 since가 문맥에 적절함. [5] (C)는 종이 자료를 선호하는 고객을 위한 추가 안내로서 앞 문장인 디지털 가이드 안내와 자연스럽게 연결됨.

어휘 **exclusive** 독점의 **cultural activity pass** 문화 체험 이용권 **itinerary** 일정 **accommodation** 숙소 **group excursion** 단체 여행 **provided that** ~하는 경우에 **comparable option** 유사한 옵션 **highlight** 강조하다 **attraction** 명소 **strive to V** ~하려고 노력하다 **reliable support** 신뢰할 수 있는 지원 **last-minute change** 막판 변경 **be subject to** ~의 대상이 되다 **in advance** 미리 **brochure** 안내 책자 **printed catalog** 인쇄된 카탈로그 **mail** 우편 발송하다

실전 확인 문제

Step 1 | **Choose the best answer to complete the sentence.**

1 ______ the cafeteria offers breakfast all day, employees can eat whenever it suits their schedule.
(A) Unless (B) Since (C) While (D) Although

2 Tesla announced ______ the Model Y had surpassed all previous sales records in the second quarter.
(A) which (B) that (C) if (D) what

3 ______ the recent update to our mobile app, users are experiencing significantly better performance.
(A) Thanks to (B) Due to (C) Because (D) In spite of

4 ______ Mr. Kim preferred working independently, his colleague enjoyed collaborating in teams.
(A) Since (B) If (C) While (D) Because

5 The software industry has become so ______ that new developers must constantly upgrade their skills.
(A) competitive (B) competitively (C) competition (D) compete

6 The marketing director didn't attend the launch event, ______ did she respond to the media inquiry.
(A) and (B) or (C) nor (D) so

7 All invoices come with a confirmation number, ______ clients can easily check their payment status online.
(A) nor (B) but (C) unless (D) so

8 ______ the airline has received approval from aviation authorities, it will resume international flights next month.
(A) except that (B) provided that (C) now that (D) so that

9 ______ the candidate will accept the CEO position at TechNova remains unknown.
(A) If (B) Although (C) Because (D) Whether

10 ______ strong objections from some employees, the company proceeded with implementing its restructuring plan.
(A) In spite (B) Despite (C) Due to (D) Thanks to

11 The data is collected from users ______ our developers can enhance app performance.
(A) except that (B) provided that (C) now that (D) so that

12 The airline is reviewing ______ to reduce the number of domestic flights during the winter season.
(A) what (B) whether (C) that (D) if

13 The warehouse staff responded promptly and ______ to the urgent delivery requests.
(A) accurate (B) more accurate (C) accuracy (D) accurately

14 Neither the sales representatives nor the manager ______ available to answer client inquiries this morning.
(A) are (B) is (C) have been (D) were

15 You cannot access the secure folder ______ you enter the correct password first.
(A) unless (B) while (C) after (D) since

Step 2 | Choose the best answer to complete the sentence.

1 The general rule is ______ copyrighted material cannot be used without permission from the copyright holder.
(A) which (B) that (C) what (D) when

2 ______ the new policy may be inconvenient for some staff, it is expected to improve overall efficiency.
(A) Since (B) If (C) While (D) Because

3 Most online forms include a review screen ______ users can double-check their answers before submission.
(A) considering that (B) now that (C) provided that (D) so that

4 Employees may take unpaid leave ______ they submit the official form at least two weeks in advance.
(A) unless (B) although (C) as long as (D) so that

5 She had worked in the finance department for several years before ______ to establish her own firm.
(A) decision (B) decided (C) deciding (D) decide

6 ______ the updated guidelines have been finalized, the training team will begin preparing the materials.
(A) Except that (B) Now that (C) Provided that (D) So that

7 The university revised its scholarship guidelines ______ more students could meet the eligibility requirements.
(A) that (B) because (C) although (D) so that

8 Although not ______ , attendance at the orientation session is strongly encouraged.
(A) requiring (B) require (C) required (D) requires

9 Their vacation to Iceland was relaxing ______ surprisingly expensive due to peak season rates.
(A) but (B) and (C) nor (D) so

10 The attendees were not pleased with the presentation, ______ was the speaker informed of their feedback.
(A) so (B) but (C) nor (D) or

11 ______ the weather forecast shows heavy rain, the outdoor ceremony will likely be rescheduled.
(A) Despite (B) Given that (C) While (D) In case

12 The EcoClean Robot was ______ advanced device that it immediately gained popularity among tech enthusiasts.
(A) so much (B) very a (C) such a (D) so

13 I wonder ______ the hotel provides free pick-up and drop-off service to and from the airport.
(A) who (B) which (C) what (D) whether

14 Employees will not be admitted into the restricted area ______ they display their identification badge.
(A) because (B) although (C) unless (D) when

15 The head of design as well as a few technical specialists ______ to attend the product launch ceremony.
(A) was inviting (B) were invited (C) was invited (D) were inviting

Questions 16–20 refer to the following complaint letter.

Dear Ms. Robinson,

Last week, our office ordered three wireless printers (Model: JetPrint Pro 2500) from your company. The package arrived on time, and we appreciate the fast shipping. [16] ______ your efficient logistics, the delivery process itself went smoothly.
However, [17] ______ the printers being packed securely, one of the units had a cracked paper tray, and another printer would not power on at all. We attempted basic troubleshooting, [18] ______ the issues persisted.
[19] ______ the third printer is functioning properly, we are unable to fully implement our printing system as planned. This has caused delays in distributing client materials, so it is unfortunate considering our tight deadlines.
[20] ____, along with return instructions for the faulty products. Thank you in advance for your prompt assistance.

Sincerely,
David Kim
Office Manager
BlueWave Solution

16 (A) Except (B) In spite of (C) Due to (D) Thanks to

17 (A) regarding (B) against (C) despite (D) without

18 (A) but (B) so (C) or (D) for

19 (A) Since (B) Although (C) Unless (D) Now that

20 (A) We are no longer interested in similar products.
(B) We would like to cancel all future deliveries.
(C) We would like to request replacements for the damaged units.
(D) We would like to return all undamaged items.

Chapter 11

분사와 비교 구문

Lesson 1 분사

Lesson 2 비교 구문

Lesson 3 Part 6 연습

실전 확인 문제

분사

Lesson 1

| 분사란? |

분사는 동사의 변형된 형태입니다. 현재분사는 능동 또는 진행의 의미를, 과거분사는 수동 또는 완료의 의미를 나타내며, 형용사처럼 명사를 수식하거나, 부사절이 축약된 분사구문을 만들 때 사용됩니다.

| 명사 수식 |

분사가 명사를 앞이나 뒤에서 수식할 때 수식 받는 명사와 의미 관계가 능동이면 현재분사를, 수동이면 과거분사를 사용합니다.

A 분사가 단독으로 사용되거나 부사의 수식을 받을 때는 명사를 앞에서 수식하는 것이 일반적임

Q [1] A _______ number of IT specialists are now working remotely from overseas locations.
(A) grow (B) growing (C) grown (D) grew

해설 많은 수의 IT 전문가들이 현재 해외에서 원격 근무 중이다. 능동적으로 진행 중인 상태를 묘사하므로 현재분사 growing이 적절함.

어휘 **IT specialist** IT 전문가 **remotely** 원격으로 **overseas location** 해외 지점

Q [2] Here's an _______ list of restaurants serving brunch to dinner on Christmas Day.
(A) to update (B) updating (C) updated (D) update

해설 크리스마스 당일 브런치부터 저녁까지 제공하는 식당 목록입니다. '업데이트된 목록'이라는 t 수동의 의미를 나타내므로 과거분사 updated가 적절함.

어휘 **list** 목록 **serve** 제공하다

Q [3] The recently _______ marketing specialist will be leading the new brand promotion campaign.
(A) hired (B) hiring (C) hire (D) hires

해설 최근에 고용된 마케팅 전문가는 새로운 브랜드 홍보 캠페인을 이끌 것이다. '고용된'이라는 수동의 의미를 나타내므로 과거분사 hired가 적절함.

어휘 **recently** 최근에 **lead** 이끌다

Q [4] It takes teamwork to completing such a _______ task within a short deadline.
(A) demanding (B) demanded (C) demands (D) demand

해설 짧은 기한 안에 이렇게 어려운 과제를 완료하려면 훌륭한 팀워크가 필요하다. 많은 노력을 요구하는이라는 능동의 의미를 나타내므로 현재분사 demanding이 적절함.

어휘 **demanding** 힘든 까다로운 **task** 과업 **teamwork** 협력 작업

Q [5] Many employees feel more motivated when they are assigned a truly _______ job.
(A) reward (B) rewarded (C) rewarding (D) rewards

해설 직원들은 진정으로 보람 있는 일을 맡았을 때 더 동기부여를 느낀다. 감정을 유발하는 능동의 의미를 나타내므로 현재분사 rewarding이 적절함.

어휘 **feel motivated** 동기부여를 느끼다 **assign** 할당하다 **rewarding** 보람 있는

Q [6] The manager decided to extend the contract of the most _______ intern this semester.
(A) promise (B) promising (C) promised (D) promises

해설 매니저는 이번 학기에 가장 유망한 인턴의 계약을 연장하기로 결정했다. 가능성 있는 이라는 능동의 의미를 나타내므로 promising이 적절함.

어휘 **extend** 연장하다 **semester** 학기

Q [7] The team struggled to complete the _______ task before the client's final review.
(A) challenged (B) challenging (C) challenge (D) challenges

해설 팀은 클라이언트의 최종 검토 전에 어려운 과제를 완료하기 위해 고군분투했다. 도전적인 이라는 능동의 의미를 나타내므로 현재 분사 challenging이 적절함.

어휘 **struggle** 고군분투하다

Q [8] Conference attendees who register early will receive a confirmation and a _______ rate.
(A) reduce (B) reduces (C) reduced (D) reducing

해설 일찍 등록한 참가자는 확인서와 할인된 요금을 받게 될 것이다. 할인된이라는 수동의 의미를 나타내므로 과거분사 reduced가 적절함.

어휘 **attendee** 참가자 **confirmation** 확인 **rate** 요금

Q [9] Premium members enjoy _______ access to our online resources and customer support services.
(A) unlimited (B) unlimiting (C) unlimits (D) unlimit

해설 프리미엄 회원은 온라인 자료와 고객 지원 서비스에 무제한으로 접근할 수 있다. 제한되지 않은이라는 수동의 의미를 나타내므로 unlimited가 적절함.

어휘 **access** 접근 **unlimited** 무제한의 **resource** 자료

Q [10] Only a _______ applicant with at least three years of experience will be considered.
(A) qualifies (B) qualified (C) qualifying (D) qualify

해설 최소 3년의 경력을 가진 자격을 갖춘 지원자만 고려될 것이다. 자격이 갖추어진 이라는 수동의 의미를 나타내므로 qualified가 적절함.

어휘 **be considered** 고려되다

Point to remember

자동사의 분사형이 명사를 수식할 때는 반드시 현재분사(-ing) 형태만 사용합니다

remaining problem 남은 문제 **lasting** effect 지속되는 문제 **rising** cost 오르는 비용

existing employee 기존의 직원 **emerging** market 떠오르는 시장 **missing** item 분실물

Q[11] No one is more familiar with the daily operations of the factory than its _______ employees.

(A) existing (B) exist (C) existed (D) existence

해설 공장의 일상 운영에 대해 기존 직원들만큼 잘 아는 사람은 없다. 전부터 근무중인 이라는 뜻으로 자동사이므로 현재분사 existing이 적절함.

어휘 **familiar with** ~에 익숙한 **daily operations** 일상 운영 **factory** 공장 **existing employee** 기존 직원

Q[12] Vietnam is quickly transitioning from its _______ market label to a major global trade hub.

(A) emerging (B) emerged (C) emerge (D) emergence

해설 베트남은 신흥시장이라는 꼬리표에서 벗어나 주요 글로벌 무역 허브로 빠르게 전환하고 있다. 떠오르는 이라는 뜻으로 자동사이므로 emerging이 적절함.

어휘 **transition from** ~에서 전환하다 **label** 꼬리표, 명칭 **global trade hub** 세계 무역 중심지

Q[13] Due to the _______ cost of raw materials, the company had to adjust its pricing structure.

(A) rise (B) rising (C) risen (D) rose

해설 원자재 비용의 상승으로 인해 회사는 가격 구조를 조정해야 했다. '오르고 있는'이라는 뜻으로 자동사이므로 현재분사 rising이 적절함.

어휘 **raw material** 원자재 **adjust** 조정하다 **pricing structure** 가격 구조

Q[14] The IT department is working hard to resolve the only _______ problem with the new software system.

(A) remain (B) remained (C) remains (D) remaining

해설 IT 부서는 새 소프트웨어 시스템에서 유일하게 남아 있는 문제를 해결하기 위해 노력하고 있다. remain은 남아 있는 이라는 뜻으로 자동사이므로 현재분사 remaining이 적절함.

어휘 **resolve** 해결하다 **only** 유일하게

Q[15] Please contact our customer support team to report any _______ item from your shipment.

(A) miss (B) missed (C) missing (D) misses

해설 배송된 물품 중 누락된 항목이 있다면 고객 지원팀에 연락해 주세요. miss는 자동사이므로 현재분사 missing이 사라진 이라는 뜻으로 적절함.

어휘 **report** 신고하다, 알리다 **shipment** 배송

Point to remember

명사를 수식하는 분사 중 일부는 관용적이거나 고정된 표현으로 자주 사용되며, 형용사처럼 굳어진 형태로 쓰이는 경우가 많습니다. 이런 표현들은 문법적으로 하나하나 분석하려 하지 말고, 표현 전체를 통으로 외우는 것이 좋습니다.

- **현재분사:** opening remarks 개회사 the following year 다음 해 a challenging task 힘든 업무 increasing competition 증가하는 경쟁
- **과거분사:** scheduled plans 예정된 계획 an informed decision 현명한 결정 limited time 제한된 시간 a skilled worker 숙련된 직원 finished products 완제품 experienced staff 경험있는 직원

B 분사 뒤에 목적어나 부사구가 따라올 경우, 분사는 명사를 뒤에서 수식함

Point to remember
자동사의 분사이거나, 타동사의 분사 뒤에 목적어가 있을 경우에는 항상 **현재분사**를 사용합니다.

Q [16] The hotel offers a complimentary shuttle service _______ guests to nearby tourist attractions daily.
(A) transported (B) transporting (C) transport (D) transportation

해설 호텔은 매일 손님들을 인근 관광지로 태워다 주는 무료 셔틀 서비스를 제공합니다. transport는 guests를 목적어로 취하는 타동사이므로 능동의 의미인 현재분사 transporting이 적절함.
어휘 **transport** 운송하다 **tourist attraction** 관광 명소

Q [17] Customers _______ to receive promotional coupons must register their e-mail on our website.
(A) wish (B) wishing (C) wished (D) to wish

해설 판촉 쿠폰을 받기를 원하는 고객들은 이메일을 등록해야 한다. wish는 자동사이므로 능동의 의미인 현재분사 wishing이 적절함.
어휘 **promotional coupon** 판촉 쿠폰 **on our website** 당사 웹사이트에서

Q [18] The café is known for its unique menu _______ seasonal ingredients from local farms.
(A) use (B) used (C) using (D) uses

해설 그 카페는 지역 농장의 제철 재료를 사용하는 독특한 메뉴로 잘 알려져 있다. use는 menu를목적어로 취하는 타동사이므로 능동의 의미인 현재분사 using이 적절함.
어휘 **be known for** ~로 알려져 있다 **unique** 독특한 **seasonal ingredient** 제철 재료

Q [19] For customer service inquiries, please visit the main office _______ next to the central entrance.
(A) locate (B) located (C) locating (D) location

해설 고객 서비스 문의는 중앙 입구 옆에 위치한 본사를 방문해 주세요. 명사 office는 위치되어 있다는 수동의 의미가 있으므로 과거분사 located가 적절함.
어휘 **inquiry** 문의 **main office** 본사 **central entrance** 중앙 입구

Q [20] The information center handles all items _______ in the airport during business hours from 8 a.m. to 6 p.m.
(A) lost (B) lose (C) losing (D) to lose

해설 인포메이션 센터는 영업시간 동안 공항에서 분실된 모든 물품을 처리합니다. Items는 '분실된'이라는 수동의 의미가 있으므로 과거분사 lost가 적절함.
어휘 **item** 물품 **lose** 잃다 **business hour** 영업시간

Q [21] Please review the files _______ to this e-mail and provide your feedback by Friday.
(A) attaching (B) attach (C) attached (D) attachment

해설 이 이메일에 첨부된 파일들을 검토하고 금요일까지 피드백을 주세요. files은 첨부되었다는 수동의 의미가 있으므로 과거분사 attached가 적절함.
어휘 **review** 검토하다 **attach** 첨부하다 **attachment** 첨부

Q[22] Passengers _______ at Incheon International Airport must proceed directly to immigration control.

(A) arrive (B) arriving (C) arrived (D) arrival

해설 인천국제공항에 도착하는 승객들은 바로 입국 심사대로 가야 합니다. arrive는 자동사이므로 능동의 의미인 현재분사 arriving이 적절함.

어휘 **immigration control** 입국 심사

Q[23] Tourists _______ at the bus stop near the cathedral were offered free city maps.

(A) wait (B) waited (C) waiting (D) waits

해설 성당 근처 버스 정류장에서 기다리던 관광객들에게 무료 도시 지도가 제공되었다. wait는 자동사이므로 능동의 의미인현재분사 waiting이 적절함.

어휘 **cathedral** 대성당 **free city map** 무료 도시 지도

Q[24] The manager upgraded the room assigned to the couple _______ at the hotel for a week.

(A) stay (B) stays (C) staying (D) stayed

해설 매니저는 호텔에서 일주일간 머무는 커플에게 배정된 객실을 업그레이드해주었다. stay는 자동사이므로 능동의 의미인 현재분사 staying이 적절함.

어휘 **assign** 배정하다

| 분사 구문 |

분사 구문은 부사절(접속사 + 주어 + 동사)에서 **접속사와 주어를 생략**하고, 동사를 현재분사(V–ing) 또는 과거분사(p.p.) 형태로 바꿔 간결하게 표현한 구문입니다.

- 분사 구문은 문장의 앞, 중간, 끝에 위치할 수 있으며,
- 분사 구문의 동작 주체는 주절의 주어와 같아야 합니다.
- 주절 주어와 분사와의 관계가 능동일 때 현재분사, 수동일 때 과거분사를 사용합니다.

Ex When she entered the room, she caught everyone's attention

→ **Entering** the room, she caught everyone's attention.

그녀가 방에 들어서자 모두의 시선이 그녀에게 쏠렸다.

Because it was severely damaged, the package was returned.

→ **Severely damaged**, the package was returned.

심하게 손상되어 그 소포는 반송되었다.

Q[25] _______ around the exhibition hall, visitors can sample dishes from over 40 countries.

(A) Walking (B) Walked (C) Walk (D) Walks

해설 전시장을 돌아다니며, 방문객들은 40개국 이상의 요리를 시식할 수 있다. walk가 자동사이고 주절의 주어 visitors와 능동 관계이므로 현재분사 walking이 적절함.

어휘 **walk around** ~을 돌아다니다 **exhibition hall** 전시장 **sample** 시식하다 **dish** 요리

Q [26] _______ as a project manager for Hyundai America, Inc., Jason pursued his MBA from Hult International Business School.

(A) Worked (B) Working (C) Work (D) To Work

해설 Hyundai America에서 프로젝트 매니저로 일하면서, 제이슨은 MBA 과정을 밟았다. work가 자동사이고 주절의 주어 Jason과 능동 관계이므로 working이 적절함.

어휘 **pursue** 추구하다, (학위 등을) 하다 **MBA** 경영학 석사

Q [27] _______ a variety of reasonably priced meals and beverages, White Horse Bar remains popular with young professionals.

(A) Offered (B) Offering (C) Offer (D) To Offer

해설 다양한 합리적인 가격의 식사와 음료를 제공함으로써, White Horse Bar는 여전히 인기를 끌고 있다.offer가 타동사이고 목적어 취하고 주절의 주어 White Horse Bar와 능동 관계이므로 현재분사 offering이 적절함.

어휘 **reasonably priced** 합리적인 가격의 **beverage** 음료 **remain popular** 인기를 유지하다

Q [28] The Vienna State Opera, _______ in the center of the city, is widely regarded as one of the world's premier opera venues.

(A) locating (B) locate (C) location (D) located

해설 도시 중심부에 위치한, 빈 국립 오페라 극장은 세계 최고의 오페라 공연장 중 하나로 평가받는다. locate가 타동사이고 주절의 주어 the Vienna State Opera와 수동 관계이므로 과거분사 located가 적절함.

어휘 **located in** ~에 위치한 **be regarded as** ~로 여겨지다 **premier** 최고의 **venue** 공연장

Q [29] _______ by strong capital investment, the domestic economy began showing steady recovery signs in the first half of the year.

(A) Supported (B) Supporting (C) Support (D) to Support

해설 강력한 자본 투자에 지지되어, 국내 경제는 회복세를 보이기 시작했다. support가 타동사이고 주절의 주어 the domestic economy와 수동 관계이므로 supported가 적절함.

어휘 **capital investment** 자본 투자 **domestic economy** 국내 경제 **steady recovery** 꾸준한 회복

Q [30] The chatbot, _______ with outdated data, gave inaccurate product recommendations to users.

(A) training (B) trained (C) to train (D) trains

해설 오래된 데이터로 훈련되어, 챗봇은 사용자들에게 부정확한 제품 추천을 제공했다. train이 타동사이고 주절의 주어 the chatbot과 수동 관계이므로 수동 의미의 과거분사 trained가 적절함.

어휘 **outdated** 오래된 **recommendation** 추천 **inaccurate** 부정확한

Q [31] _______ with a sudden drop in international reservations, the hotel management decided to launch an aggressive promotional campaign to attract local guests.

(A) Facing (B) Faced (C) Face (D) Faces

해설 국제 예약의 급감에 직면하여, 호텔 경영진은 지역 고객을 유치하기 위해 강력한 판촉 캠페인을 시작하기로 결정했다 face가 타동사이고 주절의 주어 the hotel management과 수동 관계이므로 과거분사 faced가 적절함.

어휘 **face** 직면하다 **aggressive** 공격적인, 대대적인 **promotional campaign** 판촉 활동 **local guest** 현지 고객

Q [32] _______ with Western fast food chains, many K-food restaurants focus more on using fresh and locally sourced ingredients.

(A) Compare (B) Comparing (C) Compared (D) Comparison

해설 서양 패스트푸드 체인들과 비교해보면, 많은 K-푸드 식당은 신선하고 지역에서 조달된 재료 사용에 더 중점을 둔다. compare가 타동사이고 주절의 주어 many K-food restaurants와 수동 관계이므로 과거분사 compared가 적절함.

어휘 **compared with** ~와 비교하여 **focus on** ~에 중점을 두다 **locally sourced** 지역에서 조달한

Q [33] _______ unfamiliar with the new accounting software, the intern asked for additional training.

(A) Being (B) Be (C) To be (D) Is

해설 새로운 회계 소프트웨어에 익숙하지 않았기 때문에, 그 인턴은 추가 교육을 요청했다. be가 자동사이고 주절의 주어 the intern과 능동 관계이므로 현재분사 being이 적절함.

어휘 **unfamiliar with** ~에 익숙하지 않은 **ask for** 요청하다 **additional training** 추가 교육

Point to remember

부사절의 논리적 의미를 보다 명확히 전달하고, 독자의 이해를 돕기 위해 접속사를 남겨두는 경우도 있습니다.

Q [34] Although _______ very tired, the intern stayed late to complete the report by the deadline.

(A) felt (B) feels (C) feeling (D) feel

해설 매우 피곤했지만, 인턴은 마감기한까지 보고서를 마치기 위해 늦게까지 남아 있었다. Feel이 자동사이고 주절의 주어 the intern과 능동 관계이므로 현재분사 feeling이 적절함.

어휘 **stay late** 늦게까지 남아 있다

Q [35] Although _______ to join the seminar, several staff members opted to stay at the office.

(A) inviting (B) invited (C) invites (D) invite

해설 세미나에 초대되었지만, 몇몇 직원들은 사무실에 남기로 선택했다. invite가 타동사고 주절의 주어 several staff members와 수동 관계이므로 과거분사 invited가 적절함.

어휘 **opt to** ~하기로 선택하다

Q [36] When _______ properly, the building's heating system runs efficiently even during extreme cold.

(A) maintains (B) maintained (C) maintain (D) maintaining

해설 제대로 유지관리되면, 그 건물의 난방 시스템은 혹한 속에서도 효율적으로 작동한다. Maintain이 타동사고 주절의 주어 the building's heating system와 수동 관계이므로 과거분사 maintained가 적절함.

어휘 **maintain** 유지하다 **properly** 적절하게 **heating system** 난방 시스템 **run** 작동하다 **extreme cold** 혹한

Q [37] After _______ various K-food tasting events, the company successfully expanded into Southeast Asia.

(A) hosting (B) hosted (C) hosts (D) host

해설 다양한 K-푸드 시식 행사를 개최한 후에, 그 회사는 성공적으로 동남아시아로 진출했다. 전치사 after 뒤에 동명사 hosting이 적절함.

어휘 **host** 개최하다 **tasting event** 시식 행사

Point to remember

분사 구문을 부정할 때는 분사 바로 앞에 Not을 붙입니다.

Q[38] _______ how to invest in stocks, Jason consulted an investment expert from HSBC.

(A) Knowing not (B) Not knowing (C) Not known (D) Known not

해설 주식 투자 방법을 몰랐기 때문에, 제이슨은 HSBC의 투자 전문가에게 상담을 요청했다. know가 자동사이고 주절의 주어 Jason과 능동 관계이므로 현재 분사를 써야하는 데 부정이므로 not이 앞에 와서 Not knowing이 적절함.

어휘 **invest in stocks** 주식에 투자하다 **consult** 상담하다

Q[39] _______ the side effects of the medication, the patient did not stop taking it.

(A) Not being aware of (B) Not aware

(C) Being not aware (D) Not to be aware

해설 약의 부작용을 인식하지 못한 채로, 그 환자는 약을 계속 복용했다. be가 자동사이고 주절의 주어 the patient과 능동 관계이므로 현재 분사를 써야하는 데 부정이므로 not이 앞에 와서 Not being aware of가 적절함.

어휘 **not being aware of** ~을 인식하지 못하는 **side effect** 부작용 **take medication** 약을 복용하다 **without caution** 조심하지 않고, 경고 없이

Q[40] _______ of the schedule change, the employees missed the morning briefing.

(A) Not inform (B) Not informing (C) Not informed (D) Not informs

해설 일정 변경에 대해 통보받지 못했기 때문에, 직원들은 아침 회의를 놓쳤다. inform이 타동사이고 주절의 주어 Jason과 수동 관계이므로 과거 분사를 써야하는 데 부정이므로 not이 앞에 와서 Not informed가 적절함.

어휘 **schedule change** 일정 변경 **miss** 놓치다 **morning briefing** 아침 회의

비교 구문

Lesson 2

비교 구문은 형용사나 부사의 형태를 바꿔 둘 또는 그 이상의 대상을 비교할 때 사용하며, 동등 비교, 비교급, 최상급 세 가지 유형이 있습니다.

| 동등 비교 |

A 기본 구문

두 비교 대상이 동등한 관계임을 표현하기 위해 **as + 형용사 / 부사 + as** (~만큼 ~한 / ~하게) 구문을 사용합니다. 형용사를 쓸지 부사를 쓸지는 앞에 나오는 동사의 종류에 따라 결정됩니다.

V be 동사나 상태 동사 다음에는 형용사를 사용합니다.

Ex He is as **careful** as his manager.
그는 그의 관리자만큼 조심스럽다.

V 일반 동사(행동 동사) 다음에는 부사를 사용합니다.

Ex She works as **carefully** as her manager.
그녀는 그녀의 관리자만큼 조심스럽게 일한다.

Q [1] The new eco-friendly packaging is just as _______ as the traditional plastic ones.
(A) durability (B) durable (C) durably (D) most durable

해설 새 친환경 포장재는 기존 플라스틱 포장재만큼 튼튼하다. Be동사와 같이 쓴 동등 비교 구문에서 형용사 durable이 적절함.
어휘 **eco-friendly** 친환경적인 **packaging** 포장재 **durable** 내구성 있는 **traditional** 전통적인

Q [2] Technology trends are evolving just as _______ as the preferences of younger consumers.

(A) rapid (B) rapidly (C) rapidity (D) rapidness

해설 기술 트렌드는 젊은 소비자들의 선호만큼이나 빠르게 변화하고 있다. 일반 동사와 같이 쓴 동등 비교 구문에서 부사인 rapidly가 적절함.

어휘 **evolve** 변화하다 진화하다 **rapidly** 빠르게 **preference** 선호

B 동등 비교 관용 표현

- as + 형용사 / 부사 + as possible ➜ 가능한 한 ~한
- as + many / much + 명사 + as ➜ ~만큼 많은 ~ / ~만큼의 ~
- the same + (명사) + as ➜ ~와 같은

Q [3] To receive the most accurate diagnosis, try to be as _______ as possible when describing your symptoms.

(A) details (B) detailed (C) detail (D) detailing

해설 가장 정확한 진단을 받으려면 증상을 설명할 때 최대한 자세하게 말하려고 노력하세요. be동사와 같이 쓴 as ~ as possible에서는 의미상 과거분사인 detailed가 적절함.

어휘 **accurate** 정확한 **diagnosis** 진단 **describe** 설명하다 **symptom** 증상

Q [4] Before submitting the final report, please review each section as _______ as possible.

(A) thoroughly (B) thorough (C) thoroughness (D) thoroughliness

해설 최종 보고서를 제출하기 전에 각 섹션을 최대한 철저히 검토해 주세요. 'as ~ as possible'에서 동사 review를 수식하므로 부사 thoroughly가 적절함.

어휘 **section** 구역, 항목 **thoroughly** 철저하게

Q [5] Let us know your travel details in advance so we can give you _______ information as possible.

(A) much more (B) as many (C) as more (D) as much

해설 가능한 한 많은 정보를 드릴 수 있도록 미리 여행 정보를 알려주세요. Information은 셀 수 없는 명사이므로'가능한 한 많은'을 표현하기 위해서는 as much가 적절함.

어휘 **in advance** 미리 **travel details** 여행 정보

Q [6] To minimize delays at security checkpoints, passengers should prepare as many _______ as possible before reaching the counter.

(A) documentary (B) documents (C) document's (D) document

해설 이 캠페인의 목표는 월말 이전까지 가능한 한 많은 고객들을 유치하는 것이다. as many와 함께 쓰는 표현으로 복수 가산 명사 documents가 적절함.

어휘 **minimize** 최소화하다 **security checkpoint** 보안 검색대 **document** 서류

Q [7] Analysts predict that the number of international travelers will be almost the same as _______ of last summer's peak season.

(A) those (B) that (C) them (D) their

해설 분석가들은 국제 여행객 수가 지난 여름 성수기 때의 수와 거의 같을 것이라고 예측하고 있다. 앞에 있는 the number를 대신 받는 단수 대명사 that이 적절함.

어휘 **analyst** 분석가 **predict** 예측하다 **almost** 거의 **peak season** 성수기 **the number of ~** ~의 수

Q [8] Most employees believe that a working father has _______ responsibilities as a working mother when raising children.

(A) as much (B) the same (C) as more (D) as same

해설 대부분의 직원들은 일하는 아버지도 아이를 키울 때 일하는 어머니와 동일한 책임을 진다고 믿는다. 명사를 수식할 수 있는 비교 표현은 the same이 적절함.

어휘 **working father** 일하는 아버지 **working mother** 일하는 어머니

C 동등 비교의 부정

not as + 형용사 / 부사 + as는 "~만큼 ~하지 않다"는 뜻으로, 비교의 주체가 비교 대상보다 열등함을 나타내는 **less + 형용사 / 부사 + than**과 뜻이 같습니다.

Q [9] Although BrightScan is known internationally, its online presence in Europe was not as _______ as that of local startups.

(A) stronger (B) strong (C) strength (D) strongly

해설 BrightScan은 국제적으로 알려져 있지만, 유럽에서의 온라인 존재감은 현지 스타트업만큼 강하지 않았다. 'not as ~ as' 구조에서 be동사가 사용되었으므로 형용사 strong이 적절함.

어휘 **online presence** 온라인 존재감 **local startup** 현지 신생기업

Q [10] Many customers avoid using automated chatbots because they believe the systems are _______ human representatives.

(A) as no reliable as (B) as not reliable as
(C) not as reliable as (D) no as reliable as

해설 많은 고객들은 자동화된 챗봇이 사람 상담원만큼 신뢰할 수 없다고 생각하기 때문에 사용을 피한다. 비교급의 부정 표현은 not as 형용사/부사 as이므로 not as reliable as가 적절함.

어휘 **avoid** 피하다 **automated** 자동화된 **reliable** 신뢰할 수 있는 **human representative** 사람 상담원

비교급

두 개의 대상 사이의 우열, 크기, 수, 양 등을 비교할 때 사용합니다.

규칙 변화

2음절 이하: 형용사 / 부사 + -er + than: faster than
3음절 이상: more + 형용사 / 부사 + than: more expensive than
모든 길이: less + 형용사 / 부사 + than (~보다 덜 ~한): less confident than

불규칙 변화

good → better bad → worse many / much → more little → less
few → fewer late → later / latter far → farther / further

Q[11] International couriers may process shipments _______ than local services due to better distribution networks.

(A) more fast (B) the same fast (C) as fast as (D) faster

해설 국제 배송업체는 더 나은 유통망 덕분에 지역 업체보다 더 빠르게 배송을 처리할 수 있다. than이 사용된 비교급 구문이므로 부사의 비교급 faster가 적절함.

어휘 **courier** 택배업체 **distribution network** 유통망

Q[12] Booking accommodations in advance is usually _______ than paying at check-in.

(A) much economical (B) more economical
(C) as economical (D) most economical

해설 숙소를 사전에 예약하는 것이 보통 체크인 시 결제하는 것보다 더 경제적이다. Than이 사용된 비교급에서 more economical이 적절함.

어휘 **book** 예약하다 **accommodation** 숙소 **economical** 경제적인

Q[13] Off-season travel packages are often _______ than peak-season bookings, though fewer options may be available.

(A) most expensive (B) few expensive (C) less expensive (D) much expensive

해설 비수기 여행 상품은 비록 선택의 폭은 더 적을 수 있지만 성수기 예약보다 덜 비싼 경우가 많다. '덜 비싼'을 의미하는 비교급에서는 less expensive가 적절함.

어휘 **off-season** 비수기 **peak-season** 성수기 **though** 비록 ~일지라도 **fewer options** 더 적은 선택지들

Q[14] Employees with better time management skills tend to make _______ mistakes than those without training.

(A) few (B) less (C) fewer (D) fewest

해설 시간 관리 기술이 뛰어난 직원은 교육을 받지 않은 직원보다 더 적은 실수를 하는 경향이 있다. 셀 수 있는 명사 mistakes를 수식하므로 fewer가 적절함.

어휘 **time management** 시간 관리 **tend to** ~하는 경향이 있다 **those without training** 교육을 받지 않은 직원들

Q[15] The new manufacturing process uses _______ energy than the previous one, reducing overall costs significantly.

(A) few (B) less (C) fewer (D) fewest

해설 새로운 제조 공정은 전반적인 비용을 크게 줄이면서 이전 방식보다 더 적은 에너지를 사용한다. 셀 수 없는 명사 energy를 수식하므로 less가 적절함.

어휘 **manufacturing process** 제조 공정 **overall costs** 전체 비용 **previous** 이전의

Q[16] To obtain _______ information about the training program, please contact the Human Resources department.

(A) farther (B) further (C) far (D) furthest

해설 교육 프로그램에 대한 추가 정보를 얻기 위해 인사부에 문의해 주세요. 추가적인이라는 의미로 further가 적절함 (farther는 거리가 더 먼이라는 뜻임).

어휘 **obtain** 얻다 **further** 추가적인 **Human Resources department** 인사부

Point to remember

비교급 앞에 much, far, even, still, a lot, significantly, considerably, substantially와 같은 부사를 사용하면 차이를 더 뚜렷하게 강조할 수 있습니다.

much better 훨씬 더 좋은 **significantly** cheaper 훨씬 더 싼 **a lot** more efficient 훨씬 더 효율적인

Q [17] Body piercing is _______ more popular among women, while tattooing is preferred by most men.

(A) so (B) much (C) very (D) too

해설 바디 피어싱은 여성들 사이에서 훨씬 더 인기 있다. 반면에 문신은 대부분의 남성들이 선호한다. 비교급을 강조하며 수식하는 부사 much가 적절함.

어휘 **body piercing** 몸에 구멍 뚫기 **tattooing** 문신

Q [18] Time is _______ valuable than money because you can earn money using time, but not the reverse.

(A) far more (B) the same (C) as more (D) as much

해설 시간은 돈보다 훨씬 더 가치 있다. 왜냐하면 시간은 돈을 벌 수 있게 해주지만, 그 반대는 불가능하기 때문이다. 비교급을 강조하며 수식하는 부사를 쓴 far more가 적절함.

어휘 **earn** 벌다 **reverse** 반대

Point to remember

비교 대상 간의 차이를 수치로 명확하게 나타내고자 할 때는 동등 비교나 비교급 앞에 twice, three times, four times, 또는 숫자 + percent 등을 사용할 수 있습니다.

twice as expensive as 두배 비싼 **three times** more productive than 세배 더 큰 생산성

20 percent less efficient than 20% 덜 효율적인

Q [19] My new laptop is _______ as expensive as my old one, but it runs four times faster.

(A) two more (B) twice (C) twice more (D) two times

해설 내 새 노트북은 이전 것만큼 두 배 비싸지만, 속도는 네 배 빠르다.'두 배 ~하다'는 표현은 twice as ~ as 구조를 사용하므로 twice가 적절함.

어휘 **run faster** 더 빠르게 작동하다

Q [20] In Ireland, the unemployment rate among men with only primary education was five times _______ than that of university graduates.

(A) high (B) highest (C) as high as (D) higher

해설 아일랜드에서 초등 교육만 받은 남성의 실업률은 대졸자보다 5배 더 높았다. 수치를 비교할 때는 배수 + 비교급 + than 구조를 사용하므로 higher가 적절함.

어휘 **unemployment rate** 실업률 **primary education** 초등 교육 **university graduate** 대졸자

Q [21] Compared to the previous model, the new laptop is over 20 percent _______ than before.

(A) more light (B) lighter (C) more lightly (D) more lighter

해설 이전 모델과 비교할 때, 새 노트북은 전보다 20% 이상 가볍다. '비교급 + than' 구조에서 be동사가 쓰였으므로 형용사 lighter가 적절함.

어휘 **compared to** ~와 비교하여 **previous model** 이전 모델 **lighter** 더 가벼운

Point to remember

The + 비교급 ~, the + 비교급 ~ 구문은 '~하면 할수록, 그만큼 더 ~하다'라는 의미를 나타냅니다.

Q [22] The better prepared you are, _______ your chances of being invited for a second interview.

(A) the greatest (B) the great (C) the greater (D) the more great

해설 준비를 더 잘할수록, 두 번째 인터뷰에 초대될 가능성이 더 커진다. The + 비교급, the + 비교급 구조에서 the greater가 적절함.

어휘 **chance of** ~할 가능성 **second interview** 2차 면접

Q[23] The more you invest in market research, _______ your results will be in your business.

(A) the better (B) the more (C) the higher (D) the larger

해설 시장 조사를 더 많이 할수록, 더 좋은 결과를 얻게 된다. The + 비교급, the + 비교급 구조에서 your results의 상태를 설명하는 형용사로는 더 좋다는 뜻의 the better가 적절함.

어휘 **invest** 투자하다 **market research** 시장 조사 **result** 결과

Q[24] _______ words an advertisement contains, the less likely it is to confuse the audience.

(A) The less (B) The fewest (C) The fewer (D) The little

해설 광고에 단어가 적을수록, 청중을 혼란스럽게 할 가능성도 줄어든다. The + 비교급, the + 비교급 구조에서 words는 셀 수 있는 명사이므로 less의 수식을 받지 못하고 The fewer가 적절함.

어휘 **confuse** 혼란스럽게 하다 **audience** 청중 관객 **contain** 포함하다

| 최상급 |

비교 대상이 셋 이상일 때는 최상급을 사용합니다.

✔ 규칙 변화

2음절 이하: the + 형용사 / 부사 + –est: the smallest
3음절 이상: the most + 형용사 / 부사: the most carefully
가장 적은 정도 표현: the least + 형용사 / 부사: the least expensive

✔ 불규칙 변화: the + best / worst / least / last / latest

✔ 부사의 경우 'the'가 생략될 수 있음

Ex He runs **fastest** at night. She works **best** in the morning.
그는 밤에 가장 빠르게 달린다. 그녀는 아침에 가장 잘 일한다.

Q[25] Online product reviews provide the quickest and _______ method to assess consumer satisfaction.

(A) so accurate (B) very accurate (C) more accurate (D) most accurate

해설 온라인 상품 리뷰는 소비자 만족도를 평가하는 데 있어 가장 빠르고 가장 정확한 방법을 제공한다. quickest and ~와 병렬 구조를 이루는 최상급 표현으로 most accurate가 적절함.

어휘 **accurate** 정확한 **assess** 평가하다 **method** 방법

Q [26] South Korea is often regarded as _______ digital society, with nationwide 5G coverage and high smartphone penetration.

(A) the most advanced (B) most advanced
(C) the most advancing (D) most advancing

해설 한국은 전국적인 5G 도달 범위와 높은 스마트폰 보급률을 가진 가장 발전된 디지털 사회 중 하나로 여겨진다. 문맥상 세 개 이상의 대상과의 비교이므로 최상급 the most advanced가 적절함.

어휘 **be regarded as** ~로 여겨지다 **advanced** 발전된 **nationwide 5G coverage** 전국적인 5G 도달 범위 **penetration** 침투율, 보급률

Q [27] Of all the keynote speakers, Dr. Collins spoke _______ and captured the audience's full attention.

(A) most persuasively (B) the most persuasive
(C) more persuasive (D) most persuasive

해설 모든 기조 연설자 중에서 Dr. Collins는 가장 설득력 있게 말하며 청중의 완전한 주의를 사로잡았다. 동사 spoke를 수식하는 부사의 최상급은 the를 생략할 수 있으므로 most persuasively가 적절함.

어휘 **keynote speaker** 기조 연설자 **persuasively** 설득력 있게 **capture attention** 주의를 사로잡다

Point to remember

one of the + 최상급 + 복수 명사 구문은 전체 중에서 가장 뛰어난 대상들 중 하나를 가리킬 때 사용됩니다.

Q [28] Samsung continues to rank as one of the _______ in Asia in terms of employee satisfaction.

(A) most company (B) most companies
(C) best companies (D) best company

해설 삼성은 직원 만족도 측면에서 아시아에서 최고의 기업 중 하나로 계속 평가받고 있다. one of the + 최상급 복수명사 구조이므로 복수형인 best companies가 적절함.

어휘 **rank** ~로 평가되다 **in terms of** ~ 측면에서

Point to remember

두 번째나 세 번째로 우수한 경우에도 **'the second best'**, **'the third largest'**처럼 **the + 서수+ 최상급**형태로 표현합니다.

Q [29] In 2022, Canada replaced Germany as the world's third _______ country, behind France and the United States.

(A) most visited (B) more visited (C) most visiting (D) best visiting

해설 2022년, 캐나다는 프랑스와 미국에 이어 세계에서 세 번째로 많이 방문된 국가로 독일을 대체했다. 캐나다는 방문의 받았으므로 수동적 의미 최상급 표현 most visited가 적절함.

어휘 **replace** 대체하다 **behind** 뒤에

Q [30] Singapore has been ranked _______ most expensive city in the world, just behind Hong Kong.

(A) the second (B) second (C) the two (D) two

해설 싱가포르는 홍콩에 바로 이어 세계에서 두 번째로 비싼 도시로 평가받고 있다. 두 번째로 가장 비싸다는 표현은 the+서수+ 최상급이므로 the second가 적절함.

어휘 **ranked** 평가되다

Part 6 연습

Lesson 3

Q[1-5] **Refer to the following advertisement.**

Crystal Peak & Ridge Summit Getaway

Ridge Summit, at 6,400 feet above sea level, is one of the [1] _______ points you can reach by car in North Cascades National Park. Crystal Peak is [2] _______ higher, offering sweeping views and crisp mountain air. The area features scenic hiking trails, colorful wildflower meadows, and panoramic lookouts. It is considered a top destination for nature lovers.
With gourmet dining available at 6,872 feet, the mountaintop restaurant is reached by a scenic gondola. [3] ___________________________________ . Try zip-lining through the forest, rent bikes for mountain trails, or join guided horseback tours through alpine lakes and waterfalls.
[4] _______ by untouched natural beauty, this peaceful mountain retreat promises a [5] _______ and memorable escape for anyone who loves the outdoors.

Q[1] (A) highest (B) high (C) higher (D) very high

Q[2] (A) so (B) even (C) very (D) too

Q[3] (A) Crystal Peak is more popular among professional climbers.
(B) Some trails are not available during winter months.
(C) The restaurant was recently renovated and reopened in early summer.
(D) Visitors can also take part in a variety of outdoor activities.

Q[4] (A) Surround (B) Surrounding (C) Surrounded (D) To surround

Q[5] (A) refreshed (B) refreshing (C) refresh (D) refreshment

Crystal Peak & Ridge Summit 휴양지 해발 6,400피트에 위치한 Ridge Summit은 노스 캐스케이드 국립공원에서 자동차로 갈 수 있는 가장 높은 지점 중 하나입니다. Crystal Peak은 심지어 더 높아 탁 트인 전망과 상쾌한 산공기를 제공합니다. 이 지역은 경치 좋은 하이킹 코스, 다채로운 야생화 초원, 그리고 파노라마 전망대를 갖추고 있어 자연을 사랑하는 사람들에게 최고의 여행지로 여겨집니다.
해발 6,872피트에서 고급 식사를 즐길 수 있는 이 산꼭대기 레스토랑은 풍경 좋은 곤돌라를 타고 갈 수 있습니다. 방문객들은 다양한 야외 활동에도 참여할 수 있습니다. 숲 속 짚라인 타기, 산악 자전거 대여, 고산 호수와 폭포를 따라가는 가이드 승마 투어를 시도해보세요.
손대지 않은 자연의 아름다움에 둘러싸인 이 평화로운 산악 휴양지는 야외 활동을 사랑하는 누구에게나 상쾌하고 기억에 남을 휴식을 약속합니다.

해설 [1] 가장 높은 지점이라는 의미이므로 최상급 highest가 적합함. [2] 비교급 higher를 강조하는 부사 even이 적합함. [3] 곤돌라와 레스토랑 이야기 다음에 이어지는 문장으로 야외 활동 소개가 자연스럽게 연결되므로 (D) Visitors can also take part in a variety of outdoor activities가 적합함. [4] 주절의 주어 this peaceful mountain retreat와 surround는 수동 관계이므로 '~에 둘러싸인'이라는 의미를 전달하는 과거분사 Surrounded가 적절함. [5] 상쾌함을 준다는 능동의 의미가 있으므로 현재 분사 refreshing이 적합함.

어휘 **summit** 정상, 꼭대기 **getaway** 휴양, 탈출 **above sea level** 해발 **even** 심지어, ~조차도 **sweeping view** 탁 트인 전망 **crisp** 산뜻한, 상쾌한 **scenic** 경치 좋은 **panoramic lookout** 파노라마 전망대 **gourmet dining** 고급 식사 **gondola** 산악 지역의 케이블카 **zip-lining** 와이어 케이블 타기 **guided horseback tour** 가이드 동반 승마 투어 **alpine** 고산의 **surrounded by** ~에 둘러싸인 **retreat** 휴양지 자기성찰의 시간 **refreshing** 상쾌한 **memorable** 기억에 남는

실전 확인 문제

Step 1 | **Choose the best answer to complete the sentence.**

1 The new membership plan offers several additional services, _______ gym access, locker rental, and towel service.
(A) included (B) including (C) include (D) to include

2 Tracking _______ luggage is part of the airline staff's responsibilities during international flights.
(A) losing (B) lost (C) loss (D) lose

3 If the technician does not arrive on the _______ service date, please call the support center immediately.
(A) expected (B) expecting (C) expect (D) expectation

4 Many start-ups are restructuring their operations to stay as _______ as possible in today's market. (A) competitive (B) competitively (C) competeiveness (D) competition

5 Please review the updated itinerary on our official website for all the _______ flight changes.
(A) post (B) posting (C) posted (D) to post

6 Investors believe that this quarter's earnings will be as _______ as last year's record profits.
(A) succeed (B) success (C) successfully (D) successful

7 Freelancers often don't earn _______ money as full-time employees with similar experience.
(A) much more (B) the same (C) as more (D) as much

8 Our research showed that the more training we offered, _______ confident the staff became.
(A) the much (B) the more (C) the better (D) the most

9 By using public transportation during off-peak hours, residents can enjoy far _______ fare prices.
(A) lowest (B) low (C) lower (D) lowing

10 The company exceeded its revenue goals this year, and it hopes to perform ______ better in the next quarter.
(A) even (B) very (C) such (D) so

11 She found working for a non-profit organization to be the most ______ part of her career.
(A) reward (B) rewarding (C) rewarded (D) rewardable

12 The working hours in our department are the same as ______ in the customer service team.
(A) those (B) it (C) that (D) these

13 ______ in the hotel lobby with her luggage, Ms. Chen waited for the airport shuttle.
(A) Standing (B) Stood (C) Stand (D) Standed

14 ______ the correct meeting time, the intern arrived too late to join the discussion.
(A) Not knowing (B) Not know (C) Not known (D) Not to know

15 This Seoul-based IT consulting firm is now the world's third ______ cloud service provider.
(A) large (B) largest (C) larger (D) as large as

Step 2 | Choose the best answer to complete the sentence.

1 Travelers, wishing to stay at the Maplewood Inn at a ______ rate, should book through an affiliated travel service.
(A) reduction (B) reducing (C) reduced (D) reduce

2 Parking becomes especially difficult near the convention center because of the ______ number of available spots.
(A) limited (B) limit (C) limiting (D) limitation

3 The tourist help center, ______ earlier this year, provides information on local attractions and bus schedules.
(A) renovating (B) renovate (C) renovated (D) renovation

4 The trainee stayed calm even when ______ difficult technical questions during the presentation.
(A) to ask (B) asked (C) ask (D) asking

5 The new smartphone is equipped with a larger sensor, making it ______ effective as its predecessor in low light.
(A) two as (B) twice as (C) two time as (D) twice more

6 City Courier is a fast document delivery service ______ by a network of regional postal partners.
(A) provided (B) provide (C) providing (D) to provide

7 The study reveals that Brand X produces 80% renewable energy annually, ______ with Brand Y's 45%.
(A) comparing (B) compare (C) compared (D) comparison

8 We presented the marketing strategy as ______ as possible to make the concept easy to understand.
(A) slightly (B) vaguely (C) accurately (D) roughly

9 Over 70% of those ______ in the leadership certification program reported positive results in their current roles.
(A) participate (B) participating (C) participated (D) participation

10 The company announced ______ improvement plans to upgrade its customer service system.
(A) to detail (B) detailing (C) detailed (D) detail

11 ______ through the dense fog on the highway, the driver maintained a reduced speed for safety.
(A) Drives (B) Driving (C) Drive (D) Driven

12 The Sunset Inn is cozy and affordable, but it is ______ for travelers without a car than other nearby hotels.
(A) most convenient (B) much convenient (C) more convenient (D) less convenient

13 The company is seeking a ______ candidate with at least five years of project management experience.
(A) qualifying (B) qualified (C) qualify (D) qualification

14 ______ several options to reduce costs, the management decided to cancel non-essential business trips for the rest of the year.
(A) Considering (B) Considered (C) Considers (D) Consider

15 The longer the support center remains open, ______ calls it can handle from customers across time zones.
(A) the best (B) the most (C) the better (D) the more

Questions 16–20 refer to the following recommendation letter.

To whom it may concern,

Mr. Daniel Cho has been working as a freelance graphic designer with our marketing agency for the past five years. [16] ______ as the agency's creative director, I've collaborated with Mr. Cho on a wide range of projects. Possessing exceptional artistic insight, Mr. Cho consistently delivers designs that are not only visually appealing but also tailored to the specific needs of our clients. His proposals are often [17] ______ more innovative than those [18] ______ by our senior staff, and his concepts—carefully structured and impressively executed—frequently exceed client expectations.
Widely admired for his adaptability, Mr. Cho quickly became the preferred designer for our most demanding corporate accounts. Last year, thanks to his campaign for the "Go Green" initiative, [19] ____________________ .
If you are seeking a highly skilled, forward-thinking designer, you truly need look no [20] ______ than Mr. Daniel Cho.

Sincerely,
Melanie Ruiz

Creative Director
NovaSpark Marketing Agency

16 (A) Serving (B) Serve (C) To serve (D) Served

17 (A) most (B) better (C) even (D) very

18 (A) submitting (B) submit (C) submits (D) submitted

19 (A) the budget for the campaign had to be increased twice
(B) the project was submitted three days ahead of schedule
(C) the client experienced their highest-ever engagement rate
(D) they were forced to cancel the advertising contract

20 (A) farthest (B) furthest (C) further (D) farther

Chapter 12

관계사

관계대명사

Lesson 1

관계사는 두 개의 절을 연결하여 앞에 오는 절의 선행사를 꾸며 주거나 보충 설명하는 역할을 하는 단어로서 관계대명사와 관계 부사가 있습니다.

| 관계대명사의 역할 |

관계대명사는 두 문장을 연결하는 "접속사 + 대명사"의 역할을 하며, 앞에 있는 명사(선행사)를 수식하는 형용사절을 이끕니다. 관계대명사는 이 형용사절에서 주어 또는 목적어 역할을 하므로 관계대명사 다음에는 주어나 목적어가 빠진 불완전한 절이 옵니다.

Ex The manager **who** approved the budget was promoted last week. (approved의 주어)
예산을 승인한 그 관리자는 지난주에 승진했다.

The report **that** the assistant submitted was well organized. (submitted의 목적어)
그 조수가 제출한 보고서는 잘 정리되어 있었다.

| 관계대명사의 종류 |

관계대명사의 선택은 선행사의 종류(사람 또는 사물)와 관계절 내에서의 역할(주격, 목적격, 소유격)에 따라 달라집니다.

선행사	주격	목적격	소유격
사람	who, that	whom, who(비격식), that	whose
사물	which, that	which, that	whose

Point to remember

관계대명사 that은 소유격을 제외한 다른 관계대명사(who, whom, which)를 대신해 사용할 수 있습니다. 목적격 관계대명사는 생략하는 경우가 많은데, whom은 실제 사용에서는 종종 who로 대체기도 합니다.

Q [1] We are searching for a skilled candidate _______ has extensive experience in social media marketing and graphic design.

(A) which (B) what (C) whom (D) who

해설 우리는 소셜 미디어 마케팅과 그래픽 디자인에 풍부한 경험이 있는 유능한 지원자를 찾고 있다. 선행사 candidate가 사람이고 관계대명사절에서 주어 역할을 하므로 who가 적절함.

어휘 **search for** 찾다 **skilled** 유능한 **extensive** 광범위한

Q [2] The keynote speaker is someone _______ we interviewed while planning the international sustainability forum.

(A) whom (B) which (C) whose (D) what

해설 기조 연설자는 우리가 국제 지속가능성 포럼을 기획하던 중 인터뷰했던 사람이다. 선행사가 사람(someone)이고 관계대명사절의 동사 interview의 목적어 역할을 하므로 whom이 적절함(who를 쓰거나 생략도 가능).

어휘 **while** ~하는 동안 **international sustainability forum** 국제 지속가능성 포럼

Q [3] By applying the following strategies, you can design an effective advertisement _______ potential customers will easily remember.

(A) what (B) whose (C) which (D) who

해설 다음 전략들을 적용함으로써, 잠재 고객들이 쉽게 기억할 수 있는 효과적인 광고를 설계할 수 있다. 선행사 사물이고 목적어 역할을 하는 관계대명사 which가 적절함.

어휘 **effective** 효과적인 **potential customer** 잠재 고객

Q [4] Delta Airlines recently introduced a new boarding system _______ reduces wait times and improves passenger flow.

(A) who (B) which (C) what (D) whose

해설 델타 항공은 대기 시간을 줄이고 승객 흐름을 개선하는 새로운 탑승 시스템을 최근에 도입했다. 선행사 system은 사물이므로 관계대명사 which가 주격으로 적절함.

어휘 **boarding system** 탑승 시스템 **wait time** 공식적 상황에서 대기 시간 **waiting time** 일상적 상황에서 대기 시간 **passenger flow** 승객 흐름

Q [5] Please make sure to read the terms of use of the online store _______ you accessed prior to making any purchases.

(A) what (B) whose (C) that (D) its

해설 구매 전에 접속했던 온라인 상점의 이용 약관을 반드시 읽어 주세요. 선행사 store 사물이고 관계사절에서 목적어 역할 하므로 관계대명사 that이 적절함 생략 가능함.

어휘 **make sure** 반드시 ~하다 **terms of use** 이용 약관 **prior to** ~ 전에 **purchase** 구매

Point to remember

소유격 관계대명사 whose는 사람뿐만 아니라 사물을 선행사로 가질 수 있습니다. whose 뒤에는 반드시 명사가 따라오며, 이 명사는 관계대명사절의 주어 또는 목적어 역할을 하여 전체 절을 완전한 문장으로 만듭니다.

Ex The employee **whose** ID card was missing couldn't enter the building.
주어
신분증이 분실된 그 직원은 건물에 들어갈 수 없었다.

The employee **whose** ID card I found thanked me for returning it.
목적어
내가 신분증을 주운 그 직원이 그것을 돌려준 것에 대해 나에게 감사했다.

Q [6] The professor _______ lectures are highly rated will teach the new online course next semester.

(A) which (B) whose (C) that (D) whom

해설 강의가 매우 좋은 평가를 받고 있는 그 교수가 다음 학기에 새로운 온라인 과정을 가르칠 것이다. 교수의 강의라는 뜻을 나타내기 위해서는 소유격 관계대명사 whose가 적절함.

어휘 **lecture** 강의 **highly rated** 평가가 높은

Q [7] GreenCore is a fast-growing environmental tech company _______ mission is to develop sustainable solutions for global energy challenges.

(A) what (B) whose (C) that (D) its

해설 GreenCore는 전 세계 에너지 문제를 해결하기 위한 지속 가능한 해결책을 개발하는 것을 사명으로 하는 빠르게 성장하는 환경 기술 회사이다. 회사의 사명을 나타내는 소유격 관계대명사 whose가 적절함.

어휘 **fast-growing** 빠르게 성장하는 **mission** 사명 **sustainable** 지속 가능한 **energy challenge** 에너지 문제

Point to remember

관계대명사가 전치사 뒤에 오면 목적격 whom 또는 which를 써야 하고 that은 사용할 수 없습니다.

Q [8] Consumers are encouraged to boycott clothing brands in _______ laborers are paid unfair wages and lack proper safety protections.

(A) that (B) which (C) what (D) whom

해설 노동자들이 부당한 임금을 받고 적절한 안전 보호를 받지 못하는 의류 브랜드를 소비자들이 보이콧하도록 권장된다. 선행사 사물이고 전치사 in 뒤에 올 때 관계대명사는 which가 적절함.

어휘 **consumer** 소비자 **laborer** 노동자 **unfair wage** 부당한 임금

Q [9] When forming a joint venture, it is critical to select a co-founder with _______ you can communicate openly and share long-term goals.

(A) that (B) who (C) what (D) whom

해설 합작 회사를 설립할 때, 자유롭게 소통하고 장기적인 목표를 공유할 수 있는 공동 창업자를 선택하는 것이 중요하다. 선행사 사람이고 전치사 with 뒤에는 올 때 목적격 관계대명사 whom이 적절함.

어휘 **form** 설립하다 **joint venture** 합작 회사 **critical** 중요한 비판적인 **co-founder** 공동 창업자 **openly** 솔직하게 **share** 공유하다 **long-term goal** 장기 목표

Q[10] The software _______ we paid a high licensing fee is no longer supported.

(A) which (B) to which (C) for which (D) that

해설 우리가 높은 저작권 비용을 지불한 그 소프트웨어는 더 이상 지원되지 않는다. pay a fee for something의 구조이므로 for which가 적절함.

어휘 **pay a fee** 비용을 지불하다 **licensing fee** 저작권 비용 **no longer** 더 이상 ~아니다

Point to remember

대명사 those가 선행사로서 '사람들'을 뜻할 때에는 일반적으로 관계대명사 who를 사용합니다. "Those who"의 단수형 표현은 일반적으로 "The one who" 또는 "Someone who"입니다.

Ex **Those who** arrive late will not be admitted.
늦게 도착한 사람들은 입장할 수 없습니다.

The one who arrives late will not be admitted.
늦게 도착한 한 사람은 입장할 수 없습니다.

Someone who arrives late may miss the introduction.
늦게 도착한 사람은 도입 부분을 놓칠 수도 있습니다.

Q[11] Free business training is provided for _______ who are interested in starting their own business.

(A) those (B) that (C) these (D) this

해설 자신의 사업을 시작하는 데 관심 있는 사람들을 위해 무료 비즈니스 교육이 제공된다. 사람들을 지칭하면서 뒤에 관계사절(who ~)을 받을 수 있는 선행사 those가 적절함.

어휘 **start a business** 사업을 시작하다 **own** 자기 자신의

Q[12] _______ completed the training program will receive a certificate including a personalized signature from the CEO.

(A) Those whom (B) Those whose
(C) Those that (D) Those who

해설 교육 과정을 수료한 사람들은 CEO의 서명이 포함된 수료증을 받을 것이다. 선행사로 사람들을 뜻하는 단어와 동사 complete의 주어 역할을 하는 관계대명사를 포함한 those who가 정답.

어휘 **certificate** 수료증 **personalized** 개인화된 **signature** 서명

관계대명사 what

관계대명사 what은 선행사를 포함한 형태로 따로 선행사를 갖지 않습니다. '~하는 / 한 것'이라는 뜻으로, the thing(s) that과 같은 의미를 가집니다. 명사절을 이끌며 주어, 목적어 또는 보어 역할을 하며, 주어로 쓰일 경우 **단수**로 취급합니다.

Ex What he said
= The thing that he said
그가 말한 것

What you need
= The thing that you need
당신이 필요한 것

Q[13] _______ is often overlooked in the workplace is the value of clear and consistent communication.

(A) That (B) Which (C) What (D) Who

해설 직장에서 흔히 간과되는 것은 명확하고 일관된 의사소통의 가치이다. 문장 전체의 주어 역할을 하는 명사절이 필요하므로 선행사를 포함한 관계대명사 what이 적절함.

어휘 **overlook** 간과하다 **consistent** 일관된

Q[14] The training program covers _______ new employees must know to perform their duties effectively.

(A) that (B) what (C) whether (D) which

해설 그 교육 프로그램은 신입 사원이 직무를 효과적으로 수행하기 위해 알아야 할 것을 다룬다. 문맥상'~한 것'이라는 의미의 명사절이 필요하므로 선행사를 포함한 관계대명사 what이 적절함.

어휘 **cover** 다루다 **duty** 직무 의무

Q[15] Many successful professionals keep detailed lists of _______ they aim to accomplish daily, weekly, monthly, and yearly.

(A) that (B) what (C) whether (D) whom

해설 많은 성공한 전문가들은 매일, 매주, 매월, 매년 달성하고자 하는 것들의 구체적인 목록을 작성한다. 전치사 of의 목적어 역할을 하는 명사절이 필요하므로 선행사를 포함한 관계대명사 what이 적절함.

어휘 **professional** 전문가 **keep** 유지하다, 작성하다 **aim to** ~하고자 하다 **accomplish** 성취하다 **yearly** 매년

| 관계대명사의 비한정적 용법 |

관계대명사의 비한정적 용법이란, 선행절의 일부 또는 전체에 대해 문장의 핵심 의미와는 직접 관련이 없는 부가적인 정보를 제공할 때 사용하는 방식입니다. 이때 관계절 앞에는 반드시 쉼표(,)를 사용하여 비한정적 용법임을 표시해야 합니다. 특히, 선행사가 사람 이름, 회사명, 지명 등 고유명사일 경우에는 비한정적 용법을 써야 합니다. 또한, 관계대명사 that은 비한정적 용법에서는 사용할 수 없습니다.

Q[16] FreshMart, _______ operates more than 200 stores nationwide, recently expanded into the health food market.

(A) that (B) what (C) which (D) where

해설 FreshMart는 전국에 200개 이상의 매장을 운영하는데 최근 건강식품 시장으로 확장했다. 선행사 FreshMart가 사물이고 관계사절의 주어 역할을 하면서 비한정적 용법이므로 주격 관계대명사 which가 적절함.

어휘 **nationwide** 전국적으로 **expand** 확장하다 **health food** 건강식품

Q[17] Mr. Carlos, _______ served as CEO of TechCore until last year, now teaches business strategy at a university.

(A) that (B) what (C) which (D) who

해설 Carlos 씨는 작년까지 TechCore의 CEO로 재직했었는데 현재는 한 대학에서 경영 전략을 가르치고 있다. 선행사가 사람이고 관계사절의 주어 역할을 하면서 비한정적 용법이므로 주격 관계대명사 who가 적절함.

어휘 **serve as** ~로 일하다 **until** ~까지 **business strategy** 경영 전략

Q[18] Mr. Tanaka, _______ ideas have significantly improved our workflow, will present at the conference.

(A) that (B) whom (C) whose (D) who

해설 Tanaka 씨의 아이디어는 우리 업무 흐름을 크게 개선했으며, 그는 이번 회의에서 발표할 예정이다. 비한정적 용법에서 선행사가 사람이고, 그 사람의 소유를 나타내는 경우이므로 소유격 관계대명사 whose가 적절함.

어휘 **significantly** 상당히 **workflow** 업무 흐름 **present** 발표하다

Q[19] Ms. Han, _______ many colleagues have spoken highly, has been promoted to director.

(A) of whom (B) whom (C) who (D) which

해설 Ms. Han은 많은 동료들이 높이 평가해 왔는데 이사로 승진했다. many colleagues have spoken highly of her이라는 문장이 관계절로 바뀌었기 때문에 전치사 of 다음에 선행사인 사람에 호응하는 목적격 관계대명사 whom이 들어간 of whom이 적절함.

어휘 **colleague** 동료 **speak highly of** ~을 높이 평가하다 **promote** 승진시키다

Q[20] The company recently automated its inventory system, _______ has significantly reduced human error.

(A) that (B) which (C) it (D) what

해설 그 회사는 최근 재고 시스템을 자동화했으며, 이는 인간의 실수를 현저히 줄였다. 비한정적 용법에서 앞 문장의 전체 내용을 받아 설명하기 위해서는 주격 관계대명사 which가 적절함.

어휘 **automate** 자동화하다 **inventory** 재고 **human error** 인적 오류

Q[21] Many staff members have stayed with Nova Airlines for over a decade, _______ is rare in the airline industry.

(A) that (B) what (C) which (D) where

해설 많은 직원들이 10년 넘게 Nova Airlines에 근무했는데, 이는 항공업계에서는 드문 일이다. 비한정적 용버에서 앞 문장의 전체 상황을 받아 설명하므로 관계대명사 which가 적절함.

어휘 **decade** 10년 **rare** 드문

Q[22] The company hired 20 new interns last month, _______ had previous experience in digital marketing.

(A) half of which (B) half of whom (C) whom half (D) who half of

해설 회사는 지난달에 20명의 신입 인턴을 채용했으며, 그중 절반은 디지털 마케팅 경험이 있었다. 선행사가 사람이고 '그들 중 절반'을 의미하므로 half of whom이 적절함.

어휘 **hire** 고용하다 **previous** 이전의

Q[23] We ordered several replacement parts for the manufacturing line, _______ arrived damaged due to poor packaging.

(A) all of which (B) which all (C) that all of (D) all of them

해설 우리는 생산 라인을 위한 여러 개의 교체 부품을 주문했는데, 그것들은 포장 불량으로 인해 손상된 상태로 도착했다. 선행사가 사물('several replacement parts)이고 이것들 중 전부라는 의미가 되려면 all of which가 적절함.

어휘 **replacement part** 교체 부품 **damaged** 손상된 **poor packaging** 불량한 포장

| 관계대명사절의 축약 |

관계대명사 + be동사 + 현재분사 / 과거분사' 구조에서는 **관계대명사와 be동사를 생략**할 수 있습니다. 따라서 명사를 뒤에서 수식하는 분사구문은 관계대명사절이 축약된 형태라고 볼 수 있습니다.

Ex Employees ~~**who are**~~ attending the training must sign in at the front desk.
교육에 참석하는 직원들은 프런트 데스크에서 등록해야 합니다.

The packages ~~**that are**~~ delivered today contain promotional materials.
오늘 배송되는 소포에는 판촉 자료가 들어 있습니다.

Q [24] Employees _______ to improve work-life balance may submit a formal request for telecommuting to the HR department.

(A) sought (B) seek (C) seeking (D) to seek

해설 업무와 삶의 균형을 개선하고자 하는 직원들은 인사부에 재택근무를 공식적으로 요청할 수 있다. 원래 표현 Employees who are seeking 에서 who are를 생략할 수 있으므로 현재분사 seeking이 적절함.

어휘 **work-life balance** 일과 삶의 균형 **formal request** 공식 요청 **telecommuting** 재택근무

Q [25] Those _______ for the marketing assistant position must submit both a resume and a cover letter by Friday.

(A) apply (B) applying (C) applied (D) application

해설 마케팅 보조직에 지원하는 사람들은 금요일까지 이력서와 자기소개서를 제출해야 한다. 원래 표현 Those who apply for는 who를 생략하고 남은 동사 apply를 현재분사 applying로 바꿔 쓸 수 있음.

어휘 **position** 직책 **resume** 이력서 **cover letter** 자기소개서 **by Friday** 금요일까지

Q [26] The number of people _______ art and food festivals organized by the city has increased significantly since 2020.

(A) attending (B) attended (C) attend (D) attendee

해설 시에서 주최한 예술 및 음식 축제에 참석한 사람들의 수는 2020년 이후 크게 증가했다. 원래 표현 The number of people who attend art and food festivals는 who를 생략하고 남은 동사 attend를 현재분사 attending로 바꿔 쓸 수 있음.

어휘 **the number of** ~의 수 **organized by** ~에 의해 조직된

Q [27] This site offers helpful resources for anyone _______ in exploring a career in hospitality or tourism.

(A) interest (B) interested (C) interesting (D) to interest

해설 이 사이트는 호텔 및 관광 분야의 경력을 탐색하는 데 관심 있는 사람들에게 유용한 자료를 제공한다. 원래 표현 anyone who are interested in 에서 who are를 생략할 수 있으므로 과거분사 interested가 적절함.

어휘 **resource** 자료 **explore** 탐색하다 **hospitality** 호텔업 **tourism** 관광업

Q [28] Our website lists the various safety training programs _______ by GlobalTech throughout the year.

(A) to offer (B) offering (C) offer (D) offered

해설 우리 웹사이트에는 GlobalTech이 연중 제공하는 다양한 안전 교육 프로그램이 나열되어 있다. 원래 표현 the various safety training programs which were offered by에서 which were를 생략할 수 있으므로 offered가 적절함.

어휘 **list** 나열하다 **throughout the year** 연중 내내

| 복합관계대명사 |

의문사에 -ever를 붙인 복합관계사(whoever, whatever 등)는 선행사를 포함한 형태로 명사절을 이끄는 접속사 역할을 하며 문장에서 주어 또는 목적어 역할을 합니다. **whoever**는 **anyone who** (누구든지), **whatever**는 **anything that** (무엇이든지)라는 의미로 사용됩니다.

Q [29] _______ arrives first at the interview location should check in at the reception desk.

(A) Anyone (B) Whoever (C) Someone (D) Whomever

해설 면접 장소에 가장 먼저 도착하는 사람 누구나 리셉션 데스크에서 체크인을 해야 한다. 문장 전체의 주어이면서 동사 arrives의 주어 역할을 할 수 있는 것은 선행사를 포함한 관계대명사 whoever가 적절함.

어휘 **interview location** 면접 장소 **reception desk** 접수처

Q [30] Volunteers may participate in _______ they are most interested in, including art, music, and wellness classes.

(A) whoever (B) whatever (C) wherever (D) whenever

해설 자원봉사자들은 예술, 음악, 웰빙 수업 등 가장 관심 있는 것은 무엇이나 참여할 수 있다. 전치사 in의 목적어인 선행사를 포함한 관계대명사를 사용해야 완전한 문장이 되므로 whatever가 적절함.

어휘 **volunteer** 자원봉사자 **including** ~을 포함하여 **wellness** 건강 증진

관계부사

Lesson 2

| 관계 부사의 종류와 역할 |

관계부사는 접속사 + 부사 역할을 하며, 앞에 있는 명사를 수식하는 형용사절을 이끕니다. 관계 부사는 부사 역할을 하므로 다음에는 완전한 절이 오고, 대부분 **전치사 + 관계대명사**로 바꿔 쓸 수 있습니다. 그러나 how는 전통적인 관계부사로 보지 않기 때문에, the way와 함께 쓰지 않습니다. 대신 **the way (in which) + 주어 + 동사** 또는 **how + 주어 + 동사**로 씁니다.

관계 부사	선행사	전치사 + 관계 대명사
when	the time (시간 명사)	at / in / on / during which
where	the place (장소 명사)	at / in / on / to which
why	the reason	for which
how	(the way)	the way in which

Q [1] Xiaomi entered the Chinese smartphone industry at a time _______ demand for budget-friendly models was rapidly increasing.

(A) why (B) how (C) when (D) where

해설 샤오미는 저가형 모델에 대한 수요가 빠르게 증가하고 있던 시기에 중국 스마트폰 산업에 진입했다. 'at a time'은 시간 명사가 선행사이므로 관계부사 when이 적절함.

어휘 **demand** 수요 **budget-friendly** 저렴한

Q [2] The Japanese company continues to sell its electronics only in countries _______ its market share remains strong.

(A) why (B) how (C) when (D) where

해설 그 일본 회사는 시장 점유율이 강세를 보이는 국가에서만 전자 제품을 계속 판매한다. in countries라는 장소 명사가 선행사이므로 관계부사 where가 적절함.

어휘 **only in** ~에서만 **market share** 시장 점유율

Q [3] Studies show that salary ranks only fifth among the reasons _______ employees decide to leave their positions.

(A) why (B) how (C) when (D) where

해설 연구에 따르면, 급여는 직원들이 직장을 떠나는 이유 중 다섯 번째에 불과하다. the reasons이라는 명사가 선행사이므로 관계부사 why가 적절함.

어휘 **rank** 순위를 차지하다 **leave** 떠나다

Q [4] Some customers have expressed frustration with _______ the front desk staff responded to their service requests.

(A) why (B) how (C) when (D) where

해설 일부 고객들은 프런트 데스크 직원들이 자신의 서비스 요청에 응대한 방식에 대해 불만을 표시했다. 의미상 '~한 방식'이라는 의미를 나타내는 how가 적절함.

어휘 **frustration** 불만 **service request** 서비스 요청

Q [5] Managers were impressed by the way _______ the new intern handled multiple tasks under pressure.

(A) to which (B) in which (C) how (D) where

해설 관리자들은 그 인턴이 압박 속에서도 여러 업무를 처리한 방식에 깊은 인상을 받았다. the way는 in which와 함께 써 how라는 의미가 될 수 있으므로 in which가 적절함.

어휘 **be impressed** 감명받다 **multiple** 여러 개의 **under pressure** 압박 속에서

Q [6] We visited the branch office _______ all customer feedback is forwarded.

(A) with which (B) in where (C) for which (D) to which

해설 우리는 모든 고객 피드백이 전달되는 지점을 방문했다. feedback is forwarded to the office라는 의미를 표현하기 위해서는 to which가 적절함. 한 단어로는 where을 쓸 수 있음.

어휘 **branch office** 지점 **forward** 전달하다

| 관계 부사의 비한정적인 용법 |

관계부사도 관계대명사처럼 비한정적 용법으로 사용될 수 있습니다. 이때 관계부사 앞에는 반드시 쉼표(,)를 사용합니다. 그런데 why와 how는 비한정적 용법으로는 거의 사용되지 않습니다.

Q [7] Monday, December 18, is expected to be the busiest shipping day of the season, _______ over 30 million parcels will be processed across the country.

(A) that (B) when (C) which (D) where

해설 12월 18일 월요일은 이번 시즌 가장 바쁜 배송일이 될 것으로 예상되며, 이날 전국적으로 3천만 개 이상의 소포가 처리될 예정이다. 시간을 나타내는 명사 day가 선행사이고 빈칸 뒤에 완전한 문장이 오므로 관계부사 when이 적절함.

어휘 **be expected to** ~할 것으로 예상되다 **parcel** 소포 **across the country** 전국적으로

Q [8] Prospective employees are invited to an orientation session, _______ they will also have the chance to participate in informal interviews with team leaders.

(A) that (B) what (C) which (D) where

해설 예비 직원들은 오리엔테이션 세션에 초대되며, 그 자리에서 팀 리더들과 비공식 면접에 참여할 기회도 얻게 된다. 장소를 의미하는 session이 선행사이고 빈칸 뒤에 완전한 문장이 오므로 관계부사 where가 적절함.

어휘 **prospective employee** 예비 직원 **have the chance** 기회를 가지다 **informal interview** 비공식 면접

Q [9] Linda transferred to the New York branch, in _______ she could take advantage of more leadership opportunities.

(A) why (B) which (C) where (D) that

해설 린다는 뉴욕 지점으로 전근했다 거기서 더 많은 리더십 기회를 활용할 수 있도록. branch가 장소를 뜻하는 명사지만 전치사 in 뒤에는 where를 쓸 없고 관계대명사 which가 적절함.

어휘 **transfer** 전근하다 **branch** 지점 **take advantage of** ~을 활용하다 **opportunity** 기회

Q [10] There was a brief delay, during _______ no passengers were allowed to board.

(A) when (B) which (C) that (D) where

해설 잠깐의 지연이 있었고, 그 시간 동안에는 승객들이 탑승할 수 없었다. 선행사 delay가 시간을 뜻하는 명사지만 전치사 during 뒤에는 관계 부사 when를 쓸 없고 관계대명사 which가 적절함.

어휘 **brief** 잠깐의 **be allowed to** 허용되다 **board** 탑승하다

Point to remember

선행사가 city, office, restaurant 같이 장소를 뜻하는 명사일 때 선행사가 관계절에서 주어 / 목적어 역할을 하면 which 부사 역할을 하면 where를 사용합니다.

Ex The café **which** is located downtown is still open after all these years. (시내에 위치한 카페)
The café **where** we first met is still open after all these years. (우리가 처음 만난 카페)

의문사가 이끄는 명사절

의문사는 명사절을 이끄는 접속사로서 **의문사 + 주어 + 동사** 형태의 간접의문문을 만들 수 있습니다.

Ex It is important for a business to know **who the customers are**, **where they are**, and **how they decide** on **what they buy**.
사업체가 고객이 누구인지, 어디에 있는지, 무엇을 구매할지 어떻게 결정하는 지를 아는 것이 중요하다.

의문사가 이끄는 명사절은 관계사절과 형태는 비슷하지만, 역할과 의미는 완전히 다릅니다. 관계사절은 선행사를 수식하는 형용사절인 반면, 의문사절은 선행사 없이 문장에서 주어, 목적어, 또는 보어 역할을 합니다.

Ex **Where** he went doesn't matter. (주어 역할을 하는 의문사절)
나는 그가 어디 갔는지 모른다.
This is the place **where** he went. (형용사 역할을 하는 관계 부사절)
이곳이 그가 간 곳이다.

Ex I don't know **what he wants**. (그가 무엇을 원하는지: 명사절을 이끄는 의문사)
I will buy **what he wants**. (그가 원하는 것: 선행사를 포함한 관계대명사))

Q [11] It is still unclear _______ will represent our department at the international trade show next month.

(A) which (B) who (C) that (D) whether

해설 다음 달 국제 무역 박람회에서 누가 우리 부서를 대표할지는 여전히 불확실하다. 동사 represent의 주어는 사람이 되어야 하고 선행사가 없는 문장 구조이므로 주어로 사용할 수 있는 의문사 who가 적절함.

어휘 **unclear** 불확실한 **represent** 대표하다 **department** 부서

Q[12] A pilot has explained _______ passengers should never do in the event of an emergency evacuation.

(A) what (B) although (C) because (D) why

해설 한 조종사는 비상 탈출 시 무엇을 승객들이 절대 해서는 안 되는지 설명했다. 문장 구조상 explained의 목적어가 필요한 데 목적어 역할을 하는 명사가 없으므로 명사절을 이끄는 의문사 what이 적절함. 선행사를 포함한 관계대명사 what이라고 생각해도 됨.

어휘 **explain** 설명하다 **in the event of** ~의 경우에 **emergency evacuation** 비상 탈출

Q[13] The new weather tracking app notifies you of _______ snow is expected to begin and end in your area.

(A) which (B) what (C) where (D) when

해설 새로운 날씨 추적 앱은 당신 지역에서 눈이 언제 시작되고 끝날지를 알려준다. 문자 구조상 전치사 of의 목적어가 필요한 데 목적어 역할을 하는 명사가 없으므로 명사절이 있어야 가고 문맥상 언제라는 의미의 의문사 when이 적절함.

어휘 **weather tracking app** 날씨 추적 앱 **notify A of B** A에게 B를 알리다 **be expected to** ~할 것으로 예상되다

Q[14] The board of education has yet to determine _______ the new elementary school will be built.

(A) who (B) what (C) where (D) that

해설 교육 위원회는 새로운 초등학교가 어디에 지어질지를 아직 결정하지 않았다. 문장 구조상 determine의 목적어가 필요한 데 목적어 역할을 하는 명사가 없으므로 명사절을 이끄는 의문사 where가 가장 적절함.

어휘 **board of education** 교육 위원회 **elementary school** 초등학교

Q[15] At first, I didn't see _______ I needed to learn accounting software as part of my marketing role.

(A) which (B) what (C) because (D) why

해설 처음에는 내가 마케팅 업무의 일환으로 회계 소프트웨어를 배워야 한다는 이유를 이해하지 못했다. 동사 see의 목적어가 되는 절을 이끌면서 부사 역할을 하는 의문사 why를 써야 문장의 의미가 정확하게 전달됨.

어휘 **at first** 처음에는 **see** 이해하다 **accounting software** 회계 소프트웨어 **as part of** ~의 일부로서 **marketing role** 마케팅 업무

Q[16] The education board is discussing _______ virtual reality can be used to enhance science lessons in elementary schools.

(A) when (B) how (C) what (D) whether

해설 가상현실이 초등학교의 과학 수업을 향상시키는 데 어떻게 사용될 수 있는지를 논의하고 있다. 문맥상 방법을 나타내는 의문사 how가 적절함.

어휘 **virtual reality** 가상현실 **enhance** 향상시키다

Point to remember

why와 which를 제외하고 what, when, where, how, who는 to 부정사와 함께 사용할 수 있습니다.

what to 무엇을 ~할지 when to 언제 ~할지 where to 어디서 ~할지 how to 어떻게 ~할지

Q[17] Here are several important guidelines on _______ to do if you test positive for COVID-19.

(A) whether (B) what (C) where (D) when

해설 코로나19 양성 반응 시 무엇을 해야 하는지에 대한 몇 가지 중요한 지침이 여기에 있다. 문맥상 무엇을 해야 할지라는 의미를 표현하기 위해서는 의문사 what이 적절함.

어휘 **test positive** 양성 반응을 보이다

Q [18] The IT department has uploaded a step-by-step guide on _______ reset your account password.

(A) how to (B) when to (C) what to (D) why to

해설 IT 부서는 계정 비밀번호를 재설정하는 방법에 대한 단계별 가이드를 업로드했다. 문맥상 어떻게 ~하는지 라는 의미를 표현하기 위해서는 how to가 적절함.

어휘 **step-by-step guide** 단계별 안내서 **reset** 재설정하다 **account password** 계정 비밀번호

Q [19] Even experienced investors are sometimes uncertain about _______ to sell their shares for profit.

(A) how (B) what (C) why (D) when

해설 경험 많은 투자자들조차도 언제 수익을 위해 주식을 팔아야 할지 확신하지 못할 때가 있다. 문맥상 언제 ~할 지라는 의미를 표현하기 위해서는 의문사 when이 적절함.

어휘 **experienced investor** 경험 많은 투자자 **be uncertain about** ~에 대해 확신하지 못하다 **share** 주식 **for profit** 수익을 위해

Q [20] We will show you _______ to buy Bitcoin safely using PayPal and how to manage it.

(A) what (B) which (C) where (D) why

해설 우리는 PayPal을 사용해 비트코인을 안전하게 구매할 수 있는 장소와, 그것을 관리하는 방법을 알려줄 것이다. 문맥상 어디서 ~할 지라는 의미를 표현하기 위해서는 의문사 where가 적절함.

어휘 **using PayPal** PayPal을 사용하여 **manage** 관리하다

Part 6 연습

Lesson 3

Q[1-4] **Refer to the following advertisement.**

Notice Regarding Internship Opportunity

Thank you for your interest in the internship program at CoreLink Technologies, a leading IT company specializing in AI-based software solutions.
We are currently accepting applications for the summer internship program, [1] _______ gives students hands-on experience in software development, data analysis, and project management. Applicants must be enrolled in a university [2] _______ they are taking relevant coursework in computer science or engineering.
[3] ____ Please include information about any past projects that demonstrate your technical skills and ability to work in a team environment. Interviews are scheduled for early July, and candidates will be informed of the results shortly afterward.
Interns [4] _______ for the program will receive mentoring from senior developers and take part in projects designed to solve real-world business problems.
For more information, please visit our website or contact the HR department.

Q[1] (A) where (B) that (C) it (D) which

Q[2] (A) when (B) which (C) where (D) what

Q[3] (A) Applicants may contact support staff if they have software issues.
(B) The program has been praised for its design and innovative structure.
(C) Candidates must submit a resume and cover letter by June 20, 2025.
(D) Joining the program is optional and won't affect your employment at CoreLink.

Q[4] (A) select (B) selected (C) to select (D) selecting

인턴십 기회에 관한 공지 AI 기반 소프트웨어 솔루션을 전문으로 하는 선도적인 IT 기업 CoreLink Technologies의 인턴십 프로그램에 관심을 가져주셔서 감사합니다. 현재 우리는 여름 인턴십 프로그램에 대한 지원서를 접수 중인데, 이 프로그램은 학생들에게 소프트웨어 개발, 데이터 분석, 프로젝트 관리에 대한 실무 경험을 제공합니다.

지원자는 컴퓨터 공학 또는 공학 관련 과목을 수강 중인 대학교 재학생이어야 합니다. 2025년 6월 20일까지 이력서와 자기소개서를 제출해야 합니다. 기술 역량과 팀 환경에서의 협업 능력을 보여주는 과거 프로젝트 경험을 포함해 주세요. 면접은 7월 초에 예정되어 있으며, 곧바로 결과가 통보될 예정입니다.

프로그램에 선발된 인턴은 선임 개발자로부터 멘토링을 받으며 실제 비즈니스 문제를 해결하기 위한 프로젝트에 참여하게 됩니다. 자세한 내용은 당사 웹사이트를 방문하거나 인사부에 문의해 주세요.

해설 [1] 선행사 internship program은 사물이고 비한정적 용법이므로 which가 적합함. [2] 선행사 university 장소이고 빈칸 뒤에는 완전한 문장이 오므로 관계부사 where가 적절함. [3] 문맥상 지원 안내를 구체적으로 이어주는 항목이 필요하며, 제출 마감일을 알려주는 (C)가 적절함. 나머지 선택지는 흐름에 맞지 않음. [4] 문장의 주어 Interns를 수식하며 선발된 이라는 의미를 나타내야 하므로 과거분사 selected가 적합함.

어휘 **hands-on experience** 실무 경험 **be enrolled in** ~에 등록되어 있다 **relevant coursework** 관련 교과목 **resume** 이력서 **cover letter** 자기소개서 **demonstrate** 보여주다 **shortly afterward** 곧이어 **mentor** 선임자가 지도하다 **take part in** ~에 참여하다 **real-world** 실제의

실전 확인 문제

Step 1 | Choose the best answer to complete the sentence.

1 This safety training is required for employees ______ have no previous experience in warehouse operations.
(A) which (B) they (C) themselves (D) who

2 NextGenBio is a startup ______ mission is to develop fast and accurate diagnostic tools.
(A) which (B) whose (C) what (D) its

3 Summer is typically the season ______ sales of air conditioning units rise sharply.
(A) why (B) which (C) when (D) how

4 We were surprised by ______ the client requested during the negotiation.
(A) what (B) that (C) which (D) whom

5 Interest rates are starting to fall, ______ is encouraging news for prospective homebuyers.
(A) that (B) which (C) it (D) what

6 Can you please let me know ______ the renovation work can be completed?
(A) what (B) which (C) who (D) when

7 ______ arrives first at the meeting should prepare the presentation materials.
(A) Whoever (B) Whatever (C) Whomever (D) Whichever

8 Here is a checklist of ______ to do if you are involved in a hit-and-run accident.
(A) when (B) that (C) where (D) what

9 For those ______ in applying for the job positions, we will provide an orientation and information session.
(A) interests (B) interesting (C) interested (D) interest

10 Hyundai Motor Company has expanded its online sales in the U.S., ______ offline dealers still lead in car sales.
(A) where (B) why (C) what (D) that

11 This manual explains ______ set up the wireless network for your home internet system.
(A) where to (B) what to (C) how to (D) whether to

12 The client, with ______ we have worked for over a decade, requested a revised contract.
(A) which (B) that (C) who (D) whom

13 Do you know ______ will be in charge of the merger negotiations next quarter?
(A) who (B) when (C) how (D) what

14 What our customers expect most from our service ______ reliability and speed.
(A) is (B) are (C) have (D) have been

15 It is unclear ______ HMD Global no longer sells the model on major retail platforms.
(A) who (B) why (C) how (D) which

Step 2 | Choose the best answer to complete the sentence.

1 Our editor has published a manual explaining ______ to properly cite online sources in academic writing.
(A) which (B) how (C) what (D) why

2 The applicant ______ resume impressed the hiring manager was invited for a second interview.
(A) who (B) whose (C) whom (D) which

3 The manager carefully reviewed ______ was written in the customer feedback report.
(A) where (B) that (C) what (D) who

4 The travel guide highlights several destinations, ______ tourists from across the globe often visit during spring.
(A) which (B) that (C) whose (D) what

5 There was a time ______ a small company, with a few hundred million dollars, could make a quality phone with innovative features.
(A) when (B) which (C) where (D) why

6 Consumers are skeptical about safety and security issues, ______ is the primary factor that has been hindering the growth of the mobile-wallet market in India.
(A) that (B) which (C) this (D) it

7 Germany is one of the few countries ______ McDonald's serves beer. However, not all McDonald's in Germany sell beer.
(A) where (B) when (C) why (D) which

8 The executive met with several investors, one of ______ expressed strong interest in the project.
(A) them (B) with whom (C) whom (D) who

9 The company introduced a new policy, in ______ employees can request remote work twice a week.
(A) when (B) which (C) where (D) that

10 Families ______ for family-friendly accommodations in northern Italy should consider staying at Hotel Mediterraneo.
(A) looked (B) looking (C) look (D) have looked

11 We launched a new benefits plan, ______ which many employees had been asking over the past year.
(A) with (B) on (C) for (D) about

12 The factory, ______ over 500 workers are employed, is scheduled to double its output next year.
(A) where (B) which (C) when (D) that

13 What the customer said during the exit interview ______ very helpful for improving our service.
(A) were (B) are (C) have been (D) was

14 Employees are encouraged to submit ______ they have completed by the end of the day.
(A) however (B) wherever (C) whatever (D) whoever

15 Kimchi is a traditional Korean dish ______ which many foreigners are curious and enthusiastic.
(A) with (B) to (C) for (D) about

Questions 16–20 refer to the following recommendation letter.

Internship Opportunity at Vireo Design Studio

Dear Students,

Vireo Design Studio is seeking a creative graphic design intern passionate about visual storytelling and eager to contribute to real-world projects.
The intern [16] ______ our team will assist senior designers on branding, print, and digital media. The candidate should be familiar with design software such as Adobe Photoshop and Illustrator and be willing to take initiative in a fast-paced environment [17] ______ collaboration is valued.
This internship is open to current college students or recent graduates [18] ______ background includes visual design or related fields. The intern will assist in various tasks, including brainstorming, photo shoot prep, and administrative duties when there are no active campaigns.
We're particularly interested in [19] ______ applicants have created and how those works reflect their unique perspective.
[20] ________________________________, feel free to contact us. Interested candidates should send a résumé, portfolio, and cover letter to careers@vireodesign.com.
We look forward to reviewing your application and discussing how your skills can contribute.

Sincerely,
Recruitment Team
Vireo Design Studio

16 (A) join (B) joining (C) joins (D) joined

17 (A) whether (B) which (C) where (D) how

18 (A) whose (B) who (C) whom (D) that

19 (A) that (B) which (C) what (D) whether

20 (A) While preparing for your first day
(B) If you have already accepted the offer
(C) Although you fully understand the job requirements
(D) If you are unsure whether this position is right for you

Chapter 13

실전 문제 연습

Part 5: 실전 연습 1

Lesson 1

Choose the best answer to complete the sentence.

1 We offer a secure online platform where customers can book flights and hotels ______ any additional charges.
(A) at (B) without (C) for (D) due to

2 Many workers hesitate to join internal feedback programs ______ they are concerned about confidentiality.
(A) as soon as (B) because (C) so (D) although

3 According to the schedule, refreshments will be delivered to the lounge ______ before the meeting officially begins.
(A) shortly (B) short (C) shortens (D) shorter

4 After ______ selecting only organic ingredients, Green Blends prepares smoothies fresh for each customer.
(A) carefully (B) careful (C) careless (D) caringly

5 According to a recent survey ______ by EcoDrive Weekly, most consumers would rather receive a cash-back offer than a fuel discount when buying electric vehicles.
(A) performed (B) perform (C) performing (D) performance

6 We cannot be held liable for content found through external links, ______ do we ensure that these websites are free from security risks.
(A) but (B) although (C) nor (D) as

7 ______ 2020 and 2024, the European Union significantly increased subsidies for green hydrogen projects.
(A) Both (B) Between (C) In (D) Until

8 Wearing a face mask is ______ inside all university buildings even if social-distancing requirements are met.
(A) illegal (B) compulsory (C) voluntary (D) optional

9 The Seoul Art Tech Expo has gained so much attention ______ it now hosts exhibitions in Tokyo, Singapore, and Berlin.
(A) that (B) because (C) so (D) or

10 Thanks to automation, the accounting team now spends ______ time preparing monthly financial reports.
(A) few (B) less (C) fewer (D) fewest

11 We offer customized meal kits for busy professionals ______ prefer nutritious food without spending hours cooking.
(A) which (B) who (C) where (D) what

12 Rachel Monroe, a sustainability consultant, avoids purchasing new clothing ______ it's made from recycled or organic materials.
(A) if (B) unless (C) now that (D) although

13 The global market for plant-based meat alternatives has grown faster than ______ of traditional meat products in recent years.
(A) this (B) which (C) it (D) that

14 The new policy will apply to all ______ customers as well as those who sign up after July 1.
(A) existing (B) rewarding (C) challenging (D) promising

15 The headquarters, in ______ the board meetings are held every quarter, is located in downtown Seattle.
(A) where (B) which (C) that (D) what

16 High-speed Wi-Fi, ______ our guests enjoy at no extra cost, is provided throughout the entire hotel.
(A) where (B) which (C) when (D) what

17 AirTran issued refunds to travelers ______ flights were canceled due to COVID-19 restrictions.
(A) when (B) what (C) which (D) whose

18 ______ many employers believe salary is the main reason for resignation, most employees cite poor management or lack of growth.
(A) While (B) Because (C) Since (D) If

19 It can be a ______ task to determine which job to take when both positions offer flexible schedules and generous bonuses.
(A) challenge (B) challenging (C) challenged (D) challengeable

20 Choosing seasonal produce often has one of the ______ effects on reducing environmental impact.
(A) biggest (B) bigger (C) big (D) less big

Part 5: 실전 연습 2

Lesson 2

Choose the best answer to complete the sentence.

1 The cryptocurrency market is so ______ that even analysts hesitate to make long-term predictions.
(A) stable (B) unpredictable (C) steady (D) consistent

2 ______ is interested in attending the tech conference, please register through our company portal by Friday.
(A) Whoever (B) Whatever (C) Whichever (D) However

3 Our consultants help clients avoid signing ______ appears to be beneficial contracts but contains hidden fees.
(A) that (B) what (C) which (D) where

4 We do not currently have the resources to expand the program, ______ we're focusing on improving what we already offer.
(A) but (B) so (C) for (D) or

5 If you need a secure place to store personal valuables ______ your visit, please ask the front desk for a locker.
(A) on (B) until (C) in (D) during

6 Many people hesitate to link their bank accounts because they are afraid ______ their financial information could be exposed.
(A) whether (B) if (C) that (D) when

7 SmartHealth Guides is a platform ______ database includes treatment options for hundreds of common conditions.
(A) where (B) which (C) whose (D) what

8 The redesigned smartwatch is ______ more durable and energy-efficient than its previous version, making it ideal for outdoor enthusiasts.

(A) far (B) as (C) even (D) too

9 A recent industry report shows that nearly 60% of new graduates are ______ unemployed or working part-time jobs.

(A) either (B) neither (C) nor (D) whether

10 The number of participants will be capped at 25 people ______ the instructor can give personalized feedback.

(A) considering that (B) so that (C) now that (D) provided that

11 ______ the company's revised training program, new interns now gain hands-on experience in team projects and leadership development.

(A) Due to (B) In spite of (C) In addition to (D) Thanks to

12 The more sugar a product contains, ______ it can typically stay fresh after opening.

(A) much longer (B) more longer (C) the longer (D) far longer

13 The guided city tour we booked in Paris was ______ more informative than the one we joined last year.

(A) most (B) very (C) even (D) much

14 The seminar organizers booked rooms at the Harbor View Hotel, ______ attendees can stay at a reduced rate.

(A) that (B) where (C) when (D) which

15 Horizon Atelier, a leading Scandinavian firm, is praised for its creative and ______ conscious architecture.

(A) environmentingly (B) environmentally (C) environmental (D) environment

16 Although ______ with the company's recent customer reviews, Zenith Electronics is still striving to enhance product quality.

(A) please (B) pleasing (C) pleased (D) pleasure

17 ______ there is no annual fee for your credit card, a service charge applies for overseas transactions.

(A) Provided that (B) While (C) Whether (D) Because

18 Graduate researchers hired by the university must attend a mandatory orientation ______ by the Office of Graduate Studies in early September.

(A) provision (B) provide (C) provided (D) providing

19 Our support team will immediately notify the customer in case of any ______ shipping delay.

(A) unexpecting (B) unexpectedly (C) unexpect (D) unexpected

20 ______ some limitations, many travelers still choose to book through agencies for the added security and ease.

(A) However (B) Due to (C) Despite (D) Without

Part 6: 실전 연습

Lesson 3

Questions 1–7 refer to the following advertisement.

Comfort Cabin Rental in Pinewood Hills

Looking for a peaceful getaway that offers both comfort and convenience? Our modern log cabin, [1] ______ in scenic Pinewood Hills, is the ideal choice for travelers [2] ______ want to enjoy nature while staying connected and comfortable. The cabin, recently [3] ______ with cozy furnishings and modern appliances, includes two spacious bedrooms, a comfortable living area, and a fully equipped kitchen.

Guests will enjoy the large windows with beautiful mountain views, [4] ______ the private deck surrounded by tall trees. Whether you prefer relaxing inside or exploring the nearby walking trails, this cabin has something for everyone. The property is just ten minutes from the town center, 3. [5] ______ visitors can find restaurants, supermarkets, and small shops.

In addition to free Wi-Fi and a washer/dryer, the cabin provides basic toiletries and clean towels and sheets, so you don't need to bring your own. [6] ______ the location feels quiet and private, it is easy to reach by car, making it perfect for both short stays and longer vacations.

[7] ______________________________________, as the cabin is popular during weekends and holidays. For more information or to see pictures of the cabin, please visit www.pinewoodcabinrentals.com or call 555-7823.

1	(A) to locate	(B) location	(C) located	(D) locating
2	(A) whose	(B) who	(C) which	(D) whom
3	(A) to update	(B) updating	(C) update	(D) updated
4	(A) except that	(B) as well as	(C) but	(D) provided that

5 (A) where (B) which (C) that (D) when

6 (A) Because (B) Unless (C) As long as (D) Although

7 (A) A washer and dryer are modern
(B) The cabin includes all furniture
(C) Guests enjoy to walk in forests
(D) Booking early is recommended

부록 1

주요 단어 정리

01 주요 동사

1 -ate 로 끝나는 동사

anticipate 예상하다
deteriorate 악화하다
donate 기부하다
estimate 평가하다, 명 견적
generate 낳다, 발생시키다
initiate 초기화하다
participate 참가하다
relate 관련시키다

2 -ize / -ise 로 끝나는 동사

advertise 광고하다
advise 충고하다
criticize 비판(난)하다
customize 주문을 받아 만들다
familiarize 익숙하게 하다
finalize 끝내다
modernize 현대화하다
organize 정리하다, 조직하다
revise 수정하다, 고치다
specialize 전문(특)화하다
supervise 감독하다

3 -en 로 끝나는 동사

broaden 넓히다
lengthen 길게 하다
strengthen 강화하다
weaken 약화시키다
widen 넓히다

4 -fy 로 끝나는 동사

identify 확인하다
diversify 다양화하다
notify 통보하다
purify 정확하다
qualify 자격을 주다
satisfy 만족시키다
simplify 단순화하다

5 기타 동사

assure 보증하다
commute 통근하다
comply 따르다
distribute 배포하다
encourage 용기를 북돋우다
found 설립하다
include 포함하다
inspire 격려하다
interfere 방해하다
join 합류하다
restructure 재구성하다
undergo 겪다
vary 다양하게 하다

02 주요 명사

1 -ion / -tion / -sion 로 끝나는 명사

application 신청(서)
authorization 권한, 허가
calculation 계산
certification 증명(서)
collection 징수
confirmation 확인
connection 연결
construction 공사
continuation 연속, 지속
cooperation 협동, 협력
corporation 기업
decision 결정
expansion 확장
estimation 평가
evaluation 평가
expiration 만료
identification 신분증
implication 연루, 함축
indication 암시
interpretation 해석
notification 통보
opposition 반대
participation 참가
prevention 예방, 방지
qualification 자격(사항)
reduction 감소
resignation 사임
utilization 이용

2 -ty / -ity 로 끝나는 명사

authority 권위(자)
continuity 연속성
creativity 독창성

electricity 전기, 전력
flexibility 융통성, 유연성
possibility 가능성
productivity 생산성
responsibility 책임, 의무

3 -al 로 끝나는 명사

appeal 호소, 호소하다
arrival 도착(지)
appraisal 평가
approval 승인, 허가
potential 잠재력
proposal 제안(서)

4 -ance / -ence 로 끝나는 명사

advance 진보, 향상
attendance 출석, 참석
correspondence 일치
evidence 증거
observance 준수

5 -ment 로 끝나는 명사

agreement 일치, 합의
amazement 놀람, 경탄
commitment 위탁, 언질, 공약
development 개발
disappointment 실망
encouragement 용기
investment 투자

6 사람을 나타내는 명사

accountant 회계사
applicant 지원자
attendee 출석자
consultant 자문가
distributor 배급업자
employer 고용자
employee 직원
investor 투자자
representative 대표자, 담당자
specialist 전문가

03 주요 형용사

1 -able / -ible로 끝나는 형용사

accessible 접근 가능한
affordable 알맞은
available 이용 가능한
considerable 상당한
durable 내구성이 있는
eligible 자격이 있는
foreseeable 예측 가능한
reliable 신뢰할 수 있는
payable 지불 가능한
regrettable 유감스러운
transferable 양도할 수 있는

2 -al 로 끝나는 형용사

additional 부가적인, 추가의
beneficial 이로운
continual 계속적인
cordial 마음에서 우러나는
economical 경제적인
environmental 환경의
exceptional 뛰어난, 예외적인
financial 재정상의
gradual 점차적인
incidental 우연히 일어나는
original 독창적인, 최초의
partial 일부분의
procedural 절차상의
seasonal 계절적인
substantial 상당한
structural 구조

3 -ive / -tive 로 끝나는 형용사

argumentative 논쟁적인
attractive 매력적인
comprehensive 포괄적인
competitive 경쟁력 있는
cooperative 협동의
creative 창조적인
effective 효과적인
expansive 확장적인
extensive 포괄적인
impressive 인상적인
informative 유익한
persuasive 설득력 있는
protective 보호하는

4 **-ic / -ical 로 끝나는 형용사**

economic 경제의, 경제학의
emphatic 단호한
optimistic 낙관적인
realistic 실제적인, 현실주의
specific 명확한, 구체적인
strategic 전략의, 전략상 중요한

5 **-ous / -eous 로 끝나는 형용사**

conscious 알고 있는
courteous 예의 바른
famous 유명한
numerous 다수의, 수많은

6 **-ent / -ant 로 끝나는 형용사**

confident 확신하는, 자신만만한
convenient 편리한
dependent 의지하는
efficient 효율적인
evident 분명한
permanent 영속하는
subsequent 연속적인
vacant 빈
significant 중요한

7 **-ly 로 끝나는 형용사**

costly 값비싼
daily 일간
friendly 우호적인
hourly 매시간의
monthly 월간
quarterly 분기의
timely 시기 적절한
weekly 주간

8 **접두사로 만든 형용사의 반의어**

A. un-

able - unable 할 수 없는
bearable - unbearable 참을 수 없는
fair - unfair 불공평한
natural - unnatural 부자연스러운
real - unreal 비현실적인
usual - unusual 평소와 다른

B. in-

complete - incomplete 불완전한
curable - incurable 불치의
decent - indecent 품위가 없는
direct - indirect 간접의
famous - infamous 악명 높은
finite - infinite 무한한
sufficient - insufficient 불충분한
tolerable - intolerable 참을 수 없는

C. il-

illegal - illegal 불법의
legible - illegible 읽기 어려운
logical - illogical 비논리적인

D. ir-

irrational - irrational 터무니없는
regular - irregular 불규칙적인
resistible - irresistible 불가항력적인
responsible - irresponsible 책임이 없는

E. im-

mature - immature 미숙한
patient-impatient 참을성 없는
partial - impartial 공평한
perfect - imperfect 불완전한
pure - impure 불순한

04 동사 + 전치사

1 자동사 + 전치사

account for 설명하다, 차지하다
agree with [on/to] ~에 동의하다
apply for/to ~에 지원/적용하다
approve of 승인하다
apologize for/to ~에 대해/~에게 사과하다
benefit from ~로부터 혜택을 얻다
care for 좋아하다
complain about 불평하다
collaborate on/with ~에 대해서/~와 협력하다
concentrate on ~에 집중하다
contribute to ~에 기여하다
compete for ~을 위해 경쟁하다
compete with [against] ~와 경쟁하다
consist of ~로 구성되어 있다
deal with 다루다
decide on ~에 대해 결정하다
depart from ~로부터 떠나다
depend(rely) on ~에 의존하다
enroll in(register for) ~에 등록하다
focus on ~에 초점을 맞추다
fill in/out ~을 작성하다
graduate from ~을 졸업하다
go through ~을 겪다
insist on ~라고 주장하다
leave for ~향해 떠나다
invest in ~에 투자하다
look at/for/into ~을 보다/찾다/조사하다
object to ~에 반대하다
point to ~을 지적하다
refer to ~을 참조하다
remark on ~에 대해 언급하다
result in/from ~한 결과가 되다/~로부터 생기다
subscribe to ~을 구독하다
talk about/to/with ~에 대해/~에게/~와 말하다
succeed to/in ~을 계승하다/~에 성공하다
work on ~을 작업하다

2 타동사 + 목적어 + 전치사

add A to B A에 B를 더하다
attribute A to B A를 B의 탓으로 돌리다
acquaint A with B A에게 B에 대해 알게 하다
charge A for B A에 대해 B를 청구하다
compensate A for B A에게 B에 대해 보상해주다
forward A to B A를 B에게 전달하다
obtain A from B A를 B로부터 얻다
offer A to B A를 B에게 제공하다
protect A from [against] B로부터 A를 보호하다
regard A as B A를 B로 간주하다
reimburse A for B A에게 B에 대해 보상해주다
remind A of B A에게 B를 상기시키다
replace A with B A를 B로 대체하다
reserve A for B B를 위해 A를 예약하다
share A with B A를 B와 나누다
ship A to B A를 B에게 배송하다
spend time [money] on A A에게 시간[돈]을 쓰다
submit A to B A를 B에게 제출하다

05 명사가 포함된 전치사구

as a result of ~의 결과로
at the end of ~말에
at all times 항상
at the rate of ~비율
by means of ~을 수단으로
in comparison with ~와 비교하여
in accordance with ~와 일치하여
in honor of ~을 기리어
in charge of ~을 맡고 있는
in conjunction with ~와 결합하여
in excess of ~을 초과하여
contrary to ~와 반대로
on account of (= owing to, because of) ~때문에
on behalf of ~을 대신하여
by the end of ~말까지
out of stock 재고가 없는
out of print 절판된
out of business 폐업한
on one's own 스스로

06 Be 동사 + 형용사/분사 + 전치사

be critical of ~을 비판하다
be full of ~로 가득 차 있다
be appreciative of ~에 감사하다
be accompanied by ~를 동반하다
be capable of ~을 할 수 있다
be aware of ~을 알다
be short of ~이 부족하다
be incapable of ~을 할 수 없다
be conscious of ~을 인식하다
be envious of ~을 부러워하다
be compatible with ~와 호환되다
be concerned about ~에 대해 염려하다
be faced with ~에 직면하다
be fed up with ~에 싫증을 내다
be involved in ~에 연루되다
be skilled at ~에 능숙하다
be noted [known] for ~으로 유명하다
be equipped with ~을 갖추다
be entitled to ~을 받을 자격이 있다
be associated with ~와 연관있다
be related to ~와 관련되어 있다
be used to (= be accustomed to) ~에 익숙하다
be eligible for ~할 자격이 있다
be consistent in ~에 일관된다
be subject to ~을 겪다
be similar to ~와 유사하다
be ideal for ~에 이상적이다
be valid for ~을 위해 유효하다
be responsible for ~에 책임이 있다
be comparable to ~에 필적하다
be responsive to ~에 반응하다

07 분사가 사용된 표현들

1 현재분사

growing number 증가하는 수
outstanding job performance 뛰어난 업무실적
the preceding year 지난 해
the following year 다음 해
upcoming season 다가오는 계절
leading company 선도 기업
overwhelming demand 압도적인 요구
challenging task 힘든 업무

2 과거분사

scheduled plans 예정된 계획
accomplished task/book/performance 탁월한 업무/책/공연
reduced rate/budget 감소된 가격/예산
informed decision/customer 현명한 결정/ 고객
created position 신설된 직책
enclosed brochure 동봉된 소책자
specialized skills 특화된 기술
reserved room 예약된 방
attached document 첨부한 서류
established organization 설립된 단체
limited time 제한된 시간
unlimited access 무제한 접근
confirmed reservation 확인된 예약
designated area 지정된 장소
sophisticated system 정교한 시스템
repeated requests 반복된 요청
renovated office 수리된 사무실
complicated process 복잡한 과정
assessed value 평가된 가치

부록 2

실전 연습 문제 정답과 해설

Chapter 1

1 정답 (B) 조금만 더 운전하면, 교차로 오른쪽에 여러 식당이 보일 것입니다. 조건절에서 미래 대신 현재 시제를 씀.
intersection 교차로

2 정답 (C) 몇몇 영업사원만이 정확하고 간결하며 효율적으로 편지를 쓸 수 있습니다. 등위 접속사 and로 연결된 병렬 구조이므로 다른 단어들과 마찬가지로 부사가 와야 함.
efficiently 효율적으로 **sales representative** 영업사원

3 정답 (A) 우리 회사가 인쇄된 카탈로그 판매를 중단한 지 3년이 넘었습니다. stop 다음에는 동명사가 오면 ~하기를 멈추다는 뜻.

4 정답 (B) 개인적인 이유로 직장을 떠나면, 다음 면접에서 설명하기 어려울 수 있습니다. 이유를 나타내는 전치사는 for leave 떠나다.
for personal reasons 개인적인 이유 때문에

5 정답 (D) 지난 수십 년간 건설 부문은 환경 문제를 다루는 데 있어 성공적이지 못했다. has been 뒤에는 보어 자리에 올 수 있는 형용사 successful이 적합함 success는 앞에 관사 a를 써야 하고 success in 형태로는 사용되지 않음.
construction sector 건설업계 **address** 언급하다 다루다 **be successful in** ~에 성공하다 **in the last few decades** 지난 수십 년간

6 정답 (D) 메이플 리프 웰니스 센터는 모든 사람이 전인적 건강 관리를 받을 자격이 있다는 믿음에 기반하여 설립되었습니다. 문맥상 수동태이므로 found의 과거 분사 founded가 적합함.
found 설립하다 **holistic healthcare** 전인적 건강 관리 **deserve** ~할 자격이 있다

7 정답 (B) 이달 초, 일본 최대 택배 회사 중 하나인 사쿠라 로지스틱스는 30년 만에 처음으로 자사의 배송 요금을 인상했습니다. 주어 Sakura Logistics는 회사이름으로 단수 취급하므로 소유격은 its가 적합함.
delivery charge 배송료 **courier** 택배업체 **for the first time in ~ years** ~년 만에 처음으로

8 정답 (A) 2주 전, 올리비아는 가전제품을 온라인으로 구매하여 상당한 금액의 돈을 절약했습니다. 상당한 이라는 뜻의 형용사 considerable은 수량을 나타내는 amount와 잘 어울림.
home appliances 가전제품

9 정답 (D) 리사는 2020년 일리노이 대학교 졸업 이후 비즈니스 분석가로 일해 오고 있습니다. since 2020과 어울리는 시제 표현은 현재완료진행형임.
since ~ 이래로 **business analyst** 비즈니스 분석가

10 정답 (C) 이 프로그램은 고용주와 직원들에게 지속 가능한 직업적 관계를 구축할 수 있는 자료를 제공합니다. provide A with B 구조로 A에게 B를 제공하다라는 의미임.
sustainable 지속 가능한 **resources** 자원

11 정답 (B) 오픈소스 도구는 상용 소프트웨어보다 훨씬 사용하기 쉽습니다. 비교급 앞에 강조하는 부사는 far 사용.
commercial 상업의

12 정답 (C) 보호자가 자녀를 제한된 영화에 데려가는 것은 적절하지 않습니다. It is not appropriate for 사람 to 부정사임.
appropriate 적합한 **guardian** 보호자 **restricted films** 청소년 관람 불가처럼 제한 상영 영화

13 정답 (D) 호텔 레스토랑은 24시간 운영되지 않지만, 룸서비스는 언제든 가능합니다. 앞뒤 문장의 의미가 대조적인 때 등위 접속사 but 사용.
available 이용 가능한

14 정답 (C) 다음 주 금요일 오후 2시에 B 회의실에서 월례 팀 회의가 열릴 예정임을 알려드립니다. next Friday는 미래 시점이므로 미래 시제 수동태 will be held가 적절함.
be reminded that ~을 상기해 주세요 **be held** 개최되다

15 정답 (D) 이 오리엔테이션은 신입 직원이 자신의 역할과 기대치를 이해할 수 있게 해줍니다. allow는 + 목적어 + to + 동사 구조를 취함.
expectation 기대

16 정답 (B) 구매에 만족하지 않으시면, 30일 이내에 전액 환불을 위해 상품을 반품하실 수 있습니다. within + 기간은 ~ 이내에 라는 의미로 기간의 범위를 나타냄.
return 반품하다 **a full refund** 전액 환불

17 정답 (A) 스타벅스는 올해 펌킨 스파이스 라떼에 새로운 시럽을 추가할 예정이라고 발표했습니다. 조동사 would 뒤에는 동사 원형 사용함.
add A to B A를 B에 추가하다 **flavor** 맛

18 정답 (B) 바이러스 백신 프로그램은 새로운 악성코드 위협에 대비하기 위해 지속적으로 업데이트되어야 한다. 조동사 must + be + 과거분사 형태의 수동태 구조로서 consistently는 빈칸에 올 과거분사를 수식하고 문맥상 updated가 가장 적절.
consistently 지속적으로 **guard against** ~로부터 방어하다 **malware** 악성코드

19 정답 (A) 약 70%의 임원이 최근 인플레이션으로 인해 수익이 하락했다고 말합니다. 지각동사는 목적어 뒤에 동사원형을 목적보어로 취함.
profit 수익

20 정답 (C) 새 정책은 원격 및 현장 직원 모두에게 적용될 것입니다. 조동사 will 뒤에 오는 수동태는 be + 과거분사 형태임.
updated policy 개정된 정책 **apply to** 적용하다

21 정답 (C) 해외 운전 시 국제 운전 면허증은 필수는 아니지

만 권장됩니다. 필수적인이라는 뜻의 mandatory는 문맥상 not A but B 구조에 적합한 형용사임.

permit 허가증 **recommended** 권장된

22 정답 (B) 브라질은 커피가 대규모로 재배되는 몇 안 되는 나라 중 하나입니다. 선행사 countries가 장소를 나타내고 관계사 절에서 부사 역할을 하는 where이 적합함.

on a large scale 대규모로 **harvest** 수확하다

23 정답 (A) 우리는 반품 배송 중 손상된 물품에 대해 책임지지 않습니다. 개봉되지 않은 제품만 접수가 가능합니다. 문맥상 손상된 제품을 표현하기 위해서는 수동의 의미로 과거분사를 사용함.

return shipment 반품 배송 **unopened products** 개봉하지 않은 제품 **accept** 받아들이다

24 정답 (D) 온라인 예약 서비스 덕분에 출장 계획을 세우는 것이 이제 훨씬 더 간단합니다. 주어인 동명사구 뒤에 be 동사 + 형용사 구조로 설명이 이어져야 자연스러움.

booking service 예약 서비스 **business trip** 출장

25 정답 (B) 물가 상승에도 불구하고 대부분의 소비자들은 여전히 선물과 여행에 평균 1,000달러를 쓸 계획입니다.

spend + 돈/시간 + 동명사 또는 on + 명사 ~하는 돈이나 시간을 쓰다 **despite** ~에도 불구하고

26 정답 (B) 이 신발은 할인 판매 중이며, 이는 소비자가 최대 40% 절약할 수 있게 해줍니다. which는 관계대명사의 비한정적 용법에서 앞 문장 전체나 일부를 받기 위해 사용됨.

clearance 재고 정리

27 정답 (C) 애플 기술자들은 자사 제품 대부분을 제조하는 중국을 자주 방문합니다. Apple이라는 회사는 사물이며 단수이므로 소유 형용사는 its임.

device 기기

28 정답 (D) 많은 근로자들이 높은 연봉보다 직업 만족도가 더 중요하다고 생각합니다. than 앞에는 비교급이 와야 하는데 important가 3음절로 된 형용사 이므로 앞에 more를 붙임.

job satisfaction 직업 만족도 **salary** 급여

29 정답 (B) 첫 방문자는 예약된 시간 15분 전에 도착해야 합니다. appointment가 능동적으로 예약할 수 없으므로 과거분사를 사용.

scheduled appointment 예약된 시간 **paperwork** 서류 작업

30 정답 (C) 팬데믹으로 인해 일자리를 잃은 사람들은 보통 더 젊고, 시간제 직종에 종사하고 있습니다. 선행사 Those는 사람이고 관계사절에서 주어 역할을 하므로 관계대명사 who가 적절함.

lose employment 실직하다 **part-time** 시간제

31-35 임시 인터넷 서비스 중단 안내

이용자 여러분께, Urbana 도서관의 Wi-Fi 및 인터넷 서비스가 5월 15일(수) 오전 9시부터 오후 2시까지 일시적으로 이용 불가하오니 참고해 주시기 바랍니다. 이는 예정된 네트워크 유지 보수 및 시스템 업그레이드 작업으로 인한 것입니다. 해당 시간 동안 인터넷 접속이 필요하신 경우, Wi-Fi 서비스를 제공하는 인근 도서관 지점이나 공공 시설을 방문하실 것을 권장드립니다. 이로 인해 불편을 드리는 점 사전에 사과드리며, 여러분의 양해에 감사드립니다. Urbana 공공 도서관 운영팀

해설 **31** 정답 (D) unavailable 서비스가 이용 불가하다"는 의미로 가장 적절한 단어는 unavailable. **32** 정답 (C) 예정된 maintenance와 upgrades라고 표현하기 위한 수식어로는 과거 분사 scheduled가 적합함. **33** 정답 (A) recommend는 동명사를 목적어로 취하므로 visiting이 정답임. **34** 정답 (C) for apologize for ~에 대해 사과드립니다. **35** 정답 (C) 사과 다음에 가장 자연스럽고 일반적인 마무리 표현은 감사의 표현인 We thank you for your understanding임.

어휘 **patron** (도서관 등의) 이용자, 고객 **unavailable** 이용 불가능한 **scheduled maintenance** 예정된 유지 보수 **recommend ~ing** ~하는 것을 추천하다 **understanding** 이해 **public facility** 공공시설

Chapter 2

Step 1

1 정답 (B) 새로운 멘토링 프로그램은 인턴들에게 첫 해 동안 지도를 제공합니다. 주어가 3인칭 단수이므로 동사는 현재형 단수형 provides가 적절함.

provide A with B A에게 B를 제공하다

2 정답 (A) 인턴들의 주요 업무 중 하나는 매일 아침 고객 이메일에 응답하는 것입니다. be 동사 뒤 to 부정사는 목적보어로 사용되므로 to answer가 적합.

3 정답 (A) 클라우드 저장소는 최근 모든 규모의 기업들 사이에서 흔해졌습니다. 연결 동사 become의 보어는 형용사 common이 적합함.

common 흔한 보통의

4 정답 (B) 미스터 김은 감독자로서 건설 프로젝트를 감독하도록 배정되었습니다. 전치사 as는 ~로서라는 뜻이므로 명사 supervisor가 적합.

be assigned to ~에 배정되다 **supervisor** 감독자

5 정답 (C) 우리 프로그램의 목표는 해외 유학을 원하는 학생들에게 도움을 제공하는 것입니다. provide는 명사를 목적어로 받으므로 assistance가 적합.

assistance 도움 **study overseas** 해외 유학하다

6 정답 (B) Olivia는 교통 체증 때문에 어제 회의에 늦었습니다. yesterday가 과거 시점이므로 과거 시제 was가 적절.

be late for ~에 늦다 **traffic jam** 교통 체증

7 정답 (A) 광고에 많은 돈을 투자했지만 결과는 실망스러웠습니다. 결과가 감정을 유발한다는 의미가 되어야 하므로 현재 분사형 disappointing이 적합.

advertising 광고

8 정답 (D) 연례 모금 행사에 대한 더 자세한 내용은 공식 홈페이지를 방문해 주세요. 문맥상 명령문을 사용해야 하므로 동사원형 visit이 사용함.

fundraiser 모금 행사 **official** 공식적인

9 정답 (B) David는 신입 소프트웨어 개발자들을 멘토링하는 데 매우 경험이 있는 것 같습니다. 문맥상 연결 동사 seem의 보어로는 경험이 있다는 뜻의 과거분사 experienced가 적절.

10 정답 (B) 고객 서비스 직원은 사용자 불만에 신속하게 대응해야 합니다. 조동사 must 뒤에는 동사원형이 오므로 respond가 적절.

respond to ~에 응답하다 **in a timely manner** 시기적절하게

11 정답 (C) 그 투자자는 회사의 성장 부진에 대해 매우 걱정하는 것처럼 보였습니다. 사람을 의미하는 단어가 주어 자리에 와야 하므로 investor가 적합함.

concerned 걱정하는 **lack of** ~의 부족

12 정답 (C) 분실물을 보시면 프런트 데스크로 가져다 주세요. bring의 목적어로는 대명사의 목적격을 써야 하므로 them이 적합함.

lost item 분실물

13 정답 (B) 컴퓨터에 새로운 소프트웨어를 설치하는 것은 작업 속도를 향상시키는 데 도움이 된다. 동명사가 주어 역할할 수 있으므로 Adding이 적합함.

add 더하다 첨가하다 **work speed** 작업 속도

14 정답 (C) 국제 무역 행사 참가가 전적으로 일반에 개방되어 있습니다. 주어 자리에는 명사 participation이 적합함.

open to the public 일반에게 개방된 **trade event** 무역 행사

15 정답 (D) 공연 내내 휴대전화를 무음 상태로 유지해 주세요. keep + 목적어 + 목적보어 구문에서 휴대폰이 무음 처리된 상태라는 표현은 과거 분사 silenced가 자연스럽고 주로 사용됨. silent도 가능하지만 전화기 자체의 상태 자체가 조용하다는 뉘앙스이므로 약간 어색함.

entire 전체의 **performance** 공연

Step 2

1 정답 (C) 여러 개의 데이터 차트와 함께 작성된 그 보고서는 발표 준비가 되어 있습니다. 전치사구 along with several data charts의 수식을 받는 단수명사 The report가 주어이므로 is가 적합함.

along with ~와 함께 **ready for** ~에 준비된 **presentation** 발표

2 정답 (A) Kevin이 항공권을 일찍 예약했기 때문에 그는 상당한 할인을 받았습니다. 주어 Kevin은 남서이므로 일치하는 대명사 he가 적합함.

book 예약하다 **airfare** 항공 요금 **substantial** 상당한

3 정답 (B) 모든 모바일 애플리케이션이 반응성이 뛰어나고 사용하기 쉬워야 하는 것이 필요합니다. That 절이 주어일 경우 가주어 It을 두고 후치시키는 구조이므로 that이 적합함.

responsive 반응성이 있는 **easy to use** 사용하기 쉬운

4 정답 (B) 새로운 직장 내 안전 지침은 회사의 모든 정규직 직원에게 적용됩니다. 주어 guideline은 단수형이므로 applies가 적합함.

apply to ~에 적용되다 **full-time employee** 정규직 직원

5 정답 (B) 제품 시연을 예약하려면 양식을 작성하고 그것을 영업팀에 제출하세요. 목적어로 단수명사 form을 가리키므로 대명사 it이 적절.

fill out 작성하다

6 정답 (A) 전기 자전거에 대한 수요는 여름 동안 꾸준할 것으로 예상됩니다. 연결동사 remain은형용사를 보어로 취하므로 steady가 적절.

demand 수요 **steady** 꾸준한

7 정답 (D) 리더십 워크숍 좌석 수는 제한되어 있으므로 가능한 빨리 자리를 예약하는 것이 좋습니다. 주어 Spaces가 복수이므로 동사 are가 적절.

be limited 제한되다 **reserve** 예약하다 **as soon as possible** 가능한 한 빨리

8 정답 (C) 소매 체인점들은 가격 상승에도 불구하고 충성 고객들을 만족시키기 위해 노력하고 있습니다. keep + 목적어 + 보어 구조에서 목적어와 보어가 수동의 의미 관계이므로 과거분사 satisfied가 적절.

loyal shopper 충성 고객 **despite** ~에도 불구하고

9 정답 (B) 감독관은 정기 점검 중 기계들이 작동 상태를 유지하도록 직원들에게 조언했습니다. keep + 목적어 + 보어 구조에서 목적어와 보어가 능동의 의미 관계이므로 현재 분사 running이 적절.

maintenance check 점검

10 정답 (C) 최근의 정책 변화는 학교의 월간 운영비를 크게 줄일 것입니다. will + 동사원형 reduce가 적절.

significantly 상당히 **reduce** 줄이다 **operating costs** 운영비

11 정답 (B) 제안이 거절되었을 때 Mark는 실망했습니다. 주어가 감정을 느끼게 된 상황을 표현하므로 과거분사 disappointed가 적절.

proposal 제안 **reject** 거절하다

12 정답 (D) 직원 만족도가 사상 최고치를 기록했다는 것은 고

무적인 소식입니다. It is ~ that구조에서 It이 가주어 that절이 진주어이므로 is가 적절.

encouraging 고무적인 **employee satisfaction** 직원 만족도 **all-time high** 사상 최고

13 정답 (D) 우리의 사명은 최고 품질의 친환경 제품을 저렴한 가격에 제공하는 것입니다. 주어 mission의 보어로 to 부정사 to provide가 적절.

eco-friendly 친환경적인 **affordable** 가격이 적당한

14 정답 (B) Green Spoon Café는 대학 캠퍼스 근처에 두 번째 비건 식당을 여는 것을 고려 중입니다. consider + 동명사 구조로 opening이 적절.

vegan restaurant 채식주의자 **near** ~ 근처에

15 정답 (B) 일정 변경으로 인해 프로젝트를 제시간에 완료하는 것이 어려워졌습니다. make it + 형용사 + to 부정사 구조로 to finish가 적절.

on time 제시간에

16-20 입주자 여러분께, 귀하의 건물에 새로운 공용 세탁 시설이 설치되었음을 알려드리게 되어 기쁩니다. FreshWash Services는 지난 15년간 편리하고 에너지 효율적인 세탁 솔루션을 제공해 왔습니다. 저희의 목표는 입주자 여러분이 외부로 이동할 필요 없이 깨끗하고 현대적인 세탁기를 이용할 수 있도록 하는 것입니다. 다음 주 월요일부터, 지하층에 위치한 새로운 세탁 시설에서 세탁이 가능합니다.

세탁실은 매일 오전 7시부터 오후 10시까지 운영되며, 세탁기는 동전과 모바일 결제 모두를 지원합니다. 또한, 세제 디스펜서와 접이식 테이블도 편의를 위해 설치되어 있습니다. 장비 사용에 대한 자세한 안내는 저희 웹사이트를 방문하시거나, 세탁실에 게시된 안내문을 확인해 주세요. 이 새로운 시설이 여러분의 일상에 도움이 되기를 바랍니다. 감사합니다. FreshWash Services

해설 **16** 정답 (B) announce 뒤에는 목적어로 명사가 와야 하므로 installation이 적합함. **17** 정답 (D) our goal is to + 동사원형로 목표는 ~하는 것이다라는 의미를 표현하기 위해서는 to ensure가 적합함. **18** 정답 (A) 세탁 기계들에서 동전이나 모바일 결제 모두 가능한 것은 일반적인 사실이므로 현재 시제를 써야 하고 복수 주어이므로 accept가 적합함. **19** 정답 (B) 명령문은 동사 원형을 써야 하므로 visit이 적합함. **20** 정답 (C) 접속사 and를 중심으로 명령문인 앞 문장 과 병렬 구조를 이루며, 구체적이고 실용적인 안내문 확인하라는 check the posted guidelines in the laundry room이 적합함.

어휘 **installation** 설치 **to ensure** ~을 보장하다, ~하도록 하기 위하여 **accept** (결제 수단 등을) 받다, 허용하다 **guidelines** 지침, 안내문 **amenity** 편의 시설 **energy-efficient** 에너지 효율적인 **folding table** 접이식 테이블 **posted** 게시된, 부착된 **routine** 일상, 일과

Chapter 3

Step 1

1 정답 (B) $100 이상 구매하면 사은품을 받게 됩니다. 조건절(if절)에서는 현재 시제가 미래 시제를 대신하므로 spend가 적절함.

purchase 구매 **at least** 최소한

2 정답 (B) Gomez 씨는 법무팀에 합류한 이후 여러 국제 주요 사건을 이끌어왔습니다. Since 절, + 현재완료 시제이므로 has joined가 적절.

lead 이끌다 **high-profile** 주목받는 **legal** 법의

3 정답 (B) 현재 BlueStar는 새로운 창의적 기술팀을 위해 앱 디자이너를 구하고 있습니다. currently라는 시간 부사가 있으므로 현재 진행 시제인 is seeking이 적절.

seek 구하다 **creative** 창의적인

4 정답 (A) 다음 주 금요일 개회식에 500명 이상의 손님이 참석할 것으로 예상됩니다. 전치사 없이 목적어를 취할 수 있는 타동사로는 attend가 적합함.

participate/take part in 참석하다 **join** 합류하다 **opening ceremony** 개회식

5 정답 (B) 그 제과점의 인기는 전국 베이킹 대회에서 우승한 후 급격히 상승했습니다. 문맥상 자동사가 필요하고 과거에 일어난 사전(after it won) 이후의 일이므로 과거 시제 rose가 적절함.

popularity 인기 **dramatically** 극적으로 **baking competition** 제과 대회

6 정답 (C) 지난 월요일, 그 관리자는 전 직원에게 새로운 점심시간 일정을 알렸습니다. 사람 + of + 전달 내용 구조를 취하는 동사는 inform임.

lunch break 점심시간

7 정답 (D) 모든 문이 퇴근 시 잠겨 있어야 한다는 것은 필수입니다. It is essential that + 주어 + 동사원형 구조를 취하므로 be가 적합함.

essential 필수적인 **at the end of** ~의 끝에 **locked** 잠긴

8 정답 (B) 미스터 최는 2015년 첫 매장을 열었을 때 그렇게 성공할 거라고 예상하지 않았다. 기대한 시점이 과거이므로 that 절의 시제도 그에 일치시켜 will의 과거형을 쓴 would be가 적절.

9 정답 (B) 화상회의 중 상사는 내 제안서가 승인되었다고 내게 말해주었습니다. 사람 + 전달 내용 구조 사용하는 동사는 tell임 다른 동사들을 사람 앞에 전치사to를 써야 함.

approve 승인하다

10 정답 (D) 관리자는 배송 지연에 대한 해결책에 대해 모두가 이야기해 보라고 요청했습니다. 자동사로서 전치사 about을 취할 수 있는 동사는 talk가 적합함.

delay 배송 지연 **possible solution** 가능한 해결책

11 정답 (B) 위원회는 모든 참가자들이 정오까지 등록비를 내야 한다고 제안했습니다. suggest that + 주어 + 동사원형 구조이므로 pay가 적합함.

registration fee 등록비

12 정답 (D) Daniel은 최종 보고서를 작성하기 전에 시장에 대한 추가 데이터를 수집했습니다. 데이터를 '수집하다'는 의미 타동사 gathered가 적절.

additional 추가의

13 정답 (A) 기획 위원회는 지난 화요일 오전 회의 일정을 공식적으로 확정했습니다. last Tuesday 라는 과거 시점이 있으므로 과거형인 confirmed가 적합함.

confirm 확인하다

14 정답 (A) 그 비영리 단체는 2008년부터 가족들에게 음식과 구호를 제공해 오고 있습니다. 현재완료 시제는 since + 과거 시점과 호응하므로 since가 적절.

nonprofit 비영리의 **aid** 지원, 구호

15 정답 (B) 몇몇 신규 참가자들은 도움을 요청하지 않고도 서면 지침을 이해했습니다. several과 participants 모두 복수이므로 복수동사 understand가 적절.

written instructions 서면 지침

Step 2

1 정답 (B) 기술자가 10분 이상 지각하면, 다음 방문 시 $10 할인 혜택을 받게 됩니다. 조건절(if절)에서 미래 의미를 나타내도 현재 시제 사용하므로 is가 적합.

discount 할인

2 정답 (B) 영업 이사는 기자회견에서 회사의 수정된 가격 정책에 대한 모든 질문에 답변했습니다. answer가 바로 목적어를 취하는 타동사이므로 적합함.

revised 수정된 **pricing policy** 가격 정책

3 정답 (D) 전문가들은 중공업의 탄소 배출량이 향후 10년간 꾸준히 감소할 것이라고 예측했습니다. predicted that 절 뒤에는 시제 일치에 따라 미래 동사가 와야 하는 데 과거 시점에서 미래를 예측하므로 would + 동사원형 구조인 would decrease가 적합함.

carbon emissions 탄소 배출 **over the next decade** 향후 10년에 걸쳐

4 정답 (B) 이 리조트의 객실 요금은 시즌과 선택한 객실 유형에 따라 달라집니다. 주어가 Room rates이고 목적어를 취하지 않으므로 자동사 vary 사용.

room rate 객실 요금 **depending on** ~에 따라

5 정답 (B) 연구팀은 안전 보고서를 발표하기 전에 여러 실험을 수행했습니다. before가 과거 시점을 나타내므로 더 과거인 과거완료 시제 had carried out 적합.

carry out 수행하다 **experiment** 실험

6 정답 (C) 온라인 플랫폼을 출범한 이후로, 이 의류 브랜드는 매출과 고객 참여 모두에서 큰 성장을 경험해 왔습니다. 전치사 since는 현재완료 시제와 함께 사용되므로 has experienced가 적합함.

engagement 참여 **significant growth** 상당한 성장

7 정답 (C) 그 인턴은 과제가 너무 어렵다고 처음엔 거절했지만, 나중에는 지도를 받아 수행하기로 동의했습니다. 동의한 것이 과거의 일이고 거절은 과거보다 이전의 사건이므로 과거완료 had rejected 를 써야 함.

assignment 과제

8 정답 (B) 임대 계약서에 서명하기 전에 문서에 명시된 조건에 동의하는 것이 중요합니다. It is crucial that + 주어 + 동사원형 구조이므로 agree를 써야 함.

rental agreement 임대 계약 **terms** 조건 **stated** 명시된

9 정답 (B) Nakamura 씨는 거의 7년 동안 Orion Group의 재무 기획 부서를 이끌어 왔습니다. 현재 완료 시제 문장에서 지속 기간을 나타내는 표현은 전치사 for를 씀.

financial planning 재무 기획 **division** 부서

10 정답 (A) 많은 고객들은 EcoGoods를 중고 전자제품 및 가전의 신뢰할 수 있는 공급처로 알고 있습니다. many customers는 복수이고 know는 현재 진행 시제를 쓰자 않으므로 know 를 써야 함.

reliable 신뢰할 수 있는 **source** 공급처 **second-hand** 중고의

11 정답 (C) 고객은 계정 정보 변경 사항을 지원팀에 알려야 합니다. notify + 사람 + of + 내용 구조임.

account information 계정 정보

12 정답 (D) CleanFuel Corp.의 장기적인 성공은 엔지니어, 공급업체, 투자자 간의 긴밀한 협력에 달려 있습니다. 문맥상 '~에 달려 있다'는 뜻의 depend upon/on이 적합.

collaboration 협력

13 정답 (C) 전문가들은 물가가 안정되면 고용 시장이 빠르게 회복될 것으로 예상합니다. predict는 구현되지 않은 미래의 상황을 예상하므로 that에서는 미래시제의 표현이 와야 함.

job market 고용 시장 **under control** 통제된

14 정답 (C) 모든 직원들은 직장 안전에 대한 연례 교육에 참여하도록 권장됩니다. 문맥상 '~에 참여하다'는 participate in이 적절.

qualify for ~의 자격을 갖추다 **annual** 매년의

15 정답 (B) 영양사는 최근에 나의 수면의 질을 향상시키기 위해 오후 7시 이후에는 아무것도 먹지 말라고 권고했습니다. recommend that + 주어 + 동사원형 구조이므로 부정문도 not eat로 씀.

nutritionist 영양사 **sleep quality** 수면의 질

16-20 Riverway Heights의 모든 입주자 여러분께, 오는 8월 1일

부터 입주민을 위한 공용 보관실이 제공될 예정임을 알려드립니다. 이 시설은 1층 우편함 근처에 위치해 있으며, 여행 가방, 운동 장비, 소형 가구 등과 같은 물품을 보관하는 용도로 사용됩니다.

공간이 한정되어 있으므로 선착순 예약제로 운영되며, 각 가구당 최대 6개월까지 1개의 유닛을 예약할 수 있습니다. 공간이 사용 가능할 경우 연장도 가능합니다. 부패성, 인화성, 고가 물품은 보관할 수 없으며, 관리 사무소는 손상이나 분실에 대한 책임을 지지 않습니다.

신청을 원하시면 웹사이트를 방문하시거나 정규 근무 시간 내에 관리 사무소로 연락해 주세요. 신청이 승인되면, 사용 안내와 접근 방법을 받게 됩니다. 이 새로운 서비스가 입주민 여러분께 도움이 되길 바랍니다.

해설 **16** 정답 (B) announce는 that 절을 목적어로 취할 수 있음. **17** 정답 (A) 주어 The facility가 위치해 있는 뜻은 수동태로 표현되어야 하므로 is뒤에 과거분사 located가 적절함. **18** 정답 (D) 공간이 사용 가능하다는 의미로 available이 적절함. **19** 정답 (B) 명령문은 동사 원형을 써야 하므로 visit이 적합함. **20** 정답 (B) 앞 문장 "Once your request is approved"와 자연스럽게 이어지고, 보관실 사용 안내에 대한 정보를 제공하는 문장은 you will receive access instructions and usage guidelines가 가장 자연스러움

어휘 **shared storage room** 공용 보관실 **first-come, first-served** 선착순 **available** 사용 가능한 **resident** 거주자 **household** 세대 **reserve** 예약하다 **up to** 최대 ~까지 **perishable** 상하기 쉬운 **flammable** 불이 붙기 쉬운 **valuable items** 귀중품 **management is not liable** 관리 사무소는 책임지지 않는다 **access instructions** 접근 안내 **usage guidelines** 사용 지침 **during regular business hours** 정규 근무 시간 동안

Chapter 4

Step 1

1 정답 (B) 마케팅 팀은 새로운 캠페인에 대한 지지를 얻기 위해 전국을 돌며 이동했습니다. 문맥상 여행의 목적이 지지를 얻는 것이므로 to 부정사의 부사적 용법의 목적을 나타내는 to earn이 적합.
across the country 전국에 걸쳐 **earn support** 지지를 얻다

2 정답 (A) 모바일 앱을 다운로드하면 정문에서 표를 기다리는 것을 피할 수 있습니다. avoid는 동명사만 목적어로 취하므로 waiting이 적합.
wait for ~를 기다리다 **front gate** 정문

3 정답 (C) 박물관은 방문객들에게 허락 없이 전시된 유물을 만지지 말라고 요청했습니다. ask + 목적어 + not to 동사원형 구조임.
artifact 유물 **without permission** 허락 없이

4 정답 (C) 우리의 예약 시스템은 고객이 예약 과정 중에 특별 요청을 할 수 있게 해 줍니다. enable + 목적어 + to 부정사 구조임.
reservation process 예약 절차

5 정답 (C) 매니저는 VIP 손님을 위해 셰프에게 디저트를 추가로 준비하게 했습니다. 사역동사 had는 동사원형을 목적보어로 취하므로 prepare가 적절.

6 정답 (A) Aaron은 나이 조건을 충족하기에는 너무 어려서 수업에 등록할 수 없었습니다. too 형용사/부사 to 구조이므로 ~ ~하기에는 너무 어린이라는 의미가 되는 형용사 young이 적합.
register 등록하다 **age requirement** 나이 조건

7 정답 (C) 팀으로 효과적으로 일하기 위해 구성원들은 열린 소통과 책임 분담을 해야 합니다. 문맥상 to 부정사의 부사적 용법의 목적을 나타내는 In order to가 적절.
communicate openly 자유롭게 소통하다 **share** 나누다

8 정답 (A) 우리 팀은 일주일 내내 신뢰할 수 있는 IT 지원을 제공하는 데 전념하고 있습니다. be dedicated to에서 to는 전치사이므로 동명사 providing이 적합.
throughout the week 일주일 내내

9 정답 (B) 호텔 직원들은 국제 회의를 위한 막바지 준비로 바쁘게 움직였습니다. be busy + ~ing 형태에서 making이 적절.
make arrangement 준비하다 **last-minute** 막바지의

10 정답 (C) 많은 항공사들은 승객이 이륙 중에 휴대폰을 사용하는 것을 막습니다. prevent + 목적어 + from ~ing 구조에서 from using이 적절.
take off 이륙하다

11 정답 (A) 고객들은 우리가 불만을 그렇게 빨리 해결한 것에 놀랐습니다. 동명사의 의미상의 주어는 소유격이므로 our resolving이 적합.
resolve a complaint 불만을 해결하다

12 정답 (A) 회의에 제시간에 도착하는 것은 전문성을 유지하는 데 필수적입니다. 동명사 Arriving이 주어로 쓰였으므로 단수동사 is가 적절.
professionalism 전문성

13 정답 (B) 매니저는 브랜드 인지도를 높이기 위한 여러 전략 계획을 논의했습니다. Plans는 to 부정사의 수식을 받는 명사이므로 to increase가 적합.
strategic plan 전략 계획 **brand awareness** 상표 인지도

14 정답 (C) 당신은 고객에게 기능을 보여줄 수는 있지만 그

들이 서비스를 구매하도록 강요할 수는 없습니다. 사역 동사 make + 목적어 + 동사원형 구조로 make가 적합.
feature 기능

15 정답 (B) 이 업데이트된 웹사이트는 사용자들이 비밀번호를 재설정하기 훨씬 쉽게 만들어 주었습니다. make it + 형용사 + for + 사람 + to 부정사 구조에서 for는 to 부정사의 의미상의 주어 앞에 사용함.
reset password 비밀번호를 재설정하다

Step 2

1 정답 (D) 고객지원팀은 불만 및 문의에 신속하게 응답함으로써 고객 만족도를 높입니다. 전치사 by 는 동명사를 목적어로 취하므로 responding이 필요함.
promptly 신속히 **inquiry** 문의

2 정답 (A) 모바일 플랫폼은 원격 근무 중인 고객과 소통하기 쉽게 만듭니다. make it + 형용사 + to 부정사 구문이므로 to communicate가 적절함.
remotely 원격으로

3 정답 (C) 인턴 중 한 명은 어젯밤 사무실을 나가기 전에 불을 끄는 것을 잊었습니다. forget + to 부정사는 미래의 행동을 잊었을 때 쓰이므로 to turn이 적합함.
before leaving 나가기 전에

4 정답 (D) 그 신생 기업은 노후화된 IT 시스템을 업그레이드하는 데 많은 돈을 썼습니다. spend + 금액 + ~ing 구조이므로 upgrading이 적절함.
outdated 오래된 **considerable** 상당한

5 정답 (B) 전통적인 기업조차 최신 디지털 마케팅 전략을 따르지 않을 수 없습니다. cannot help는 동명사만 목적어로 취하므로 following이 적절함.
follow 따르다

6 정답 (A) 우리는 신입 직원들이 더 자신감을 느끼도록 새로운 온보딩 시스템을 개발했습니다. 동사원형 feel을 목적어로 취할 수 있는 것은 사역 동사 make가 적절함.
new hire 신입 직원 **confident** 자신감 있는

7 정답 (C) 많은 스타트업이 직원의 성장을 돕기 위해 멘토링 프로그램 도입을 고려하고 있습니다. consider는 동명사만 목적어로 취하므로 introducing이 적절함.
grow professionally 직업적으로 성장하다

8 정답 (A) 매니저는 우리가 내부 안전 절차에 익숙해지도록 격려합니다. encourage + 목적어 + to 부정사 구조이므로 to become이 적절함.
become familiar with ~에 익숙해지다 **internal safety procedures** 사내 안전 절차

9 정답 (B) 오리엔테이션에서 HR 이사는 각 참가자에게 워크시트에 경력 목표를 쓰게 했습니다. 사역동사 had + 목적어 + 동사원형 구조이므로 write가 적절함.
career goals 경력 목표

10 정답 (B) 데이터가 정기적으로 백업되지 않으면 사이버 공격 시 중요한 데이터를 잃을 위험이 있습니다. risk + 동명사 구조이므로 losing이 적절함.
lose data 데이터를 잃다 **in the event of** ~한 경우에

11 정답 (C) 적절한 안내 없이 신입 직원들이 내부 시스템을 배우는 것은 어려울 수 있습니다. It is 형용사 for + 사람 + to 부정사 구조에서 for는 to 부정사의 의미상의 주어 앞에 사용.
challenging for A to B A가 B하는 것이 어렵다

12 정답 (B) 해외여행을 떠나기 전에 여행 보험 약관의 세부사항을 검토해야 합니다. before는 전치사이므로 뒤에는 동명사 going이 필요함.
insurance policy 보험 약관 **go on a trip** 여행을 떠나다 **overseas** 해외로

13 정답 (A) 우리는 대형 소포를 해외로 보내는 저렴한 방법을 찾고 있습니다. way는 to 부정사의 수식을 받는 명사 구조이므로 to send가 적합함.
packages 소포 **affordable** 저렴한

14 정답 (A) 이 모바일 앱은 사용자가 기차표와 호텔을 한 번에 예약할 수 있게 해 줍니다. allow + 사람 + to 부정사 구조이고, 주어가 3인칭 단수이므로 allows가 적합.
book 예약하다 **in one step** 한 번에

15 정답 (C) 예산의 불확실성 때문에 많은 회사들이 현재 신입 채용을 꺼리고 있습니다. be reluctant to + 동사원형 ~ ~하기를 꺼리이라는 의미.
hire 고용하다 **budget uncertainty** 예산의 불확실성

16-20 Whitman 씨께,

이 메시지가 평안히 닿기를 바랍니다. 최근 전화 통화 중에 귀하의 통찰을 공유해 주셔서 다시 한번 감사드립니다. 신뢰할 수 있는 공급업체를 선택하고 재고를 관리하는 방법에 대한 조언은 제가 다음 주에 첫 번째 홈 데코 매장을 열 준비를 하면서 매우 큰 도움이 되었습니다.

소매업이 처음인 입장에서, 귀하의 경험과 솔직함을 진심으로 소중히 여기고 있습니다. 특히 직원 근무 일정과 상품 진열 방식과 관련해 제안해 주신 내용을 바탕으로 원래 계획을 일부 수정했으며, 그로 인해 고객의 쇼핑 경험이 분명히 개선될 것이라는 확신이 듭니다.

감사의 뜻으로, 다음 달쯤 점심을 대접하고 싶습니다. 저녁이나 가벼운 커피를 더 선호하신다면 일정에 맞춰 조정하겠습니다. 다음 주 초에 전화드려 가능한 일정을 조율하겠습니다.

다시 한 번 아낌없는 지원에 감사드립니다. 감사합니다.

Mary Ellen

해설 **16** 정답 (B) thank you for + 동명사 구조이므로 sharing이 자연스러움. **17** 정답 (A) prepare to open 열 준비를 하다. **18** 정답 (C) 뒤 문장에서 "I value your experience"라

고 말하는 부분과 연결해 보면, 경험이 없는 사람으로서 귀하의 조언을 소중히 여긴다는 논리적 연결이 자연스러움 따라서 As someone new to retail가 적합함. **19** 정답 (B) 문장 처음에 위치해 목적을 나타내는 to 부정사가 필요하므로 To express가 적합함. **20** 정답 (A) be happy to + 동사원형 구조이므로 to work가 적합함

어휘 **sharing one's insights** 통찰을 공유하다 **prepare to open** 개업 준비를 하다 **home décor store** 홈 인테리어 용품 매장 **as someone new to ~** ~에 처음인 사람으로서 **value (someone's) experience** (누군가의) 경험을 소중히 여기다 **product display layout** 상품 진열 구성 **express gratitude** 감사를 표현하다 **work around one's schedule** 일정에 맞춰 조정하다 **generous support** 아낌없는 지원

Chapter 5

Step 1

1 정답 (B) 위에 개요로 제시된 목표를 달성하기 위해 다음 과업들이 마케팅 팀에 의해 수행되었습니다. 문맥상 과거 시제의 수동태가 요구되므로 were carried out이 적절함.
carry out 수행하다 **outline** 개요를 설명하다

2 정답 (A) 고용될 가능성을 높이기 위해 철저히 준비해야 합니다. 전치사 of 뒤에 수동 의미를 표현할 때 being + p.p.를 써야 함.
increase chances 가능성을 높이다 **thoroughly** 철저히

3 정답 (B) 여러 직원들이 회사의 장기적인 미래에 대해 걱정했습니다. be concerned about ~에 대해 걱정하다 라는 관용 표현이 적합.
long-term 장기적인

4 정답 (A) 심한 날씨로 인해 항공편이 취소되는 것은 아직도 비교적 드문 일입니다. for A to be p.p는 A가 ~되다 수동태 표현이므로 to be cancelled이 적합.
due to ~때문에 **severe weather** 악천후

5 정답 (B) 이 식당은 이달 말 리노베이션을 위해 나흘간 문을 닫을 예정입니다. 미래 시제 + 수동태 구조로 will be closed가 적절.
renovation 개조

6 정답 (B) 자원봉사자들은 적절한 위생과 식품 안전을 유지하기 위해 마스크와 장갑이 제공됩니다. 주어가 복수이고 수동태 형태가 필요하므로 are given이 적합.
volunteer 자원봉사자 **maintain** 유지하다 **hygiene** 위생

7 정답 (C) 오늘날 소비자들은 과도한 수의 광고에 점점 더 직면하고 있습니다. be faced with ~에 직면하다 라는 수동 표현이 적합.
overwhelming 압도적인

8 정답 (D) 작년에는 21,000명의 시급 근로자들이 연방 최저임금을 받았습니다. 작년의 일이므로 과거시제 수동태 were paid가 적절함.
federal minimum wage 연방 최저임금 **hourly employee** 시급 근로자

9 정답 (D) 현재 태양 에너지는 현실적인 대체 에너지원으로 적극 홍보되고 있습니다. 현재 진행 수동태는 is being + p.p이므로 is being promoted가 적합.
viable 실행 가능한 **alternative** 대체의

10 정답 (A) 수많은 잠재 고객들이 다음 주 월요일 제품 출시 행사에 참석하도록 초대되었습니다. be invited to + 동사원형은 ~하도록 초대되다는 의미.
potential buyer 잠재 구매자 **product launch** 제품 출시

11 정답 (B) 워렌 버핏은 우리 시대의 가장 성공적인 투자자 중 한 명으로 널리 알려져 있습니다. be known as + 직책 또는 정체성은 ~로 알려져 있다는 뜻.
accomplished 성공한 **investor** 투자자

12 정답 (D) 많은 사람들은 도쿄 올림픽이 팬데믹 때문에 취소되어야 했다고 믿었습니다. had to + 동사원형에서 수동형 be cancelled가 사용되어 취소되어야 한다는 뜻을 표현.

13 정답 (D) 프리미엄 콘텐츠 접근은 당분간 등록된 회원에게만 제한됩니다. be limited to + 대상은 ~에 제한되다는 의미.
registered member 등록 회원 **for the time being** 당분간

14 정답 (A) 직원들은 급한 프로젝트를 마무리하기 위해 늦게까지 남아 있도록 강요받았습니다. 사역동사 make의 수동태는 be made to 부정사가 되어 ~하도록 강요받다라는 뜻이 됨.
urgent 긴급한 **stay late** 늦게까지 남다

15 정답 (D) CEO는 유지보수팀이 회의실을 청소하게 했습니다. 사역동사 have의 수동형 구조는 had + 목적어 + p.p임.
maintenance 유지보수팀

Step 2

1 정답 (D) 새 정책들은 외부 법률 자문가들과의 상세한 논의에 기반하고 있습니다. be based on ~에 기반을 두다라는 수동 표현.
detailed 상세한 **external** 외부의 **consultant** 자문가

2 정답 (C) 의료 청구가 국민보험공단에서 처리되려면 영업일 기준 며칠이 걸립니다. for + 목적어 + to 부정사 구문이며, 수동 의미가 필요하므로 to be reviewed가 적합.
claim 청구 **It takes ~** ~이 걸리다

3 정답 (A) 최근 자연 재해 피해자들을 돕기 위한 자선 콘서트가 다음 주 금요일에 열릴 예정입니다. will be held는 미래 수동 표현으로 콘서트가 '열릴 예정'이라는 의미.

fundraising concert 자선 콘서트 **natural disaster** 자연 재해

4 정답 (C) 도심 도서관은 인테리어 공사가 조기 완료되었기 때문에 예정보다 일찍 재개장했습니다. 과거 시제이면서 수동태인 was completed가 적합.

ahead of schedule 예정보다 일찍

5 정답 (B) 보고에 따르면 여성 4명 중 1명은 승진 후 친구를 잃었다고 합니다. 전치사 after 뒤의 수동 표현이므로 being promoted가 적합.

promote 승진시키다 **lose** 잃다

6 정답 (C) 회사의 연례 보고서는 인쇄 전에 전문적으로 편집되었습니다. 사역동사 had의 수동태는 + 목적어 + 과거분사(p.p.) 구조로 edited가 적절.

professionally edited 전문적으로 편집된

7 정답 (C) 곧 회신을 받지 못할 경우 귀하의 예약은 자동으로 확정됩니다. 수동태 미래 시제는 will be confirmed가 적합.

confirm 확정하

8 정답 (A) 최저임금법은 전후 노동 개혁의 일환으로 1945년에 도입되었습니다. 과거 시점이 명확하므로 과거 수동태 was introduced가 적합.

introduce 도입하다 **labor reform** 노동 개혁

9 정답 (C) 새 보안 패치는 모든 사용자 계정에 도입되기 전에 설치될 예정입니다. before + 수동 의미가 필요하므로 being introduced가 적합.

security 보안 **install** 설치하다

10 정답 (B) 새로운 배송 파트너 덕분에 주문은 전국 어디서나 48시간 이내에 항상 배송됩니다. 수동태와 빈도부사 always의 어순으로 are always delivered가 적절.

nationwide 전국적으로

11 정답 (C) 이 온라인 소매업체는 뛰어난 고객 서비스와 빠른 배송으로 잘 알려져 있습니다. be known for ~ ~으로 유명하다는 표현.

retailer 소매업체

12 정답 (A) 인턴들은 어떤 업무를 시작하기 전에 안전 교육을 이수하도록 요구받았습니다. 사역동사 make의 수동태 구조 be made to + 동사원형임.

complete 완료하다

13 정답 (D) 초기 교육 기간 이후, 주니어 직원들은 소규모 프로젝트를 주도할 기회를 부여받습니다. give동사의 간접 목적어가 주어인 수동태는 be given + 직접목적어 구조임.

opportunity 기회

14 정답 (A) 당사 통해 여행을 예약하시면 모든 준비가 경험 많은 여행 전문가에 의해 처리됩니다. take care of의 수동 표현은 are taken care of가 적합.

travel advisor 여행 전문가 **arrangement** 준비

15 정답 (A) 그 새로운 마케팅 전략은 업계 전문가들에 의해 매우 혁신적이라고 평가받고 있습니다. think of A as B의 수동태는 be thought of as B임.

industry expert 업계 전문가

16-20 커뮤니티 가든 개장 행사

Grandview 커뮤니티 가든 개장 행사가 5월 18일 토요일 오전 9시부터 오후 4시까지 Maplewood 커뮤니티 공원에서 예정되어 있습니다. 이 행사에서는 식재 시연, 퇴비화 워크숍, 지역 농산물 시식회가 진행됩니다. 정원 가꾸기 요령과 텃밭 예약 방법에 대한 정보를 제공하는 도움말 데스크도 설치될 예정입니다. 참가자들은 오전 10시부터 환영 텐트에서 무료 모종과 퇴비 샘플을 받을 수 있습니다.

이 행사는 일반 대중에게 공개되어 있으며, 가족 단위로 오시는 분들은 개인 정원 도구를 지참하시기 바랍니다. 선착순 50명에게는 친환경 제품이 담긴 토트백이 증정됩니다. 또한 오후 2시에는 원예 용품 경품 추첨이 진행됩니다. 모든 경품 수상자는 폐막식에서 시상됩니다. 이 행사는 Grandview 주민 협회가 주최하고, 지역 농장 및 원예 상점들의 후원을 받습니다.

해설 **16** 정답 (C) 문맥상 수동태가 사용되어야 하므로 과거분사 scheduled가 적절함. **17** 정답 (A) 조동사 "will" 뒤의 수동태는 be set up이 맞음. **18** 정답 (C) 조동사 can 뒤에는 동사 원형이 와야 하며, 의미상 능동이 되어야 하므로 receive가 가장 적합함. **19** 정답 (A) 앞의 내용들과 자연스럽게 연결되며, 바로 뒤에 나오는 가족 단위 방문을 장려한다는 내용과도 잘 연결되는 문장은 The event is open to the public임. **20** 정답 (A) 수동태 문장을 완성해야 하므로 과거분사 hosted가 적합함.

어휘 **scheduled for** ~로 예정되어 있는 **be set up** 설치되다, 세워지다 **open to the public** 일반에게 개방된 **hosted by** ~에 의해 주최된 **planting demonstrations** 식물 심기 시범 행사 **composting workshop** 퇴비 만들기 워크숍 **plot** 텃밭 등의 구획 **raffle draw** 경품 추첨 **complimentary** 무료의 **eco-friendly products** 친환경 제품 **tote bag** 크고 튼튼한 천 가방 **award** 시상하다

Chapter 6

Step 1

1 정답 (B) 그 재킷들은 겨울용으로 다양한 스타일과 소재로 제공됩니다. a wide + 명사 구조로 다양한이라는 뜻이 되기 위해서는 명사 variety가 적합함.

material 소재

2 정답 (A) 모든 계약자는 공사 시작 전에 서면 승인을 받아야 합니다. 과거분사 written + 명사 형태로 서면으로 된 승인이라는 의미로는 approval이 적절.

contractor 계약자

3 정답 (B) 온라인 리뷰는 식당의 평판에 큰 영향을 미칠 수 있습니다. have an impact on 은 ~에 영향을 주다라는 표현.

impact 영향 **reputation** 평판 **major** 큰, 중요한

4 정답 (D) 나는 당신이 직원 안내서를 읽어보며 그것에 익숙해지시길 권장합니다. employee handbook은 사물이며 단수이므로 read 뒤의 목적어로 employee handbook를 지칭하는 대명사로는 it이 적합함.

become familiar with ~에 익숙해지다 **encourage** 권장하다

5 정답 (A) 도심에서 불법 주차를 하면 벌금을 내야 합니다. 벌금을 뜻하는 명사는 fine임.

pay a fine 벌금을 내다 **illegally** 불법으로 **downtown** 도심

6 정답 (C) 차를 소유하는 것은 이점이 많지만, 가끔은 새 차를 살 여유가 없습니다. buy a new one에서 one은 앞에 언급된 car를 대신하는 대명사.

afford ~할 여유가 있다 **benefit** 이점

7 정답 (C) Reynold Wireless는 시골 지역의 서비스 향상을 위해 자사 네트워크를 업그레이드했습니다. network coverage의 소유자가 Reynold Wireless라는 회사이므로 소유격 대명사로는 its가 적절하며 it's는 it is의 축약형이라 문법적으로 틀림.

rural area 시골 지역

8 정답 (C) 선반에 진열하기 전에 제품의 유통기한을 확인하세요. 유통 기간의 정확한 표현은 expiration date으로 관용적으로 가장 많이 쓰임.

check 확인하다

9 정답 (B) 당사의 국제 배송 요금은 경쟁업체들보다 훨씬 저렴합니다. 비교 대상의 복수 명사 rates를 대신하는 대명사는 those가 적절.

shipping rate 배송 요금 **competitor** 경쟁업체

10 정답 (B) 위원회 위원들은 회의를 시작하기 전에 서로에게 자신을 소개했습니다. 주어 Committee members가 그들 스스로를 소개한다는 의미가 되려면 재귀대명사는 themselves를 써야 함.

committee 위원회 **one another** 서로에게

11 정답 (C) 항공사는 모든 탑승객에게 무료 간식과 음료를 제공했습니다. 비행기 이용자를 나타내는 가장 적절한 단어는 passengers임.

complimentary 무료의 **on board** 탑승한

12 정답 (B) 그녀의 리더십 스타일은 전임자의 그것과 매우 다릅니다. Her leadership style은 단수이므로 비교 대상이 되는 동일한 단어를 대명사 that으로 표현함.

predecessor 전임자 **different from** ~와 다른

13 정답 (A) 공급업체는 물품이 수정된 배송 일정에 따라 도착할 것이라고 확인했습니다. 배송 일정은 delivery schedule로 표현함.

revised 수정된

14 정답 (A) 관리자들 모두는 해외 출장 중 프랑스어를 유창하게 구사합니다. 동사가 speak이므로 복수 주어인 All이 적합함.

fluently 유창하게

15 정답 (D) 이 호텔은 숙박할 때마다 무료 조식 바우처를 제공합니다. with every + 명사 구조에서 every는 단수 취급하고 셀 수 있는 명사와 함께 쓰므로 stay가 적합함.

overnight stay 1박 숙박 **voucher** 상품권 쿠폰 영수증

Step 2

1 정답 (C) 우리는 다음 번 휘슬러 방문을 계획하는 데 도움이 될 다양한 자료를 보유하고 있습니다. plan one's + 명사 구조에서 구체적인 한 번의 방문을 뜻하는명사로 쓸 수 있는 visit이 적절함 "visiting"은 일반적인 개념이나 활동 전체를 말할 때 가능함.

2 정답 (C) 우리는 직원의 건강과 복지를 지원하는 안전한 근무 환경을 제공하기 위해 최선을 다합니다. a safe + 명사 구조로 work environment가 의미상 가장 적절함.

well-being 복지

3 정답 (B) 호텔 매니저들은 고객들이 머무는 동안 만족을 보장하기 위해 많은 시간과 자원을 투자합니다. customer satisfaction은 고객 만족을 뜻하는 고정된 표현임.

throughout ~동안 내내

4 정답 (C) 재택근무를 원하는 직원은 직접적인 감독 없이 스스로 일할 수 있는 능력이 있음을 증명해야 합니다. prove + 재귀대명사 구조에서 주어 employees와 일치하는 themselves가 적절함.

telecommute 재택근무하다 **on their own** 혼자서 **supervision** 감독

5 정답 (B) 귀중품은 모두 집에 두셔야 합니다. 병원은 분실 또는 도난된 물품에 대해 책임을 지지 않습니다.

accept responsibility for ~에 대해 책임을 지다 **valuable** 귀중품 **lost or stolen** 분실되거나 도난된

6 정답 (B) 최근 보고서는 글로벌 경제 변동에도 불구하고 회사의 성장률이 안정적으로 유지되었음을 강조합니다. 문맥상 성장률을 뜻하는 growth rate가 적절함.

remain steady 안정적으로 유지되다 **fluctuation** 변동

7 정답 (B) 일단 귀하의 정보를 저희에게 등록하시면, 적절한 매물이 생기면 곧 연락드리겠습니다. with 뒤에는 주절의 주

어 We에 호응하는 목적격 대명사 us가 적절함.

register A with B A를 B에 등록하다 **property** 부동산, 매물 **contact** 연락하다

8 정답 (B) 예상치 못한 배송 지연으로 인해, 매니저는 주문에 대한 전액 보상을 요청했습니다. a full + 명사 구조로 compensation (보상)이 적합.

request 요청하다

9 정답 (C) 코로나19로 인한 글로벌 혼란 이후, 주요 국제 항공사들은 노선을 변경했고 그들의 계획도 철저히 수정되었습니다. airlines는 복수 주어이므로 소유격 their가 적절.

disruption 혼란 **route** 노선

10 정답 (A) 금융 교육 프로그램 참여 초대를 받은 사람들 중 69%가 수업에 참석하기로 결정했습니다. those (who are) invited는 초대된 사람들이라는 뜻.

11 정답 (A) 이 재단은 도움이 필요한 아동의 교육을 지지하는 개인의 어떤 기부도 환영합니다. donation 기부는 맥락상 의미와 가장 잘 맞는 명사임.

foundation 재단 **in need** 도움이 필요한

12 정답 (C) 안드로이드 사용자 중 40%는 2년마다 새 기기로 기존 휴대폰을 교체합니다. ones는 앞에 나오는 명사 phones를 대체하는 복수 대명사로 적절함.

replace 교체하다 **every two years** 2년마다

13 정답 (C) CEO의 갑작스러운 사임에 대한 속보는 언론을 통해 빠르게 퍼졌습니다. 주어가 단수 news이므로 단수 동사 was가 적절 resignation 사임.

breaking news 속보 **spread** 퍼지다

14 정답 (C) 온라인 과정의 학생 각자는 최종 과제를 제출해야 합니다. each of + 복수명사 + 단수동사 구조로 is가 적절함.

15 정답 (A) 신입 인턴들 전원은 평일에 고객 서비스 부서에서 근무합니다. All of + 복수명사 + 복수동사 구조에서 All이 적절.

weekday 평일

16-20 제품 리뷰 - Mr. Wilkins

최근에 SwiftClean 무선 진공 청소기를 구매했는데, 정말 그 성능에 매우 감명을 받았습니다. 이전에도 여러 휴대용 청소기를 사용해 봤지만, 이 제품만큼 효율적으로 작동한 것은 없었습니다. 흡입력이 매우 강해서 카펫이든 마룻바닥이든 아주 작은 부스러기까지 모두 빨아들입니다. 또 이 제품은 매우 가벼워서 방에서 방으로 옮겨 다니는 것도 전혀 불편하지 않습니다.

이 제품을 정말 돋보이게 만드는 점은 바로 배터리 수명입니다. 과거에 사용한 제품들과 달리, 이 청소기는 한 번 충전으로 거의 40분 동안 작동합니다. 저에게는 아파트 전체를 청소하기에 충분한 시간입니다. 제가 유용하게 느낀 또 다른 기능은 분리 가능한 먼지통입니다. 쉽게 비울 수 있어서, 손을 더럽히지 않고도 처리할 수 있습니다.

전반적으로, 저는 이 청소기를 믿을 수 있고 사용하기 쉬운 청소 도구를 찾는 사람들에게 추천하고 싶습니다. SwiftClean은 기대 이상이었고, 드디어 제 요구를 모두 만족시키는 제품을 찾게 되어 기쁩니다.

해설 **16** 정답 (A) 문맥상 그 성능에 감명받았다는 뜻이므로 명사 performance가 적절함. **17** 정답 (B) 앞에 나온 셀 수 있는 명사 vacuum을 반복하지 않기 위해 부정 대명사 one을 사용. **18** 정답 (D) no trouble at all은 전혀 어려움 없이라는 의미로 자주 쓰이는 관용 표현임. **19** 정답 (C) 먼지통을 쉽게 비울 수 있다는 문장의 결과에 해당하는 문장은 I don't have to get my hands dirty가 가장 자연스러움. **20** 정답 (B) 모든 요구를 충족시키는 무언가라는 뜻이 되기 위해서는 something이 적합함.

어휘 **performance** 성능 **vacuum** 진공 청소기 **get one's hands dirty** 손을 더럽히다, 불쾌한 일을 하다 **detachable dustbin** 분리 가능한 먼지통 **something that meets one's needs** 자신의 요구를 충족시키는 무언가 **suction power** 흡입력 **no trouble at all** 전혀 불편하지 않음 **thoroughly impressed** 깊은 인상을 받은

Chapter 7

Part 5: 실전 연습 1

1 정답 (B) 여행사는 고객에게 항공권을 예약하기 전에 여행자 보험을 들라고 조언했다. advise + 목적어 + to 부정사 구조로 목적어 the customer 뒤에 to purchase가 와야 함.

travel insurance 여행자 보험 **before booking the flight** 항공권을 예약하기 전에

2 정답 (C) 국제노동기구에 따르면 인도의 실업자 수는 앞으로 증가할 것으로 예상된다. 주어(the number)는 단수이므로 동사도 단수형 is가 적절함.

the number of ~ ~의 수 **unemployed** 실업 상태인

3 정답 (D) 새로운 신용카드를 사용하기 전에, 다음 약관을 주의 깊게 읽어 주십시오. 전치사 prior to 뒤에는 동명사 using이 적합함. usage는 명사지만 의미상 사용하기 보다 사용 자체를 뜻하므로 어색함.

prior to ~ ~하기 전에 **terms and conditions** 약관

4 정답 (B) 모든 신입 직원은 첫날에 업무 책임에 대한 자세한 설명을 받는다. 수동태 'are given'이 정확한 구조. 뒤에 'to'가 오면 문법적으로 부자연스러움.

job responsibilities 업무 책임

5 정답 (C) 소비자가 경보 시스템 설치를 결정하면, 매달 보험료의 10%를 할인받을 수 있다. 조건절(if절)에서는 주절이 미래라도 현재 시제가 사용됨.

discount on ~에 대한 할인

6 정답 (B) 공장에서 모든 직원이 갱신된 안전 규정을 엄격히 준수하는 것이 필수적이다. It is essential that ~ 구문에서 that절의 동사는 동사원형을 써야 함.
strictly 엄격히

7 정답 (A) 지난주에 예기치 않은 납기 일정 변경으로 인해 50명의 직원이 해고되었다. 동사 시제는 과거이므로 수동태 과거형 were laid off가 적절함.
lay off 해고하다

8 정답 (C) CEO의 갑작스러운 사임에 관한 속보가 언론을 통해 빠르게 퍼졌다. 주어인 the breaking news 단수 취급함.
spread through the media 언론을 통해 퍼지다 **resignation** 사임

9 정답 (C) 안전상의 이유로, 공장 견학 중에는 휴대폰, 카메라 또는 비디오 녹화기의 사용이 허용되지 않는다. 주어인 the use는 단수이므로 현재 시제 수동태는 is not permitted가 적절함.
permit 허용하다 **for safety reasons** 안전상의 이유로

10 정답 (B) 상업 개발을 위해 공원을 사용하는 것에 대해 많은 시민들이 강하게 반대했다. 전치사 to 뒤에는 동명사가 와야 하므로 using이 적절함.
commercial 상업의 **a great number of** 다수의

11 정답 (A) 예산 최종 회의가 시작되기 전에 수정된 프로젝트 제안서는 승인되었었다. 과거인 회의 시작보다 이전에 완료된 동작을 나타내므로 과거 완료 수동태 적합함.

12 정답 (A) IT 부문은 소프트웨어를 효과적으로 사용하기 위한 신뢰할 만한 방법을 찾기 위해 1조 달러 이상을 써왔다. spend money + 동명사 이므로 searching이 적절함.
search for ~을 찾다 **reliable** 신뢰할 수 있는 **effectively** 효과적으로

13 정답 (B) 제품 관리자 평균 급여는 소프트웨어 엔지니어의 것보다 약간 더 높다. 단수 salary와 비교되므로 that이 적절함.
slightly higher than ~ ~보다 약간 높은

14 정답 (A) 당사는 2018년 싱가포르 지점을 개설한 이래로 국제 파트너들과 협업해오고 있다. 문맥상 과거부터 현재까지 계속된 동작을 나타내므로 현재완료진행형 has been working이 적합함.

15 정답 (A) 금요일 오후, 디즈니랜드는 정원에 도달하자마자 티켓 판매를 중단했다.
stop + 동명사 ~하는 것을 멈추다 **reach full capacity** 최대 수용 인원에 도달하다 **as soon as** ~하자마자

16 정답 (B) 이사 나갈 때 소지품을 챙기는 것을 잊지 마세요, 그래야 집주인이 바로 다음 세입자에게 임대할 수 있습니다. remember to 부정사는 미래 행동을 떠올릴 때 사용함.
belongings 소지품 **without delay** 지체 없이

17 정답 (C) 새로 업데이트된 앱과 웹사이트는 고객이 언제 어디서든 티켓을 구매할 수 있게 해줍니다. enable + 목적어 + to 부정사 목적어가 ~할 수 있게 하다라는 뜻.

18 정답 (B) 코로나바이러스가 빠르게 확산되면, 세계 여행 산업은 큰 위기를 맞게 될 것입니다. 조건절에 현재 시제가 왔으므로 주절은 미래 시제가 와야 의미가 자연스럽게 통함.
face a crisis 위기를 맞다

19 정답 (D) 오늘 오후에 상사는 인턴에게 내일 배송용 서류들을 정리하게 시켰습니다. 사역동사 have는 + 목적어 + 동사원형 구조임.
delivery forms 배송 서류

20 정답 (B) 물류 보고서를 검토한 후, 우리는 높은 운송비 때문에 제품을 해외 시장에 출시하지 않는 것도 진지하게 고려했습니다. consider 뒤에는 동명사를 사용하며, 부정은 not + 동명사 형태.
due to ~때문에

Part 5: 실전 연습 2

1 정답 (B) 점점 더 많은 레스토랑들이 배달 및 테이크아웃 서비스에 의존하고 있으며, 사업을 운영하기 위한 희망을 가지고 있습니다. run은 '사업을 운영하다'라는 의미로 자주 사용되는 동사.
rely on ~에 의존하다 **in hopes of** ~을 기대하며

2 정답 (B) 고객들은 지원팀이 24시간 이내에 응답해 준 것이 매우 유용하다고 느꼈습니다. found it useful that ~은 '~한 것이 유용하다고 생각했다'라는 의미의 가주어, 진주어 구문임.
extremely 대단히

3 정답 (B) 마스크 착용은 사회적 거리두기가 지켜지는 경우에도 모든 대학 건물 내에서 의무입니다. Wearing은 동명사로 문장의 주어 역할.
mandatory 강제적인 **social distancing** 사회적 거리두기

4 정답 (A) 불편을 피하기 위해서, 고객들은 휴대전화 번호와 이메일 주소를 업데이트해야 합니다. to avoid는 목적을 나타내는 부사적 용법임.
update 갱신하다 **inconvenience** 불편

5 정답 (C) 링컨 카운티 센터는 봄 학기 동안 개보수 공사로 인해 임시 폐쇄되며, 9월에 다시 문을 엽니다. 전치사 for + 명사 구조에서 명사인 renovation이 적합함 필요함.
temporarily 임시로

6 정답 (D) 성수기 배송 시즌 동안 소포가 지연되는 경우가 드물지 않습니다. 전치사 for는 "It is not unusual for A to B" 구조에서 to 부정사의 의미상의 주어 표시.
shipping season 배송 시즌

7 정답 (B) 국제선의 경우, 예정된 출발 시간 최소 30분 전까

지 체크인을 완료해야 합니다. 과거분사 scheduled와 어울리는 출발이라는 의미의 명사는 departure임.

must be completed 완료되어야 한다

8 정답 (B) 맨 위층의 대부분 객실은 이미 국제 고객에 의해 예약되었습니다. Most of 다음에 복수 명사가 오면 복수 취급.

the top floor 맨 위층

9 정답 (A) 그 회사의 고객 서비스 정책은 일반적으로 고객들로부터 효율적이고 유용하다는 평가를 받습니다. be thought of as'는 ~라고 간주되다라는 수동 표현.

10 정답 (B) 회사는 고객 불만을 침착하고 전문적인 방식으로 처리하는 그의 행동 덕분에 이익을 얻었습니다. 전치사 from 뒤에 **동명사(handling)**가 나오므로, 그 앞에는 의미상의 주어로 소유격 사용함.

benefit from ~로부터 이익을 얻다 **his handling** 그의 처리 **in a calm, professional manner** 침착하고 전문적인 방식으로

11 정답 (C) 회사는 실시간 주가 변동을 투자자에게 알리기 위해 새로운 모바일 앱을 출시했습니다. keep + 목적어 + 과거분사는 수동적 상태 유지 표현.

real-time stock price changes 실시간 주가 변동

12 정답 (A) 자신의 업무와 책임에 항상 헌신하면 승진할 가능성을 높일 수 있습니다. of ~뒤에 수동태를 쓸 때 being promoted가 적합함.

be committed to ~에 헌신하다

13 정답 (D) 이사회 회의에서 CEO는 Mr. Takahashi를 새로 설립된 AI 부서의 책임자로 공식 임명했습니다. make + 목적어 + 보어 구조에서 보어가 명사인 경우임.

newly formed 신설된

14 정답 (A) 대부분의 직원들은 재정 관리를 더 효율적으로 하기 위해 월 단위로 급여를 받는 것을 원합니다. 문맥상 수동형 표현이 필요하며, to 부정사 뒤이므로 be paid가 적합함.

on a monthly basis 월 단위로 **rather than** ~보다 오히려 **finances** 재정

15 정답 (B) 오랫동안 기다려온 시스템 업그레이드의 반복된 지연은 IT 팀에게 매우 좌절감을 주는 일이었고 큰 프로젝트 지연을 초래했습니다. be 동사 뒤 보어로 능동 의미의 현재분사가 사용되어 '좌절감을 주는'이라는 뜻을 전달함.

cause setbacks 차질을 빚다 **long-awaited** 오랫동안 기다려온

16 정답 (C) 레스토랑이 비용을 올리지 않고 수익을 늘릴 수 있는 가장 수익성 높은 방법 중 하나가 포장 서비스입니다. without + 동명사 구조에서 능동의 의미가 필요하므로 raising이 적합함.

profitable 수익성 있는 **revenue** 수익

17 정답 (D) 미스터 최는 회사 차원에서의 성공적인 합병 완료 이후 상당한 보너스를 기대하고 있습니다. 형용사 successful 뒤에는 명사형이 와야 하므로 completion이 정답.

completion 완료 **on behalf of ~** ~를 대표하여 **merger** 합병

18 정답 (B) 우리는 교육 세션이 시작되기 전에 모든 직원 컴퓨터에 새 소프트웨어가 설치되도록 했습니다. 사역동사 have의 수동형 구조는 have + 목적어 + 과거분사 형태를 사용하므로 installed가 적합함.

19 정답 (A) 세금 문서를 마지막 순간까지 미루는 것은 추천하지 않습니다. 문맥상 미루다는 뜻의 put off가 적합함.

until the last minute 마지막 순간까지

20 정답 (C) Green Builder Inc.는 주택 소유자가 자신들의 부동산 외관을 고비용 개조 없이 개선하도록 돕습니다. homeowners와 대명사 일치를 위해 복수 소유격 their이 적절함.

property 부동산 **costly** 비용이 많이 드는 **appearance** 외관

21 정답 (D) 그 컨설팅 회사는 정기적인 업데이트와 맞춤형 서비스를 통해 고객들과의 강한 관계를 유지하려 노력합니다. consulting firm과 관련된 고객은 clients가 가장 자연스럽고 정확한 선택임.

personalized service 맞춤형 서비스 **strive to** ~하려 노력하다

Part 6: 실전 연습

제목: James Lee 씨 송별회 안내

Metro Transportation Services에서 12년간 헌신적으로 근무한 James Lee 씨가 다음 달 말에 퇴직할 예정입니다.

2012년 3월 정비 기술자로 커리어를 시작한 이후, James는 가장 신뢰받고 성실한 팀원 중 한 명이었으며, 항상 자신의 역할을 넘어서는 책임감을 보여주었습니다. 그는 그의 전문성, 헌신, 그리고 직장을 환하게 만들어준 따뜻한 성격으로 기억될 것입니다.

그의 은퇴를 기념하고 회사에 기여한 공로를 기리기 위해, 저희는 6월 28일 금요일에 Riverside 컨벤션 센터에서 송별회를 개최합니다.

그동안 James가 해온 모든 일에 대해 감사를 전하는 데 모든 분들이 동참해 주시기를 권장드립니다. 그의 앞날에 최고의 행운이 함께하길 바랍니다. 감사합니다. Sophia Kim 운영 관리자

해설 **1** 정답 (B) 가까운 미래에 예정된 일이므로, 현재진행형으로 미래 계획을 나타내는 용법으로 적합함 따라서 is retiring이 적합함. **2** 정답 (A) 조동사 will 뒤에 수동태가 와야 기억될 것이다라는 뜻이 되므로 be remembered가 적합함. **3** 정답 (D) 문장 첫 부분에서 송별회를 개최하는 목적을 나타내기 위해서는 To celebrate이 자연스러움. **4** 정답 (C) 전치사 in

뒤에는 동명사가 오므로 expressing이 문법적으로 적절함.

5 정답 (B) 송별회 공지의 분위기와 가장 잘 맞는 마무리 문장이므로 그의 앞날에 행운을 기원하는 We also wish him the very best in his next chapter 가장 적합함.

어휘 **retire** 퇴직하다 **go above and beyond** 기대 이상으로 헌신하다 **celebrate** 기념하다 **express appreciation** 감사를 표현하다 **farewell party** 송별회 **next chapter** 인생의 다음 단계 **honor someone's contributions** 누군가의 기여를 기리다 **over the years** 수년간 오랜 기간 동안

Chapter 8

Step 1

1 정답 (C) 제출된 정보가 불완전할 경우 예약은 접수되지 않습니다. 문맥상 incomplete는 '불완전한'이라는 형용사가 적절함.
be accepted 접수되다

2 정답 (B) 그 회의는 CEO의 갑작스러운 병으로 인해 예기치 않게 취소되었습니다. 과거분사 canceled을 수식하는 부사는 unexpectedly가 정확함.
sudden 갑작스러운

3 정답 (B) 이메일을 정기적으로 확인하여 일정 변경 사항을 계속 숙지하세요. 과거 분사 informed 연결 동사 stay 뒤에서 보어 역할.
stay informed of ~을 숙지하다

4 정답 (B) 전자제품은 정리 행사 동안 할인된 가격에 판매될 예정입니다. prices는 능동적으로 할인을 하지 못하므로, 과거분사 discounted를 사용하여 수동 의미 전달.
at discounted prices 할인된 가격에 **clearance event** 정리 행사

5 정답 (B) 고객들은 친환경 포장에 점점 더 관심을 가지게 되고 있습니다. increasingly는 부사로, 형용사 interested를 수식하며 '점점 더'라는 정도를 나타냄.
eco-friendly packaging 친환경 포장

6 정답 (B) 그 인턴은 시스템 업데이트 중에 실수로 고객 파일을 삭제했습니다. 실수로라는 뜻의 accidentally는 부사로 과거분사 deleted를 수식하여 명확히 함.
delete 삭제하다

7 정답 (A) 5년간의 연속적인 성장 이후, 회사는 아시아 진출을 계획하고 있습니다. successive는 연속적인이라는 뜻의 형용사.

8 정답 (D) 많은 사무직 근로자들은 더 편리하기 때문에 점심을 온라인으로 주문합니다. 문맥상 편리한이라는 뜻의 convenient가 적합함.
order online 온라인으로 주문하다

9 정답 (C) 그 신제품 라인은 건강 전문가들에 의해 강력히 추천됩니다. highly는 강력히/매우 라는 뜻의 부사.
product line 제품군

10 정답 (C) 항공사는 도난되거나 손상되거나 분실된 개인 물품에 대해 책임지지 않습니다. missing은 분실된 이라는 뜻의 형용사로, stolen, damaged와 병렬을 이루며 문맥에 적합함.
liable for ~에 대해 책임이 있는 **personal belongings** 개인 소지품

11 정답 (B) 그 개보수 프로젝트의 총비용은 약 45,000달러였다. approximately는 숫자(금액)를 수식하는 대략적으로 라는 뜻의 부사.
total cost 총비용

12 정답 (D) 과학실에서는 안전이 가장 중요하기 때문에 보호안경 착용은 필수입니다. 문맥상 의무적인이라는 뜻의 compulsory가 적합함.
protective goggles 보호안경 **science lab** 과학 실험실

13 정답 (C) 공유 작업 공간을 사용할 때, 주변 사람들을 배려해주세요. considerate는 배려하는 이라는 뜻의 형용사로, 사람을 향한 태도를 설명하는 데 적합함.
be considerate of ~을 배려하다 **shared workspace** 공유 작업 공간 **others around you** 주변 사람들

14 정답 (B) SNS에서의 부정적인 피드백은 회사의 이미지를 해칠 수 있습니다. 문맥상 부정적인 이라는 의미의 negative가 적합함.
harm public image 대외 이미지를 해치다 **on social media** 소셜 미디어 상에서

15 정답 (B) 흥미롭게도, 더 높은 학위를 가진 지원자들은 아무도 선발되지 않았다. 문장 전체를 수식하는 부사 자리로, interestingly가 문맥상 적절함.
higher degrees 더 높은 학위

Step 2

1 정답 (A) 고객 만족도는 최근 서비스 교육 이후 눈에 띄게 향상되었습니다. 동사 improved를 수식하는 부사가 필요함.
noticeably 눈에 띄게 **notice** 통지

2 정답 (A) 화재나 기타 비상 상황 시, 건물을 즉시 떠나 가장 가까운 출구로 이동하세요. 문맥상 즉시 라는 뜻의 부사 immediately가 적합함.
in case of ~의 경우 **proceed to** ~로 나아가다

3 정답 (C) 위원회 위원들은 개정된 회사 정책을 만장일치로 승인하기로 표결했습니다. 문맥상 만장일치로를 뜻하는 부사 unanimously가 필요함.
vote to ~하기로 투표하다 **approve** 승인하다

4 정답 (A) 항공사 직원은 탑승구에서 분노한 승객들에게 정

중하게 지연 사유를 설명했습니다. 문맥상 정중하게를 의미하는 부사 politely가 적절함.

frustrated 분노한 좌절한

5 정답 (A) 전기차 수요는 지난 몇 년간 점진적으로 증가해 왔습니다. 문맥상 점진적으로를 뜻하는 부사 gradually가 적합함.

demand for ~에 대한 수요

6 정답 (B) 감사관은 어떤 권고도 하기 전에 회사의 재무제표를 철저히 검토했습니다. 동사 reviewed를 수식하는 부사 형태로 thoroughly가 적합함.

financial statement 재무제표 **auditor** 감사관

7 정답 (D) 회사는 유럽 시장에서 먼저 전략적으로 신제품 라인을 출시할 계획입니다.동사 launch를 뒤에서 수식하는 부사 strategically가 적절함.

strategy 전략

8 정답 (B) 최근 설문에 따르면 남성과 여성은 유사한 경력 목표를 가지고 있지만 서로 다른 결과를 얻습니다. 문맥상 different의 반의어 similar가 적절함.

career goal 경력 목표 **outcome** 결과

9 정답 (A) 그 워크숍은 매우 유익했으며, 참가자들에게 생산성을 높이는 유용한 전략을 제공했습니다. 유익한이란 의미의 형용사 informative가 적절함 informed는 정보를 받은 이라는 뜻.

boost productivity 생산성을 높이다

10 정답 (B) 근무 시간이 유연한 직원들은 주 2일까지 재택근무를 할 수 있습니다. 명사구 working hours를 수식할 수 있는 형용사로서 문맥상 유연한 이라는 의미의 flexible이 적절함.

remotely 재택으로

11 정답 (B) 제이슨은 회사의 합병을 성공적으로 수행한 대가로 상당한 보너스를 기대하고 있습니다. 문맥상 상당한 이라는 의미의 형용사 considerable이 적절함.

on behalf of ~를 대신하여

12 정답 (B) 우리의 목표는 신뢰와 믿을 수 있는 서비스에 기반하여 지속적인 고객 관계를 구축하는 것입니다. 문맥상 relationships를 수식할 수 있는 형용사로서 지속적인을 뜻하는 lasting이 적합함.

reliable 믿을 수 있는

13 정답 (D) 도서 대출, 체육관 이용, 기타 학생 시설 이용 시 유효한 신분증이 필요합니다. ID card를 수식할 수 있는 형용사로서, 유효한 이라는 의미의 valid가 정답.

facility 시설

14 정답 (C) 한정된 시간 동안, 신규 고객 등록 시 왕복 항공권을 무료로 받을 수 있습니다. limited time은 한정된 시간 이라는 뜻의 관용적 표현.

round-trip flights 왕복 항공권

15 정답 (B) 우리는 제품 품질에 대해 매우 자신이 있어서 전액 환불을 보장합니다. 문맥상 자신 있는 이라는 뜻의 형용사 confident가 적절함.

full refund 전액 환불 **guarantee** 보장하다

16-20 관계자 분께

귀 조직의 마케팅 코디네이터 직책에 Jasmine Lee 씨를 기쁘게 추천합니다. Peterson Communications에서 재직하는 동안, 저는 그녀의 주니어 마케팅 어소시에이트로서의 업무를 직접 감독하면서, 헌신적이고 의욕적인 팀원으로 성장하는 모습을 지켜보았습니다.

Jasmine은 신뢰할 수 있고 매우 유능한 전문가로, 항상 인상적인 성과를 냈습니다. 그녀는 여러 업무를 동시에 수행하면서도 집중력을 유지하는 능력을 보여주며, 저희 팀에 큰 기여를 했습니다. 그녀는 종종 도전적인 프로젝트를 주도하며, 체계적인 접근 방식과 마케팅 전략에 대한 명확한 이해를 보여주었습니다.

그녀는 부서 간의 신뢰와 협력을 이끌어내는 뛰어난 커뮤니케이터이기도 합니다. 그녀가 작성한 보고서와 프레젠테이션은 정기적으로 고객과 내부 이해관계자 모두에게 깊은 인상을 주었습니다.

Jasmine은 귀사에 소중한 인재가 될 것이라 확신합니다. 추가 정보가 필요하시면 언제든지 제게 연락 주십시오. 감사합니다. Thomas Mack 수석 마케팅 매니저

해설 **16** 정답 (B) 동사 supervised를 수식하는 부사directly가 적합함. **17** 정답 (C) while staying focused는 ~한 상태를 유지하면서 라는 뜻의 분사구문임. **18** 정답 (A) challenging projects는 도전적인 프로젝트들이라는 의미임. **19** 정답 (C) 문맥상 impressed를 수식하는 부사로는 정기적으로 라는 뜻의regularly가 가장 자연스러움. **20** 정답 (B) 앞 문장에서 Jasmine의 능력을 강조하고 있기 때문에, 이어지는 문장은 추천의 핵심을 요약하는 긍정적 확신의 표현이 필요함 따라서 Jasmine will be a valuable asset to your team 이라는 내용이 가장 적절함.

어휘 **supervise** 감독하다 **stay focused** 집중 상태를 유지하다 **organized approach** 체계적인 접근 방식 **engaging communicator** 소통을 잘하는 사람 **stakeholder** 이해관계자 **valuable asset** 귀중한 자산, 소중한 인재

Chapter 9

Step 1

1 정답 (C) 인턴십에 지원하는 데 관심 있는 사람은 모두 이력서와 자기소개서를 제출해야 합니다. be interested in ~에 관심이 있다 전치사 in 다음에 동명사 applying이 옴.

apply for 지원하다

2 정답 (A) 오늘 하루 동안 모든 품목에 대해 모바일 앱에서 10% 할인을 받을 수 있다는 것을 잊지 마세요. 인터넷이나 앱 같은 명사 앞에는 전치사 on 사용하여 ~에서라는 의미 표현.

get a discount 할인받다

3 정답 (D) 주차되지 않은 짐은 공항 보안요원에 의해 사전 통보 없이 제거될 수 있습니다.

without notice 사전 통보 없이 **unattended** 방치된 **be removed** 제거되다

4 정답 (C) 쇼핑객들은 Nature's Market에서 수십 가지 유기농 차 중에서 고를 수 있습니다. from은 선택의 범위를 나타내는 전치사로 사용됨.

select from ~중에서 고르다 **dozens of** 수십 개의

5 정답 (B) 경쟁력 있는 급여 외에도, 이 공장은 모든 직원에게 무료 셔틀 서비스를 제공합니다. 문맥상 ~외에도 라는 뜻의 Besides가 적절함.

competitive salaries 경쟁력 있는 급여

6 정답 (D) 참가자들은 네트워킹 오찬에 미리 등록함으로써 무료 선물을 받을 수 있습니다.

sign up for ~에 등록하다 **luncheon** 점심 행사

7 정답 (C) 이 식당은 월요일을 제외하고 매일 정오부터 오후 9시까지 영업합니다.

except Monday 월요일을 제외하고 **be open** 영업 중이다

8 정답 (C) 도쿄에서는 지난 10년 동안 대중교통 요금이 크게 인상되었습니다.

전치사 since + the last decade 지난 10년 이래로 **fare** 요금

9 정답 (A) 한정판 스니커즈는 이번 토요일 오전 10시부터 판매됩니다.

on sale 판매 중인 **limited-edition** 한정판 **beginning at ~** ~부터 시작하여

10 정답 (C) 고객 서비스 센터는 7월 4일 정오에 유지보수 작업으로 인해 문을 닫습니다. 이유를 나타내는 전치사 for가 적합.

for maintenance 유지보수를 위해

11 정답 (A) 다른 지역 헬스장과 달리, FitPlus는 타월 서비스에 추가 요금을 부과하지 않습니다. 비교/대조를 나타내는 전치사.

unlike ~와 달리 **charge extra fees** 추가 요금을 부과하다

12 정답 (D) 멤버십은 무료이며 모바일 애플리케이션을 다운로드하는 데 요금이 없습니다.

fee for ~에 대한 요금

13 정답 (A) 단 몇 년 만에 GreenTech사는 재생 에너지 분야의 글로벌 선두주자가 되는 데 성공했습니다.

succeed in ~하는 데 성공하다 **renewable energy** 재생 에너지

14 정답 (D) 그 회사의 수석 회계사는 개인적인 사유로 단 일주일 만에 자리에서 물러났습니다.

for personal reasons 개인적인 이유로 **step down** 사임하다 **accountant** 회계사

15 정답 (A) 이 브랜드는 세련되면서도 합리적인 가격대의 의류로 잘 알려져 있습니다.

well-known for ~으로 잘 알려진 **affordable clothing** 합리적인 가격의 옷 **stylish** 세련된

Step 2

1 정답 (B) 사전 승인이 IT 매니저에 의해 이루어지지 않으면, 직원들은 개인 노트북을 업무에 사용할 수 없습니다. 수동태 문장에서 by 사용하여 행위자를 표시함.

approval 승인 ~하지 않는 한

2 정답 (A) 몇몇 기술 스타트업들이 향후 3년 안에 동남아시아 5개국에서 출범할 것으로 예상됩니다. in + 국가/도시/지역명.

launch in ~에서 출범하다

3 정답 (A) BrightMind는 2015년 출시 이후 업계 최고의 웰빙 앱 중 하나로 명성을 얻었습니다. as가 자격을 뜻하는 전치사로 사용됨.

reputation as ~로서의 명성 **earn** 얻다 벌다

4 정답 (C) SpeedConnect는 사용자들에게 경쟁력 있는 월 요금으로 무제한 데이터 요금제를 제공합니다. 가격, 요금 등을 표현할 때 at 사용.

at a competitive price 경쟁력 있는 가격으로 **unlimited** 무제한의

5 정답 (A) 교육 세션에 대한 추가 정보가 필요하시면 교육 담당자에게 연락 주세요. regarding는 about의 동의어로 ~에 관하여, ~에 대해 라는 뜻의 전치사임.

additional 추가의 **reach out to** ~에게 연락하다 **coordinator** 담당자

6 정답 (B) 커뮤니티 센터는 국경일과 예정된 정비일을 제외한 매일 모든 주민에게 개방됩니다. except + 명사 ~을 제외하고 → 시간.

7 정답 (A) 손 소독제를 정기적으로 사용하는 것은 박테리아와 바이러스로부터 자신을 보호하는 효과적인 방법입니다.

protect A from B A를 B로부터 보호하다 **hand sanitizer** 손 소독제

8 정답 (A) 우리 국제 프로젝트의 성공은 지역 사무소, 컨설턴트, 고객들 간의 협업에 달려 있습니다. depend on A among B: A가 B(3인 이상) 사이의 협력에 달려 있다는 의미.

collaboration 협력 **regional** 지역의

9 정답 (B) 마케터들은 디지털 광고의 핵심 부분에 시청자의

주의를 끌기 위해 모션 그래픽을 사용합니다.

draw attention to ~에 관심을 끌다

10 정답 (A) 새로운 제품 라인을 출시하기 전에, 기업은 시장의 수요와 경쟁사 동향을 평가해야 합니다. 문맥상 전치사로 사용된 Before가 적합함.

assess 평가하다 **competitor trends** 경쟁사 동향

11 정답 (C) 온라인으로 미리 티켓을 구매하면 박물관 입장 시 줄을 건너뛸 수 있습니다. 수단을 설명할 때 by + 동명사 ~함으로써.

skip the line 줄을 건너뛰다 **ahead of time** 미리

12 정답 (D) 불만족스러운 승객의 85% 이상이 같은 항공사를 다시 이용하지 않는다고 합니다. 전체 중 일부를 나타낼 때 of 사용.

over 85% of ~의 85% 이상 **choose not to** ~하지 않기로 선택하다

13 정답 (C) 체육관의 사물함 대여는 정규 운영 시간 동안 안내 데스크에서 가능합니다.

during + 기간/시간 ~동안에 **locker rentals** 사물함 대여 **reception desk** 안내 데스크

14 정답 (D) 우리는 서비스 정신에 대한 열정과 뛰어난 커뮤니케이션 능력을 가진 팀원을 찾고 있습니다. with는 소유, 특징, 자질을 나타낼 때 사용하는 전치사로서 문맥상 열정과 능력을 가진 이라는 의미를 전달해야 하므로 with가 적절함.

passion for ~에 대한 열정 **hospitality** 서비스 정신 환대

15 정답 (B) 자금이 늘지 않으면 많은 시골 서점들이 곧 문을 닫게 될 수 있습니다.

be out of business 사업이 중단되다 **without funding** 자금 없이 **rural** 시골의

16-20 관계자 분께

저희는 귀하의 연수 센터에서 5월 말에 직원 역량 개발 워크숍을 개최할 계획입니다. 약 25명의 직원이 워크숍에 참석할 예정이며, 행사 전날 저녁에 도착하여 3박 동안 머무를 예정입니다.

참가자 12~15명이 들어갈 수 있는 중간 크기 세미나실 두 개와, 단체 활동 및 기조 세션을 위한 대형 공간 한 곳이 필요합니다. 또한, 매일 점심 식사와 커피 브레이크 제공 서비스에 대해서도 관심이 있습니다. 다음 정보를 제공해 주시기 바랍니다:

1 아침 식사를 포함한 숙박 요금

2 세미나 및 행사 공간 대여 요금

3 식사 패키지 또는 번들 서비스 관련 정보

4 워크숍 경험을 향상시킬 수 있는 추가 편의 시설

요청을 처리하는 데 필요한 세부 사항이 있다면, 전화 또는 이메일로 언제든지 연락 주세요.

감사합니다. Daniel Choi 이벤트 코디네이터

해설 **16** 정답 (C) 특정 월을 나타낼 때는 전치사 in을 사용. **17** 정답 (D) 적합한이라는 의미의 suitable은 전치사 for와 함께 쓰임. **18** 정답 (C) be interested in은 고정 표현임. **19** 정답 (B) 뒤에 세부 항목들이 나열되므로 이 항목들과 연관된 요청 문장이 오는 것이 가장 자연스럽고 적절하므로 Please provide the following details 가 정답임. **20** 정답 (A) 전화로 연락할 때는 on the phone, 이메일은 by e-mail 또는 via e-mail 모두 가능함.

어휘 **organize** 조직하다 **approximately** 대략 **suitable for** ~에 적합한 **catered lunches** 출장 뷔페식 점심 식사 **break** 휴식 **detail** 세부 사항 **bundled services** 묶음 서비스 **enhance** 향상시키다 **contact via/on/by** ~을 통해 연락하다

Chapter 10

Step 1

1 정답 (B) 식당이 하루 종일 아침 식사를 제공하기 때문에, 직원들은 자신의 일정에 맞춰 언제든지 식사할 수 있습니다. 문맥상 원인과 결과 관계가 자연스럽게 연결되기 위해서는 이유를 나타내는 접속사 since가 적절함.

suit 적합하다

2 정답 (B) 테슬라는 2분기에 모델 Y가 모든 이전 판매 기록을 돌파했다고 발표했습니다. announce 다음에는 that 절이 목적어로 적합함.

surpass 넘어서다 능가하다

3 정답 (A) 모바일 앱의 최근 업데이트 덕분에, 사용자들은 훨씬 나은 성능을 경험하고 있습니다 감사의 의미를 담고 원인 관계를 표현할 때 "Thanks to + 명사" 형태가 자연스러움.

Thanks to ~ 덕분에 **recent** 최근의

4 정답 (C) 미스터 김은 혼자 일하는 것을 선호하는 반면, 그의 동료는 팀으로 협업하는 것을 즐겼습니다. 대조를 나타내는 접속사 while이 두 명의 상반된 행동을 연결하는 데 적합함.

independently 혼자 독립적으로 **collaborate** 협업하다

5 정답 (A) 소프트웨어 산업은 매우 경쟁이 치열해져서, 신입 개발자들은 끊임없이 기술을 향상시켜야 합니다. so 형용사/부사 that 구문에서 연결 동사 뒤이므로 형용사 competitive가 적합함.

competitive 경쟁이 치열한

6 정답 (C) 마케팅 이사는 출시 행사에 참석하지 않았고, 언론 문의에도 답하지 않았습니다. 부정의 의미를 이어주는 등위 접속사 nor 다음에는 도치 구조이므로 nor did she라고 써야 함.

7 정답 (D) 모든 청구서에는 확인 번호가 있어서, 고객들은 온라인으로 결제 상태를 쉽게 확인할 수 있습니다. 결과를 나타내

는 등위 접속사 so가 앞 문장과 뒷 문장을 자연스럽게 이어줌.

confirmation number 확인 번호 **check payment status** 결제 상태를 확인하다

8 정답 (C) 항공사는 항공 당국의 승인을 받았기 때문에 다음 달에 국제선 운항을 재개할 예정입니다. now that은 '이제 ~이므로'라는 의미의 접속사로, 이미 승인받은 상태를 전제로 결과를 나타냄.

now that ~이기 때문에 **approval** 승인 **resume** 다시 시작하다

9 정답 (D) 그 후보자가 TechNova의 CEO직을 수락할지는 여전히 알려지지 않았습니다. 동사 remains의 주어 역할을 하는 명사절이 와야 하므로~인지 아닌지라는 뜻의 Whether가 적합함 If는 목적어 역할을 하는 명사절에서만 사용됨.

remain unknown 여전히 알려지지 않다 **accept the position** 직책을 수락하다

10 정답 (B) 일부 직원들의 강한 반대에도 불구하고 회사는 구조조정 계획을 시행했습니다. 문맥상 양보 의미를 가진 전치사 Despite가 적절함.

objection 반대 **proceed with** ~을 강행하다

11 정답 (D) 개발자들이 앱 성능을 향상시킬 수 있도록 사용자로부터 데이터를 수집합니다. so that + 주어 + can/may는 '주어가 ~할 수 있도록'이라는 뜻의 목적의 부사절을 이룸.

collect 수집하다 **enhance** 향상시키다

12 정답 (B) 항공사는 겨울철 국내선 항공편 수를 줄일지를 검토하고 있습니다. whether는 명사절을 이끄는 접속사로 목적어 자리에 사용 가능하며, ~인지 아닌지라는 뜻임.

13 정답 (D) 창고 직원들은 긴급 배송 요청에 신속하고 정확하게 대응했다. 등위 접속사 and 가 부사들을 연결하므로 accurately가 적절함.

promptly 신속하게 **urgent** 긴급한 **warehouse** 창고

14 정답 (B) 영업 사원들도, 매니저도 오늘 아침에는 고객 문의에 응답할 수 없었다. Neither A nor B 구문에서 동사는 B에 맞추어야 함.

be available to ~할 수 있다

15 정답 (A) 올바른 비밀번호를 먼저 입력하지 않으면 보안 폴더에 접근할 수 없다. 문맥상 하지 않으면 이라는 뜻의 조건 접속사 unless가 자연스러움.

secure 보안의

Step 2

1 정답 (B) 일반적인 규칙은 저작권자의 허락 없이는 저작권이 있는 자료를 사용할 수 없다는 것입니다. that은 명사절 접속사로 주어 the general rule의 보어 역할을.

copyrighted material 저작권이 있는 자료

2 정답 (C) 새로운 정책이 일부 직원들에게 불편할 수 있지만, 전반적인 효율성을 높일 것으로 예상됩니다. while은 '~일지라도'라는 의미로 대조되는 내용을 연결할 수 있음.

inconvenient 불편한 **overall efficiency** 전반적인 효율성

3 정답 (D) 대부분의 온라인 양식에는 제출 전에 사용자가 답변을 다시 확인할 수 있는 검토 화면이 포함되어 있습니다. so that+주어+can/may는 '~할 수 있도록'이라는 목적을 나타내는데 사용함.

review screen 검토 화면 **double-check** 다시 확인하다

4 정답 (C) 직원들은 최소 2주 전에 공식 양식을 제출하는 경우에만 무급 휴가를 사용할 수 있습니다. as long as는 '~하는 한'이라는 조건을 나타내는 접속사로 사용함.

unpaid leave 무급 휴가

5 정답 (C) 그녀는 자신의 회사를 세우기로 결심하기 전에 몇 년간 재무 부서에서 근무했습니다. 전치사 before 뒤에는 동명사만 올 수 있으므로 deciding이 정답.

establish one's own firm 자신의 회사를 설립하다

6 정답 (B) 최신 지침이 확정되었기 때문에, 교육팀은 자료 준비를 시작할 예정입니다. Ansaortk 이제 ~이므로 라는 의미의 접속사 now that이 적합함.

finalize 확정하다 **material** 자료 재료

7 정답 (D) 더 많은 학생들이 자격 요건을 충족할 수 있도록 대학은 장학금 지침을 수정했습니다. 문맥상 ~할 수 있도록 이라는 목적을 나타내는so that + 주어 + can/may 구문이 적합함.

meet the requirements 요건을 충족하다

8 정답 (C) 비록 필수는 아니지만, 오리엔테이션 세션 참석이 강력히 권장됩니다. Although it is not required 에서 주어와 be 동사가 생략된 형태의 분사 구문임.

9 정답 (A) 아이슬란드에서의 휴가는 편안했지만 성수기 요금으로 인해 의외로 비쌌습니다. 두 대조되는 형용사구를 연결하므로 but이 적절함.

relaxing 편안한 **peak season rates** 성수기 요금

10 정답 (C) 참석자들은 발표에 만족하지 않았고, 발표자는 그들의 피드백을 전달받지도 못했습니다. 부정 의미를 담은 앞 문장에 이어 부정을 표시하기 위해 nor를 사용하고 뒷 부분은 도치 구조를 사용함.

be pleased with ~에 만족하다 **be informed of** ~에 대해 통보받다

11 정답 (B) 일기예보에 많은 비가 예상되므로, 야외 행사는 아마 일정이 변경될 것입니다. given that은 ~을 고려하면 이라는 뜻의 접속사로 문맥상 가장 적합함.

reschedule 일정을 변경하다 **weather forecast** 일기예보

12 정답 (C) 에코클린 로봇은 매우 뛰어난 기기였기 때문에 기술 애호가들 사이에서 즉시 인기를 얻었습니다. such + a + 형용사 + 명사 + that 절 구조로 매우 ~해서~하다는 뜻을

표현함.

advanced device 고급 기기 **gain popularity** 인기를 얻다

13 정답 (D) 그 호텔이 공항까지 그리고 공항에서 무료 픽업 및 드롭오프 서비스를 제공하는지 궁금합니다. 동사 wonder 다음에는 의문을 나타내는 명사절이 오는 데 문맥 상 양자 택일을 뜻하는 접속사 whether를 쓰는 것이 가장 자연스러움.

pick-up and drop-off 태우기와 하차하기

14 정답 (C) 직원들은 신분증 배지를 제시하지 않으면 제한 구역에 입장할 수 없습니다. 문맥상 ~하지 않으면 이라는 뜻의 unless가 적합함.

be admitted into ~에 입장하다 **identification** 신분

15 정답 (C) 디자인 책임자는 몇몇 기술 전문가들과 함께 제품 출시 행사에 초대받았습니다. A as well as B는 B뿐만 아니라 A도라는 뜻으로 주어는 A에 해당하는 the head로 단수이므로 was invited 가 적합함.

ceremony 행사

16-20 Robinson 씨께 지난주, 저희 사무실은 귀사로부터 무선 프린터 세 대(모델: JetPrint Pro 2500)를 주문했습니다. 패키지는 제시간에 도착했고, 빠른 배송에 감사드립니다. 귀사의 효율적인 물류 덕분에, 배송 과정은 순조롭게 진행되었습니다.

하지만 프린터가 안전하게 포장되었음에도 불구하고, 한 대는 용지함이 금이 가 있었고, 다른 한 대는 전원이 전혀 켜지지 않았습니다. 저희는 기본적인 문제 해결을 시도했지만, 문제가 계속되었습니다.

세 번째 프린터는 제대로 작동하지만, 저희는 계획대로 인쇄 시스템을 완전히 구현할 수 없습니다. 이로 인해 고객 자료 배포가 지연되었으며, 빠듯한 마감일을 고려할 때 유감스러운 상황입니다. 손상된 제품의 교체 및 불량 제품 반품 안내를 요청드립니다. 빠른 도움에 미리 감사드립니다.

감사합니다. David Kim

해설 **16** 정답 (D) 긍정적인 원인을 설명하는 표현이므로 Thanks to가 적합함. **17** 정답 (C) 프린터가 안전하게 포장되었음에도 불구하고라는 의미 표현을 위해 전치사 despite가 적절함. **18** 정답 (A) but 앞의 문장과 대비되는 결과를 나타내므로 등위 접속사 but이 필요함. **19** 정답 (B) 세 번째 프린터는 제대로 작동하지만 이라는 뜻을 표현하는 부사절 접속사로는 Although가 적절함. **20** 정답 (C) 바로 앞 문장에서 시스템 구현이 어렵다는 내용이 나왔고 뒤에는 불량 제품 반품 안내를 요청도 나오므로 빈칸은 교체 요청으로 연결되어야 논리 흐름이 매끄러움 따라서 We would like to request replacements for the damaged units이 적합함.

어휘 **thanks to** ~ 덕분에 **troubleshooting** 문제 해결 **persist** 지속되다, 계속되다 **tight deadlines** 빠듯한 마감일 **properly** 제대로 **implement** 실행하다, 구현하다 **faulty product** 불량 제품 **replacement** 교체 **return instructions** 반품 절차 안내

Chapter 11

Step 1

1 정답 (B) 새로운 멤버십 플랜은 체육관 이용, 사물함 대여, 수건 서비스 등을 포함한 여러 추가 서비스를 제공합니다. 현재 분사 including은 명사를 나열하며 ~을 포함하여 라는 의미로 자주 사용하는 표현임.

2 정답 (B) 분실된 수하물을 추적하는 것은 국제선 항공편 중 항공사 직원의 책임 중 하나입니다. lost는 잃어버린 이란 의미의 과거분사로 luggage를 수식.

track 추적하다

3 정답 (A) 기술자가 예정된 서비스 날짜에 도착하지 않으면, 즉시 고객지원 센터로 전화하십시오. 예정된 날짜는 과거분사 expected를 써서 expected date임.

immediately 즉시

4 정답 (A) 많은 스타트업들이 오늘날 시장에서 가능한 한 경쟁력을 유지하기 위해 운영 구조를 재편하고 있습니다. as 형용사/부사 as possible 구조에서 연결 동사 stay와 함께 쓰였으므로 형용사 competitive가 적합함.

restructure 재편하다 **operation** 운영

5 정답 (C) 모든 게시된 항공편 변경 사항은 공식 웹사이트의 업데이트된 여행 일정표를 확인하십시오. posted는 '게시된' 이라는 뜻의 과거분사로 flight changes를 수식.

itinerary 여행 일정표 **official** 공식적인

6 정답 (D) 투자자들은 이번 분기의 수익이 작년의 기록적인 수익만큼 성공적일 것이라고 믿고 있습니다. 동등 비교 구문 as as가 be동사와 함께 쓰였으므로 형용사 successful이 적합함.

earnings 수익 **record profits** 기록적인 수익

7 정답 (D) 프리랜서들은 유사한 경력을 가진 정규직 직원들만큼 많은 수입을 얻지 못하는 경우가 많습니다.

as much money as ~ ~만큼 많은 돈

8 정답 (B) 우리의 연구 결과, 더 많은 교육을 제공할수록 직원들이 더 자신감을 갖게 되었습니다. the 비교급, the 비교급 '더 ~할수록, 더 ~하다' 구문으로 the more ~ the more ~ 구조가 적합함.

confident 자신감 있는

9 정답 (C) 비혼잡 시간대에 대중교통을 이용하면, 주민들은 훨씬 더 저렴한 요금을 누릴 수 있습니다. 비교급을 강조하는 부사 far 다음에는 비교급인 lower가 적절함.

fare prices 교통 요금 **off-peak hours** 비혼잡 시간대

10 정답 (A) 회사는 올해 수익 목표를 초과 달성했으며, 다음 분기에는 더 좋은 성과를 내기를 희망합니다. even은 비교급 강조 부사로 better를 꾸며 줌.

exceed 초과하다

11 정답 (B) 그녀는 비영리 단체에서 일하는 것이 자신의 경력 중 가장 보람 있는 부분이었다고 느꼈습니다. rewarding은 '보람 있는'이라는 의미의 형용사로 자주 사용되는 현재 분사임.

non-profit organization 비영리 단체

12 정답 (A) 우리 부서의 근무 시간은 고객 서비스 팀의 근무 시간과 같습니다. those는 복수 명사를 대신하는 대명사로 비교 구문에서 working hours를 대체함.

13 정답 (A) 짐을 들고 호텔 로비에 서서 첸 씨는 공항 셔틀을 기다렸습니다. 주절의 주어 Ms. Chen이 분사 구문의 의미상의 주어로 로비에 서 있는 주체이므로 능동 관계를 보여주는 현재 분사 Standing 사용함.

luggage 짐

14 정답 (A) 회의 시간을 몰랐기 때문에, 인턴은 너무 늦게 도착하여 토론에 참여하지 못했습니다. 주절의 주어 the intern이 분사 구문의 의미상의 주어로 모르는 주체이므로 능동 관계를 나타내는 현재 분사 knowing를 쓰고 Not을 붙여 부정을 표현함.

15 정답 (B) 서울에 본사를 둔 이 IT 컨설팅 회사는 현재 세계에서 세 번째로 큰 클라우드 서비스 제공업체입니다. The + 서수 + 최상급" 구조는 두 번째, 세 번째로 가장 ~한 것을 표현하므로 the third largest 가 적합함.

based in ~에 본사를 둔

Step 2

1 정답 (C) 메이플우드 인에 할인된 요금으로 머물고 싶은 여행객들은 제휴된 여행사를 통해 예약해야 합니다. rate는 스스로 줄어들 수 없으므로 과거분사 reduced가 사용되어 수동의 의미를 나타냄.

affiliated 제휴된

2 정답 (A) 사용 가능한 주차 공간 수가 제한되어 있기 때문에 컨벤션 센터 근처에서는 주차가 특히 어렵습니다. 명사 앞에서 수량이나 특성을 나타내는 분사는 limited가 적절함.

especially 특히

3 정답 (C) 올해 초에 개조된 관광 안내 센터는 지역 명소 및 버스 시간표에 대한 정보를 제공합니다. tourist help center와 renovate의 관계는 수동이므로 과거분사 renovated 사용함.

local attractions 지역 명소

4 정답 (B) 그 연수생은 발표 중 어려운 기술적 질문을 받았을 때에도 침착함을 유지했습니다. trainee는 질문을 '받은' 것이므로 수동 의미의 과거분사 asked가 적절.

even when asked ~했을 때에도 **stay calm** 침착함을 유지하다 **trainee** 연수생

5 정답 (B) 이 신형 스마트폰은 더 큰 센서를 탑재하고 있어 저조도 환경에서도 이전 제품만큼 효과적입니다.

twice as ~ as ~보다 두 배만큼 **predecessor** 이전 모델 **effective** 효과적인

6 정답 (A) City Courier는 지역 우편 파트너 네트워크를 통해 제공되는 빠른 문서 배달 서비스입니다. by가 있으므로 수동태 형태인 과거분사 provided 사용하여 앞의 명사 delivery service를 수식함.

regional postal partners 지역 우편 동반자

7 정답 (C) 이 연구는 브랜드 X가 연간 80%의 재생 에너지를 생산하며, 브랜드 Y의 45%와 비교된다고 보여줍니다. compared with ~와 비교하여라는 뜻으로 자주 사용되는 표현임.

renewable energy 재생 에너지 **annually** 매년

8 정답 (C) 마케팅 전략을 가능한 한 정확하게 제시하여 개념을 이해하기 쉽게 했습니다. 문맥상 accurately가 적절함.

vaguely 모호하게 **roughly** 대략적으로

9 정답 (B) 리더십 인증 프로그램에 참여한 사람들 중 70% 이상이 현재 역할에서 긍정적인 결과를 보고했습니다. those 다음에 능동의 의미를 지닌 현재 분사 participating을 사용해 '참여하고 있는 사람들'을 표현함.

leadership certification 리더십 자격 인증

10 정답 (C) 그 회사는 고객 서비스 시스템을 업그레이드하기 위한 구체적인 개선 계획을 발표했습니다. 과거 분사 detailed는 상세한이라는 뜻으로 improvement plans를 수식함.

improvement 개선

11 정답 (B) 고속도로의 짙은 안개 속을 운전하면서, 운전자는 안전을 위해 감속 운전을 유지했습니다. 주절의 주어와 분사 구문의 의미상 주어가 the driver이므로 능동의 관계를 나타내는 현재 분사 Driving이 적합함.

dense fog 짙은 안개 **maintain** 유지하다

12 정답 (D) 선셋 인은 아늑하고 저렴하지만, 다른 호텔보다 차가 없는 여행객에게는 덜 편리합니다. than이 있으므로 비교급을 써야 하는데 문맥상 ~보다 덜 편리한 이라는 뜻의 비교급 less convenient 이 적절함.

nearby 근처의 호텔 **affordable** 저렴한

13 정답 (B) 이 회사는 최소 5년의 프로젝트 관리 경력을 가진 자격을 갖춘 후보를 찾고 있습니다. qualified는 사람을 수식하는 분사로 '자격을 갖춘'이라는 의미.

seek 찾다

14 정답 (A) 비용 절감 옵션을 고려하고 경영진은 연말까지 중요하지 않은 출장들을 취소하기로 결정했습니다. considering이 분사구문에 사용되면 ~을 고려할 때 라는 뜻임.

non-essential 중요하지 않은 **business trip** 출장

15 정답 (D) 고객 지원 센터가 더 오래 운영될수록, 더 많은 고객 전화를 처리할 수 있습니다. The 비교급 ~ the 비교급 구문으로, 시간과 처리량이 비례하므로 the more가 적절함.
time zones 시간대

16-20 관계자 분께 Daniel Cho 씨는 지난 5년 동안 저희 마케팅 에이전시에서 프리랜서 그래픽 디자이너로 일해 왔습니다. 제가 에이전시의 크리에이티브 디렉터로 일하면서, 다양한 프로젝트에서 Cho 씨와 협업해 왔습니다.
탁월한 예술적 통찰력을 지닌 Cho 씨는 항상 시각적으로 매력적일 뿐만 아니라 고객의 특정 요구에 맞춘 디자인을 제시합니다. 그의 제안은 종종 저희 수석 직원들이 제출한 것보다도 더욱 혁신적이며, 그가 구상한 아이디어는 구조적으로 잘 짜여 있고 인상적으로 구현되어 고객의 기대를 자주 뛰어넘습니다.
높은 적응력으로 널리 인정받는 Cho 씨는 곧 저희의 까다로운 기업 고객들이 선호하는 디자이너가 되었습니다. 작년에는 그가 맡은 "Go Green" 캠페인 덕분에, 해당 고객은 역대 최고 수준의 참여율을 경험했습니다.
만약 여러분이 매우 숙련되고 미래지향적인 디자이너를 찾고 계시다면, Daniel Cho 씨보다 더 나은 사람은 없을 것입니다. 감사합니다. Melanie Ruiz

해설 **16** 정답 (A) 분사구문으로 주절의 주어 I가 의미상의 주어이므로 능동의 의미 갖는 현재 분사 Serving이 적절함. **17** 정답 (C) 비교급을 강조하는 부사는 even이 적절. **18** 정답 (D) 대명사 those는 앞에 나오는 proposal을 대신하고 our senior staff에 의해 제출되었으므로 과거분사 submitted이 적합함. **19** 정답 (C) 바로 앞에서 그의 캠페인에 대한 긍정적인 면을 언급했기 때문에 문맥상 긍정적인 결과가 와야 자연스러우므로 the client experienced their highest-ever engagement rate 이 가장 적절함. **20** 정답 (C) look no further than은 관용 표현으로 ~보다 더 나은 사람/곳은 없다는 의미로 자주 쓰임

어휘 **creative** 창의적인 **possess** 소유하다 **tailored to** ~에 맞춰진 **exceed expectations** 기대를 초과하다 **adaptability** 적응력 **engagement rate** 참여율 **look no further than ~** ~보다 더 나은 사람/대상은 없다 **structured** 구조화된 **executed** 실행된 **initiative** 주도적 활동 **forward-thinking** 미래를 내다보는 선견지명이 있는

Chapter 12

Step 1

1 정답 (D) 이 안전 교육은 창고 업무 경험이 전혀 없는 직원들을 위해 필수입니다. 관계대명사 자리이며 선행사 employees는 사람이고 주격이 필요하므로 who가 적합함.
previous 예전의

2 정답 (B) NextGenBio는 빠르고 정확한 진단 도구를 개발하는 것을 사명으로 하는 스타트업입니다. 관계 대명사 뒤에 오는 절의 의미가 완결되고 문맥상 선행사 startup의 소유를 나타내야 하므로 소유격 관계대명사 whose가 적합함.
diagnostic tools 진단 도구

3 정답 (C) 여름은 일반적으로 에어컨 판매가 급격히 증가하는 계절입니다. 선행사 the season은 시간을 나타내 명사이고 뒤에 완결된 문장이 오므로 관계부사 when이 적합함.
sharply 급격히

4 정답 (A) 우리는 협상 중 고객이 요구한 것에 놀랐습니다. 문맥상 ~한 것이라는 의미의 선행사를 포함한 관계대명사 what이 적합함.
during the negotiation 협상 중에

5 정답 (B) 금리가 떨어지기 시작하고 있는데, 이는 주택 구매 예정자들에게 고무적인 소식입니다. 앞 문장 전체를 받는 관계대명사로 비한정적 용법의 which가 적합함.
prospective 잠재적인 **interest rates** 금리

6 정답 (D) 리노베이션 작업이 언제 완료될 수 있는지 알려주실 수 있나요? 문맥상 언제 완료되는가를 표현해야 하므로 의문사 when이 적합함.

7 정답 (A) 회의에 가장 먼저 도착하는 사람이 발표 자료를 준비해야 합니다. 문맥상 문장의 주어 역할을 하면서 선행사를 포함한 단어가 와야 하므로 '~하는 누구든지'라는 의미의 복합관계대명사 whoever가 적합함.

8 정답 (D) 뺑소니 사고에 연루되었을 때 해야 할 일의 체크리스트입니다. what은 명사절을 이끄는 의문사로 to 부정사와 함께 사용 가능.
what to do 무엇을 해야 하는지 **be involved in** ~에 연루되다 **hit-and-run accident** 뺑소니 사고

9 정답 (C) 해당 직무에 지원하는 데 관심이 있는 분들을 위해 오리엔테이션 및 정보 세션을 제공할 예정입니다.
those interested in ~에 관심이 있는 사람들

10 정답 (A) 현대자동차는 미국에서 온라인 판매를 확대했으며, 그곳에서는 여전히 오프라인 딜러가 자동차 판매를 주도하고 있습니다. 선행사 the U.S.는 장소이고 뒤에 완결된 문장이 오므로 관계부사 where를 비한정적 용법으로 사용하여 부가적인 정보를 제공함.
lead in sales 판매를 주도하다

11 정답 (C) 이 매뉴얼은 가정용 인터넷 시스템을 위한 무선 네트워크를 설정하는 방법을 설명합니다.
how to + 동사원형 ~하는 방법 **set up** 설치하다 구성하다

12 정답 (D) 우리가 10년 넘게 함께 일해 온 그 고객이 계약서 수정본을 요청했습니다. 선행사 사람일 때 전치사 with 뒤에

는 목적격 관계대명사 whom이 적합함.

contract 계약서 **over a decade** 10년 넘게

13 정답 (A) 다음 분기 인수 협상을 누가 담당하게 될지 아세요? who는 명사절을 이끄는 의문사로 누가 ~하는지라는 의미임.

be in charge of ~을 담당하다 **merger negotiations** 인수 협상

14 정답 (A) 고객들이 우리 서비스에서 가장 기대하는 것은 신뢰성과 속도입니다. 선행사를 포함한 관계 대명사 what은 단수 취급함.

reliability 신뢰성

15 정답 (B) HMD 글로벌이 더 이상 해당 모델을 주요 유통 플랫폼에서 판매하지 않는 이유는 불분명합니다. 문맥상 이유를 묻는 의문사 why가 적합함.

no longer 더 이상 ~ 않다

Step 2

1 정답 (B) 우리의 편집자는 학술 작문에서 온라인 출처를 올바르게 인용하는 방법을 설명한 안내서를 출간했습니다. how to + 동사원형 ~하는 방법'이라는 명사절로 쓰여 적절함.

properly cite 올바르게 인용하다

2 정답 (B) 이력서가 인사 담당자에게 깊은 인상을 준 지원자는 2차 면접에 초대받았습니다. 소유 관계 대명사 whose는 선행사 applicant와 resume 사이의 소유관계를 표현함.

impress 인상을 주다 **hiring manager** 인사 담당자

3 정답 (C) 매니저는 고객 피드백 보고서에 작성된 내용을 신중히 검토했습니다. 선행사를 포함한 관계 대명사를 포함한 what was written은 작성된 것이라는 의미임.

4 정답 (A) 이 여행 가이드는 봄에 전 세계 관광객들이 자주 방문하는 몇몇 여행지를 강조합니다. 선행사 destinations는 장소를 나타내는 명사이며, 이를 수식하는 비한정적 용법의 관계절에서 목적어 역할을 하는 관계대명사 which가 적절함.

from across the globe 전 세계에서 온 **highlight** 강조하다 부각하다 **destination** 여행지 목적지

5 정답 (A) 몇 억 달러만으로도 품질 좋은 스마트폰을 만들 수 있었던 시절이 있었습니다. 선행사 시간이고 뒤에 완결된 문장이 오므로 관계 부사 when이 적합함.

innovative features 혁신적인 기능 **a quality phone** 품질 좋은 전화

6 정답 (B) 소비자들은 안전 및 보안 문제에 대해 회의적인데, 이것이 인도 모바일 지갑 시장의 성장을 방해해 온 주요 요인입니다. 비한정적 용법으로 선행 문장의 전체 내용을 받아 설명하는 관계대명사 which가 적절함.

skeptical 회의적인 **hinder** 방해하다 **primary factor** 주요 요인

7 정답 (A) 독일은 맥도날드에서 맥주를 판매하는 몇 안 되는 국가 중 하나입니다. 선행사 countries가 장소이고 뒤에 완결된 문장이 오므로 관계부사 where가 적절함.

serve beer 맥주를 제공하다

8 정답 (C) 그 경영진은 여러 투자자들을 만났고, 그 중 한 명은 프로젝트에 강한 관심을 보였습니다. 선행사 investors가 사람이고 전치사 of 다음에 오므로 목적격 관계대명사 whom이 적합함 비한정적 용법으로 선행사 중 한 명만이 관심을 보인다는 내용을 부가 설명함.

executive 경영진

9 정답 (B) 그 회사는 새로운 정책을 도입했으며, 이에 따라 직원들은 주 2회 재택근무를 신청할 수 있습니다. 선행사 policy가 사물이고 전치사 in 다음이므로 관계대명사 which가 적합함.

introduce 도입하다

10 정답 (B) 이탈리아 북부에서 가족 친화적인 숙소를 찾는 가족들은 Hotel Mediterraneo에 머무는 것을 고려해야 합니다. Families가 능동적으로 찾으므로 현재 분사 looking이 적합함.

family-friendly accommodations 가족 친화적인 숙소

11 정답 (D) 우리는 직원들이 지난 1년 동안 요청해 온 새로운 복리후생 제도를 도입했습니다. 선행사 plan이 사물이고 전치사 about 뒤에 오므로 관계대명사 which 적합함.

benefits plan 복리후생 제도 **ask about** ~에 대해 요청하다, 묻다

12 정답 (A) 500명 이상의 근로자가 근무하는 이 공장은 내년에 생산량을 두 배로 늘릴 예정입니다. 선행사 The factory는 장소를 가리키고 뒤에는 문장이 오므로 관계부사 where가 적절함.

double its output 생산량을 두 배로 늘리다

13 정답 (D) 고객이 퇴사 면담 중에 말한 것은 우리의 서비스를 개선하는 데 매우 유용했습니다. What the customer said는 명사절로 문장의 주어이며 단수 취급되므로 동사는 was가 적절함.

exit interview 퇴사 면담

14 정답 (C) 직원들은 오늘 안에 그들이 완료한 무엇이든지 제출하도록 권장된다. 복합관계대명사 whatever은 ~한 모든 것, 무엇이든지라는 의미로 동사 submit의 목적어절을 이끄는 표현임.

by the end of the day 오늘이 끝나기 전까지

15 정답 (D) 김치는 많은 외국인들이 궁금해하고 열광하는 전통적인 한국 음식이다. are curious와 are enthusiastic는 모두 전치사 about과 함께 쓰는데 관계 대명사절에서 생략되어 있으므로 which앞에 써 주어야 문법적으로도 적합함.

curious 궁금한 **enthusiastic** 열광적인 **traditional dish** 전통 요리

16-20 친애하는 학생 여러분,

Vireo Design Studio는 시각적 스토리텔링에 열정을 가지고 실제 프로젝트에 기여하고자 하는 창의적인 그래픽 디자인 인턴을 찾고 있습니다.

우리 팀에 합류하게 될 인턴은 브랜드 개발, 인쇄 및 디지털 미디어 분야에서 수석 디자이너를 보조하게 됩니다. 지원자는 Adobe Photoshop 및 Illustrator와 같은 디자인 소프트웨어에 익숙해야 하며 빠르게 변화하는 환경에서 주도적으로 일할 수 있어야 합니다. 협업이 중시되는 환경입니다.

이 인턴십은 배경이 시각 디자인 또는 관련 분야인 대학 재학생 또는 최근 졸업자를 대상으로 합니다. 인턴은 아이디어 회의, 사진 촬영 준비, 캠페인이 없는 기간에는 행정 업무를 포함한 다양한 업무를 수행하게 됩니다. 우리는 특히 지원자들이 창작한 작업물과 그것이 그들의 독특한 관점을 어떻게 반영하는지에 관심이 많습니다.

이 직무가 자신에게 적합한지 확신이 서지 않는 경우 언제든지 문의해 주세요. 관심 있는 지원자는 이력서, 포트폴리오 및 자기소개서를 careers@vireodesign.com 으로 보내주시기 바랍니다. 여러분의 지원서를 검토하고 여러분의 역량이 어떻게 기여할 수 있을지 논의하기를 기대합니다. 감사합니다. Vireo Design Studio 채용팀

해설 **16** 정답 (B) The intern이 능동적으로 팀에 합류하는 것이므로 현재 분사 joining이 적합함. **17** 정답 (C) 선행사 environment는 장소이고 뒤에 완전한 문장 이어지므 관계부사 where가 적절함. **18** 정답 (A) 선행사 graduates은 사람이고 뒤에 background includes~라는 명사절의 의미가 제대로 통하려면 소유격 관계 대명사 whose를 써야 함. **19** 정답 (C) 문장 구조상 지원자들이 창작한 것이라는 의미가 되어야 하므로 선행사를 포함한 관계대명사 what이 적합함. **20** 정답 (D) 언제든지 문의해 주세요라는 말과 연결되므로 If you are unsure whether this position is right for you가 연결이 매끄럽고 적합함

어휘 **visual** 시각적 **branding** 브랜드 개발 **initiative** 주도권 **fast-paced environment** 빠르게 변화하는 환경 **collaboration** 협업 **background** (학문적/경력상의) 배경 **brainstorming** 아이디어 회의 **portfolio** 작품집 **résumé** 이력서 **reflect** 반영하다 **contribute to** ~에 기여하다 **be unsure whether** ~인지 확신이 서지 않다

Chapter 13

Part 5: 실전 연습 1

1 정답 (B) 고객이 추가 요금 없이 항공편과 호텔을 예약할 수 있는 안전한 온라인 플랫폼을 제공합니다. 추가 요금 없이 라는 표현이 자연스럽고 의미에 맞으므로 without가 정답.

secure 안전한

2 정답 (B) 많은 직원들이 기밀성에 내한 우려 때문에 내부 피드백 프로그램 참여를 망설입니다. 문맥t아 이유를 나타내는 because가 적절함.

hesitate to ~하기를 주저하다 **internal** 내부의 **confidentiality** 기밀성

3 정답 (A) 일정에 따르면 다과는 회의가 공식적으로 시작되기 직전에 라운지로 배달될 예정입니다. 부사 shortly는 곧, 얼마 안 있어 라는 의미로 시간적으로 회의 전임을 나타내는데 적절함.

refreshments 다과

4 정답 (A) 오직 유기농 재료만을 신중하게 선택한 후, Green Blends는 각 고객을 위해 신선한 스무디를 준비합니다. after + 부사 + 동명사 구조는 자연스러운 표현이므로 carefully가 적합함.

5 정답 (A) EcoDrive Weekly가 수행한 최근 설문조사에 따르면, 대부분의 소비자들은 전기차 구매 시 연료 할인보다 캐시백 제공을 선호합니다. 과거분사 performed는 survey를 뒤에서 수식하는 형용사 역할을 하며, 수행된 설문조사를 의미함.

would rather A than B B보다 A를 더 선호하다 **fuel discount** 연료 할인

6 정답 (C) 우리는 외부 링크를 통해 발견된 콘텐츠에 대해 책임지지 않으며, 이러한 웹사이트들이 보안 위험이 없다는 보장도 하지 않습니다. 앞 문장의 부정 내용에 이어지므로 접속사 nor를 쓰고 도치된 어순을 취함.

liable for ~에 대해 책임이 있는 **ensure** 을 보장하다 **security risk** 보안 위험

7 정답 (B) 2020년과 2024년 사이에 유럽연합은 친환경 수소 프로젝트에 대한 보조금을 크게 늘렸습니다. between A and B는 두 시점 사이의 기간을 나타냄.

subsidy 보조금 **green hydrogen** 친환경 수소

8 정답 (B) 사회적 거리두기 요건이 충족되더라도, 모든 대학 건물 내에서는 마스크 착용이 의무입니다. 문맥 상 '의무적인'이라는 뜻의 형용사 compulsory가 적합함.

social-distancing requirements 사회적 거리두기 요건

9 정답 (A) 서울 아트테크 엑스포는 너무 많은 주목을 받아서 이제 도쿄, 싱가포르, 베를린에서도 전시회를 개최하고 있습니다. so ~ that 구문은 결과를 나타내는 표현으로 that 절에 그 결과가 나타남.

gain attention 주목을 받다 **host exhibitions** 전시회를 개최하다

10 정답 (B) 자동화 덕분에 회계팀은 이제 월간 재무 보고서를 준비하는 데 더 적은 시간을 소비합니다. less가 셀 수 없는 명사 time를 수식하는 비교급 형용사로 적절함.

financial report 재무 보고서

11 정답 (B) 우리는 바쁜 전문직 종사자들을 위해 요리 시간은 줄이면서 영양가 있는 식사를 선호하는 이들을 위한 맞춤형 밀키트를 제공합니다. 동사 prefer의 주어 역할을 하면서 선행사 professionals을 수식하는 관계대명사는 who임.
customized meal kit 맞춤형 밀키트 **prefer** ~을 선호하다

12 정답 (B) 지속 가능성 컨설턴트인 Rachel Monroe는 재활용되었거나 유기농 소재로 만든 것이 아닌 한 새 옷 구입을 피합니다. 문맥상 '~이 아니라면'을 뜻하는 unless가 적합함.
sustainability 지속 가능성 **recycled** 재활용된

13 정답 (D) 식물성 고기 대체 식품의 글로벌 시장은 최근 몇 년간 전통 육류 제품의 시장보다 더 빠르게 성장해 왔습니다. 앞서 언급된 the global market을 대신하는 대명사로는 that이 적합함.
plant-based meat alternatives 식물성 고기 대체 식품

14 정답 (A) 새 정책은 기존 고객뿐 아니라 7월 1일 이후 가입하는 고객에게도 적용됩니다. existing는 '기존의'라는 뜻으로 customers를 수식.
sign up 가입하다

15 정답 (B) 이사회 회의가 매 분기 열리는 본사는 시애틀 도심에 위치해 있습니다. 장소 명사headquarters가 선행사이고 전치사 in 다음에 오므로 which가 적합함.
headquarters 본사

16 정답 (B) 고속 Wi-Fi는 추가 요금 없이 이용할 수 있으며, 호텔 전체에 제공됩니다. which는 선행사 Wi-Fi를 부가 설명하는 비한정적 용법의 관계대명사로, 뒤의 문장에서 our guests enjoy의 목적어 역할을 함.
at no extra cost 추가 비용 없이

17 정답 (D) 에어트랜은 코로나19 규제로 인해 항공편이 취소된 여행객들에게 환불을 제공했습니다. flights가 선행사 travelers가 탈 것임을 나타나게 위해 소유격 관계대명사 whose를 써야 함.
issue a refund 환불을 지급하다

18 정답 (A) 많은 고용주들이 급여가 사직의 주된 이유라고 믿지만, 대부분의 직원들은 나쁜 경영이나 성장 기회의 부족을 꼽습니다. 문맥상 두 절의 내용을 대비되므로 while이 적합함.
cite 언급하다 인용하다 **poor management** 부실한 경영

19 정답 (B) 두 직책 모두 유연한 근무 일정과 넉넉한 보너스를 제공할 때, 어떤 직업을 선택할지 결정하는 것은 도전적인 일일 수 있습니다. challenging은 '도전적인'이라는 뜻의 형용사로, 명사 task를 수식.
determine 결정하다 **generous bonus** 후한 보너스

20 정답 (A) 제철 농산물을 선택하는 것은 환경 영향을 줄이는 데 있어 가장 큰 효과 중 하나를 발휘합니다. one of the 최상급 복수 명사 구문임.
seasonal produce 제철 농산물 **environmental impact** 환경적 영향 **have a significant effect on** ~에 큰 영향을 미치다

Part 5: 실전 연습 2

1 정답 (B) 암호화폐 시장은 너무 예측 불가능해서 분석가들조차 장기적인 예측을 주저합니다. so ~that 구문에서 문맥상 예측할 수 없는이라는 뜻의 형용사 unpredictable이 정답.
cryptocurrency 암호화폐 **make long-term predictions** 장기 예측을 하다

2 정답 (A) 기술 컨퍼런스에 참석하고 싶은 사람은 누구든지 금요일까지 회사 포털을 통해 등록하세요. Whoever는 '~하는 사람은 누구든지'라는 의미의 복합관계대명사로 주어 역할을 함.
register through ~을 통해 등록하다

3 정답 (B) 우리 컨설턴트들은 고객들이 보기에는 유리해 보이지만 숨은 수수료가 있는 것에 서명하지 않도록 도와줍니다. 선행사가 제시되어 있지 않으므로 선행사를 포함한 관계대명사 what이 appears의 주어 역할을 함.
appear ~처럼 보이다 **hidden** 숨겨진

4 정답 (B) 현재는 프로그램을 확장할 자원이 없어서, 우리가 이미 제공하고 있는 것을 개선하는 데 집중하고 있습니다. 앞 절에서는 이유가 제시되고, 뒤 절에서는 결과가 이어지는 인과 관계를 표현하는 접속사는 so임.
focus on ~에 집중하다

5 정답 (D) 방문 중에 귀중품을 안전하게 보관할 장소가 필요하다면, 프런트 데스크에 사물함을 요청하세요. your visit은 정해진 특정 기간을 나타내므로 during과 같이 쓰는 것이 적합함.
personal valuables 개인 귀중품 **ask for** 요청하다

6 정답 (C) 많은 사람들이 금융 정보가 노출될까 봐 두려워 은행 계좌 연결을 주저합니다. be afraid 뒤에는 that 절와 ~할까 봐 두렵다 뜻을 표현함.
expose 노출하다

7 정답 (C) SmartHealth Guides는 데이터베이스에 수백 가지 일반 질환에 대한 치료 옵션이 포함된 플랫폼입니다. 소유격 관계대명사 whose는 선행사인 platform과 database의 소유 관계를 나타냄.
treatment option 치료 **common condition** 흔한 질환

8 정답 (A) 새로 디자인된 스마트워치는 이전 버전에 비해 훨씬 더 튼튼하고 에너지 효율적이라 야외 활동가에게 이상적입니다. far는 비교급인 more 앞에 쓰여 '훨씬'이라는 의미를 더함.
durable 내구성이 있는 **energy-efficient** 에너지 효율적인 **ideal for** ~에 이상적인

9 정답 (A) 최근 산업 보고서에 따르면, 신규 졸업자의 거의 60%가 전업 실직자이거나 시간제 근무자입니다. either A or B는 'A 또는 B 둘 중 하나'를 나타냄.

graduate 졸업자

10 정답 (B) 참가자 수는 강사가 개별 피드백을 제공할 수 있도록 25명으로 제한됩니다. so that+주어 +can/may는 ~할 수 있도록이라는 의미의 목적을 나타냄.

be capped at ~로 제한되다 **personalized** 개별 맞춤의

11 정답 (D) 회사 개정된 연수 프로그램 덕분에, 신입 인턴들은 이제 팀 프로젝트와 리더십 개발에서 실무 경험을 쌓을 수 있습니다. Thanks to는 긍정적인 원인을 나타내며 '~ 덕분에'라는 의미.

hands-on experience 실무 경험

12 정답 (C) 제품에 설탕이 많이 들어갈수록, 개봉 후 보통 더 오래 신선함을 유지할 수 있습니다. The more ~, the 비교급은 ~할수록 ~하다를 뜻함.

stay fresh 신선함을 유지하다 **after opening** 개봉 후

13 정답 (D) 우리가 파리에서 예약한 시내 투어는 작년에 참여했던 것보다 훨씬 더 유익했습니다. much는 비교급 'more informative'를 강조하여 '훨씬 더'라는 의미를 더함.

guided tour 가이드가 있는 관광

14 정답 (B) 세미나 주최 측은 Harbor View Hotel에 객실을 예약했으며, 그곳에서 참가자들은 할인된 요금으로 머물 수 있습니다. 선행사 'the Harbor View Hotels는 장소이고 뒤에 완결된 문장이 오므로 장소를 나타내는 관계부사 where가 적합함.

15 정답 (B) Horizon Atelier는 환경적으로 의식 있는 건축물로 찬사를 받고 있습니다. 부사 environmentally는 conscious를 수식함.

environmentally conscious 환경을 고려하는

16 정답 (C) 최근 고객 리뷰에 만족하고 있음에도 불구하고, 제니스 일렉트로닉스는 여전히 제품 품질 향상을 위해 노력하고 있습니다. 주절 주어 Zenith Electronics는 분사구문의 의미상의 주어이고 감정을 느끼는 주체이므로 과거분사 pleased를 써야 함.

strive to ~하려고 노력하다 **enhance** 향상시키다

17 정답 (B) 신용카드에 연회비는 없지만, 해외 거래에는 수수료가 부과됩니다. 문맥상 대조를 나타내는 접속사 While이 적합함.

annual fee 연회비 **overseas transactions** 해외 거래

18 정답 (C) 대학교에서 고용된 대학원 연구원들은 9월 초 대학원 사무처에서 제공하는 필수 오리엔테이션에 참석해야 합니다. orientation은 대학원 사무처에 의해 제공된 것이므로 과거분사 provided의 수식을 받는 것이 적합함.

mandatory 필수의 **Office of Graduate Studies** 대학원 사무처

19 정답 (D) 고객 지원팀은 예기치 못한 배송 지연이 있을 경우 즉시 고객에게 알릴 것입니다. 명사 delay는 예기치 않은 이라는 뜻의 과거 분사 unexpected의 수식을 받는 적이 자연스러움.

in case of ~의 경우에 **notify A of B** A에게 B를 알리다

20 정답 (C) 몇 가지 제약에도 불구하고, 많은 여행객들이 여전히 보안성과 편리함 때문에 여행사를 통해 예약합니다. 문맥상 ~에도 불구하고 라는 의미의 Despite가 적합함.

limitations 제약, 한계 **added security** 추가적인 보안 **ease** 편리함 **for**는 이유를 뜻하는 전치사

Part 6: 실전 연습

파인우드 힐스의 컴포트 캐빈 렌탈

편안함과 편리함을 모두 갖춘 평화로운 휴식을 원하시나요? 경치 좋은 파인우드 힐스에 위치한 저희의 현대식 통나무 캐빈은 자연을 즐기면서도 연결된 상태와 편안함을 유지하고자 하는 여행객들에게 이상적인 선택입니다. 최근에 아늑한 가구와 현대적인 가전제품으로 새롭게 꾸며진 이 캐빈은 넓은 침실 두 개, 아늑한 거실 공간, 그리고 완비된 부엌을 갖추고 있습니다. 투숙객들은 울창한 나무들로 둘러싸인 전용 데크뿐 아니라 아름다운 산의 전경을 감상할 수 있는 큰 창문도 즐길 수 있습니다. 실내에서 휴식을 취하든 인근의 산책로를 탐방하든, 이 캐빈은 누구에게나 만족을 줍니다. 이 숙소는 시내 중심지에서 차로 단 10분 거리로, 그곳에서는 레스토랑, 슈퍼마켓, 작은 상점들을 쉽게 찾을 수 있습니다.

무료 Wi-Fi와 세탁기/건조기뿐만 아니라, 기본 세면도구와 깨끗한 수건 및 침구류도 제공되므로 따로 준비해 올 필요가 없습니다. 조용하고 사적인 분위기이지만, 차로 쉽게 접근할 수 있어 짧은 여행이나 장기 휴가 모두에 적합합니다.

주말과 휴일에는 인기가 많으므로 사전 예약을 권장드립니다. 더 많은 정보나 캐빈 사진을 보시려면 www.pinewoodcabinrentals.com 웹사이트를 방문하시거나 555-7823으로 전화해 주세요.

해설 **1** 위치한 이라는 뜻의 과거분사 located가 적합함. **2** 선행사 travelers는 사람이므로 주격 관계대명사 who가 적절함. **3** 수동태의 의미로 완료된 상태를 표현하는 과거분사 updated가 적합함. **4** A뿐만 아니라 B도 라는 의미 가진 as well as가 적합함. **5** 선행사 town center가 장소이고 뒤에 완결된 문장이 오므로 관계부사 where가 적절함. **6** 뒤 문장과 의미 대비를 이루므로 Although가 적절함. **7** 성수기에 인기가 많다는 문맥상, 사전 예약을 권하는 내용인 (D)가 자연스럽고 적합함.

어휘 **log cabin** 통나무 오두막 **getaway** 휴양, 탈출 **be equipped with** ~이 갖추어져 있다 **stay connected** 연결 상태를 유지하다(예: Wi-Fi, 전화망 등) **toiletries** 세면도구 **booking** 예약 **recommended** 추천되는

TOEIC 실전 연습 : Part 5 & 6

— From Scratch To Mastery

펴낸날 2025년 9월 10일 초판 1쇄

지은이 문도식 ● **펴낸이** 이기정

펴낸곳 한양대학교출판부 ● **출판등록** 제4-7호(1972.2.29)

주소 서울 성동구 왕십리로 222 ● **전화** 02.2220.1432-4 ● **팩스** 02.2220.1435

홈페이지 press.hanyang.ac.kr ● **이메일** presshy@hanyang.ac.kr

디자인 안광일 ● **편집** 김민지 ● **인쇄** 네오프린텍

값 **25,000** 원

ISBN 978.89.7218.847.6 (03740)